さらば小泉
グッバイ・ゾンビーズ

Cover Design ■斎藤啓一

さらば小泉
グッバイ・ゾンビーズ

Say Good-bye to Zombies

ベンジャミン・フルフォード

Benjamin Fulford

Kobunsha Paperbacks

Tokyo

2006年3月1日　初版1刷発行

著者　ベンジャミン・フルフォード
発行者　古谷俊勝
デザイン　斎藤啓一・川端光明
印刷所　萩原印刷
製本所　ナショナル製本

さらば小泉《こいずみ》　グッバイ・ゾンビーズ
Say Good-bye to Zombies

発行所　株式会社　光文社
東京都文京区音羽1-16-6　〒112-8011
編集部　03-5395-8401
販売部　03-5395-8114
業務部　03-5395-8125
www.kobunsha.com
ISBN4-334-93376-9
Printed in Japan

About Kobunsha Paperbacks

光文社ペーパーバックスは、次のような大きな4つの特徴があります。

1、ジャケットと帯がありません。
従来の日本の書籍は、いわば過剰包装であり、服にたとえればジャケットと帯という厚着をまとっています。そこで、これらをいっさい廃して、いつでもどこでも読めるというペーパーバックス本来の機能を重視して製作されています。

2、本文の紙は再生紙を使っています。
これは、失われゆく地球資源を守るためであり、環境問題に少しでも貢献したいと考えているからです。

3、本文はすべてヨコ組です。
学校の教科書、会社の文書、インターネットのウェブサイトのテキスト、メール、手紙、論文など、いまの日本語はほとんどの場合、ヨコに書くのが普通です。ですから、できるだけ自然な形で、日本語をヨコ組で表記しています。

4、英語（あるいは他の外国語）混じりの「4重表記」
これまでの日本語は世界でも類を見ない「3重表記」（ひらがな、カタカナ、漢字）の言葉でした。この特性を生かして、本書は、英語（あるいは他の外国語）をそのまま取り入れた「4重表記」で書かれています。これは、いわば日本語表記の未来型です。

Preface

「みなさん、さようなら！」

（2006年9月某日）

日本国民のみなさん、本日をもって、私、小泉純一郎は、日本国総理大臣の職を辞します。思えば、2001年4月に政権を発足させてから5年あまり、みなさんからは絶大なるご支持をいただいてまいりました。私が総理として「構造改革」に邁進《まいしん》できたのも、すべてみなさんのおかげであります。みなさんの支持なくして小泉政権はなく、小泉政権なくして構造改革はありませんでした。みなさんのご支持があったからこそ、私は「自民党をぶっ壊し」、悲願の「郵政民営化」も達成することができました。

そこで本日は、この5年間をふり返って、みなさんに私の本音をお話ししたいと思います。これまではそういう機会がありませんでしたので、これは退陣にあたっての私から日本国民のみなさんへの心からのメッセージです。

まず、私が最初に申し上げたいのは、今後、この日本国には明るい未来がないということです。つまり、日本国民のみなさんの暮らしはどんどん貧しくなるでしょう。すでにみなさんもご承知のように、わが国の財政は破綻の危機に瀕《ひん》しています。だから、これが回避できないと、みなさんの暮らしは確実に貧しくなってしまうのです。

じつは、私もまさかと思っておりました。しかし、これは避けられない事態のようです。つまり、今後みなさんを待っているのは、「痛み」「痛み」「痛み」です。いや、それは、私が以前申し上げたような単なる「痛み」ではないでしょう。まさに「激痛」ではないでしょうか。

今後は、私の任期中はしないと公約した消費税が上がります。もちろん、ほかの税金も上がります。わが国は「重税国家」になってしまうのです。つまり、これからは、「人生いろいろ、増税いろいろ」というわけです。

もちろん、この痛みは、増税ばかりではありません。今後は、医療費の負担も増え、年金も上がります。ですから、みなさんは、いくら働いてもけっして報われないでしょう。これは、私が行ってきた「官僚丸投げ政治」の偉大なる成果だと思います。そして、今後も続くわが国の「骨太の方針」と思っていただいてかまいません。

さらに、増税とあわせて福祉が削減されれば、みなさんの消費は確実に冷え込むでしょう。すると、日本経済の成長も止まってしまいます。私はかつて「改革なくして成長なし」と申し上げたことがありました。つまり、この5年間で改革などほとんどやらなかったので、今後は本当に「成長なし」となるわけです。

じつを言うと私は、改革がなにをすることなのか、まったく知りませんでした。いまだによくわかっておりません。それで、総理になってからは、竹中君や秘書官の飯島が言うとおりにしてきました。

また、財務省の言うことも全部聞いてまいりました。

私の特技は、みなさんもご存知のとおり、「ワンフレーズ・ポリティクス」です。これは、私が政策を知らないので、長く話すとボロが出るために仕方なくしたことです。ところが、親切なマスコミがそう言ってくれたので、本当に感謝しております。

したがって、私は改革の中身が理解できないまま、ただ改革と叫び続けてきたわけです。まあ、これは、「どこが戦闘地域かと聞かれたって、そんなこと私にわかるわけがない」と申し上げたことと同じです。本当に、私にはよくわからなかったのです。

同じように、「民営化」の意味するところも、私はまったく知りませんでした。それなのに、郵政民営化が実現できたのですから、まさにこれは奇跡です。「米百俵の精神」というのは、本当に効果があると改めて思うしだいです。

そんなわけで、私が知っていたのは、アメリカと仲よくすることだけでした。これがいちばん簡単ですから、私にもできました。ブッシュ大統領の「忠犬」役はじつに楽しく、「ハイ、ハイ」と言っていればよかったので、本当にラクでした。だから今後は、みなさんが額に汗して貯《た》めた郵便貯金は、全部アメリカに持っていかれるでしょう。

また、私は国債についても、よく知りませんでした。そこで、みなさんにウケると思って「国債発行30兆円枠を守る」という公約を掲げてみました。ところが、残念なことに、この公約は1回だけしか守れませんでした。その結果、任期中に日本国の借金を300兆円ほど増やしてしまったのであります。

ただ、この額は、あの「世界一の借金王」と自嘲《じちょう》された故・小渕首相でさえできなかったことです。まさに前人未到の快挙であります。したがって、今後はこの国債が暴落すれば、日本国の国家財政は破綻してしまうそうです。そして、そのときは、みなさんの生活も破壊されてしまうそうです。

ただ、私は、任期中は財務省の指示どおり、この事態を全力で「先送り」してきました。まさに、これこそが小泉政治の偉大なる成果でありました。

さて、この5年あまりの間、私はみなさんのお茶の間に、ありとあらゆる話題を提供してきました。マスコミはこれを「小泉劇場」と言い、武部勤君は「小泉オペラ」とまで呼んでくれました。

思い出してください。まず私は、小泉政権の生みの親であった田中眞紀子女史のクビを切りました。そして、彼女が涙を見せたので、「女はいいよね」と思わず本音を言ってしまいました。そして、あの「疑惑のデパート」鈴木宗男議員には職を辞してもらいました。さらに、長年のライバルであった橋本派には、「抵抗勢力」のラベルを貼って、これを叩き潰すことに成功しました。このようなことをしていたら、誰かが「サプライズ」と言い出しました。それで、私はサプライズがみなさんにウケることを知り、以来、それをやり続けてきたのです。

このサプライズの圧巻は、やはり私が北朝鮮に直接出向き、「拉致被害者」を返してもらったことでしょう。金正日さんは、本当に「話のわかる」いい人でした。ただ、こうしたサプライズ外交は、その後長続きしなかったので、いまでも私には心残りであります。せめてもう1度、金正日さんと握手したかった。

とはいえ、私には「靖国神社」がありました。総理になるまでまったく関心がなかったのですが､参拝してみたら大いにウケました。それで、毎年「靖国」に行き続けました。しかも中国が本気で怒るので、毎年参拝日を変えてみることで大いに盛り上がったと思います。まあ、日本にはアメリカという主人がいますから、ここさえ怒らせなければ、アジアなどどうでもいいのです。

そう、イラク戦争も忘れられません。本来なら軍隊である自衛隊の諸君に､ほぼ丸腰であのイラクにまで行ってもらいました。もし、あそこで本当に戦争に巻き込まれていたら、それこそサプライズだったでしょう。

そうして、例の2005年9月の「郵政選挙」ですが、じつは、あれには私自身もサプライズしました。まさか、あそこまで勝てるとは思わなかったからです。郵政解散では、私はガリレオになりました。しかし、これはよく考えてみると、たとえとしては完全に間違っていました｡なぜなら､ガリレオは反権力側なのですから､本当は､私がローマ法王と言わなければならなかったのです。しかし、マスコミはこの間違いに気づかなかったので､これもサプライズでした。

その意味では、マスコミにも本当に感謝しています。わが国のマスコミはこのように､国家の大計《たいけい》を考えず､国民の利益も忘れて､「小泉劇場」を連日報道してくれたからです。そのおかげで、私が送り込んだ「刺客」たちは、圧勝できました。

こうして、永田町はいまや「小泉チルドレン」ばかりですから、私は安心して退陣できます。みなさんはいまでも、彼らのキャラクターを十分に楽しんでいることと思います。小池君もユカタンも、いまも健在ですし、あのタイゾー君も丸1年をへて立派な議員になりました。だから、今後はもっとみなさんを楽しませてくれると思っております。本日、私の後継者がやっと決まりましたが、この「後継者レース」も、なかなか面白かったのではないでしょうか？

ともかく、この5年間、私は「サプライズ」をやり、「小泉劇場」を続けてまいりました。その結果、わが国の政治は、よりいっそう国民のみなさんに身近になったと思います。おそらく、歴代の政権でこれほど出し物が多かった政権はなかったでしょう。

そこで、私は最後に、みなさんにお聞きしたいことがあります。みなさん、「小泉劇場」はいかがだったでしょうか？ 面白かったでしょうか？ やはりそうでしょう、こんなに面白い政権はなかったと思います。えっ、まだやってほしいですか？ じつは、そういう声が出るのはわかっていましたが、残念ながら、もうこれ以上、私は小泉劇場を続けられないのです。

というのは、もう「サプライズ」の種も尽きてしまったからです。それに最初に申し上げたように、もし、今後、財政の破綻が起こるとしたら、私の最後の出し物は「国家破産」になってしまいます。これでは、みなさんもお怒りになるでしょう。これだけは、小泉劇場の出し物として、みなさんにお出しするわけにはいかないのです。

というわけで、私は今回ばかりは公約どおり退陣するというわけであります。

では、本当に最後になりましたが、1つだけお願いしたいことがあります。それは、例の「メルマガ」をまだやると側近が言っておりますので、そこに、この5年間の感想をメールでいただけないでしょうか？ というのは、いまの私にとっては、「よくやった！感動した！」と言われるのが最大の喜びだからです。

それではみなさん、本当に、ありがとうございました。

これで、本当に小泉劇場は終幕です。どうか、今後は、新しい総理の下で、「痛み」を存分に楽しんでいただきたいと思います。そうすれば、小泉政権がいかに歴史的な政権だったか、みなさんによくおわかりいただけると思うからであります。

では、本当にさようなら、日本国民のみなさん。

■

2006年9月、小泉純一郎は、もし彼が大嘘つき big liar でないなら、自民党総裁 LDP president の任期満了にともなって、この国の総理大臣 prime minister を辞めることになっている。そこで、その記念すべき日に先立ち、彼に代わって退陣のメッセージを書いてみたら、こんな内容になってしまった。

2001年4月に誕生した小泉内閣 Koizumi Cabinet は、3度の内閣改造 the Cabinet reshuffles をへて、約2000日も日本国民の上に君臨した。日本の戦後史において、彼以上に長く政権の座についた in power for a long period 人物は、吉田茂と中曽根康弘の2人しかいない。その意味で、小泉純一郎は、日本の歴史上、稀代の総理大臣であることは間違いないだろう。

しかし、彼はいったいなにをやったのか？ 彼の退陣 resignation の日に、国民から惜しみない拍手 generous applause が巻き起こるのだろうか？

私がこの5年間の小泉政治でいちばん驚いたのは、2005年9月11日の総選挙 general election での自民党の圧勝 overwhelming victoryであった。選挙戦の最中からイヤな予感はしていたが、賢明であるはずの日本国民がまさかあんな選択choiceをするとは信じがたかった。

私は無神論者atheistで、キリスト教国で生まれ育ったとはいえ、キリスト教の神Godは信じていない。もちろん、それはキリスト教を否定するという意味ではなく、世界のどの宗教religionも等分に考えたいからだ。つまり、人類の人智を超えた存在は否定しない。しかし、それに1つの宗教の側面からアプローチすることをしないということである。が、それでも、『新約聖書』The New Testament「ルカによる福音書」(Luke 23-34) の次の一節は、ここに記しておきたい。

And Jesus said, Father, forgive them; for they know not what they do.

イエスは言った。「父よ、彼らをおゆるしください。自分がなにをしているのか知らないのです」

これは、十字架holy Crossに釘《くぎ》で打ちつけられたイエスが、最初に言った言葉である。ここでイエスが言う彼らとは、直接には、彼を十字架で磔刑《たつけい》にしたローマ軍の兵士Roman soldiersたちのことだが、まわりに集まった群衆mobも含めて人間全部all humansのことを指している。つまり、イエスはすべての人の罪を背負って、すべての人の身代わりになって罰を受けたのである。しかし、私がここで言いたいのは、このイエスを日本の民主主義《デモクラシー》democracy、日本の将来futureに置き換えてみればどうなるかということだ。

私には、日本国民があの選挙で、そして5年にもわたって小泉政権を支持 support し続けた理由が、「自分がなにをしているのか知らないのです」としか思えないからである。

さらにもう１つ記しておきたい言葉がある。それは、ヒットラー Adolph Hitler の信任を受けてナチズム Nazism の強力な推進者となったナチス Nazis の宣伝相ゲッベルス Joseph Goebbels の言葉である。結果的にドイツ国民を地獄に導いたゲッベルスは、自殺する前に次のような捨て台詞《せりふ》を残している。

「私はドイツ国民に同情しない。国民が自分のほうからわれわれに委託したのだ。……つまりは自業自得ということだ」

Contents
目次

Introduction
はじめに

戦艦大和とだぶって見える現代の日本

2005年の暮れに公開され､大ヒットとなった映画『男たちの大和』を観に行った。これは、あの太平洋戦争 Pacific War で撃沈された日本の大型戦艦の最期を描いた物語だが、製作者 producer の角川春樹氏と監督 director の佐藤純彌氏が言うように史実 historical fact に忠実につくられており、当時の戦艦大和 battleship Yamato を取り巻く男たちのドラマに、私は思わず涙ぐんでしまった。それは、彼らの死が、まったくのムダ死にだったからである。

日本は、あの大和最後の出撃 last sortie で、死ななくてもいい若者を大量に死なせてしまった。なぜ、あんなバカなことをやったのか？ その思いがこみ上げて、涙があふれたのである。

そして、その涙とともに、私には戦艦大和の姿が「現在の日本」の姿とだぶって見えて仕方がなかった。

戦艦大和は、当時の大日本帝国 Imperial Japan 最大の「国家プロジェクト」national project だった。莫大な資金とエネルギーがつぎ込まれ、国家の威信 pride をかけて建造されたこの戦艦は、太平洋戦争がはじまった1941年に、連合艦隊 Japanese combined fleet の旗艦 flagship として就航した。しかし、戦艦大和は、期待された艦隊決戦 conclusive battle with U.S. Pacific Fleet を１度も行うことなく、なんの戦果もあげられずに、アメリカ軍の戦闘爆撃機 fighter-bomber の餌食 food for powder となって、太平洋の藻くずと消えてしまった。戦艦大和の建造がはじまったころ、すでに海軍戦力の主力は大型戦艦から航空機を搭載した航空母艦 aircraft carrier に移っており、それがわかっていたにもかかわらず、日本は大型戦艦にこだわり続けた。戦艦による艦隊決戦などありえないとわかっていても、なお、世界一の巨大戦艦をつくり続けたのだ。

日本では、１度大きなプロジェクトが動き出すと、周囲の環境 surrounding environment がいくら変わろうと、けっして変更されることがない。戦艦大和が海に消えてから半世紀以上たったいまも、この日本では、ムダだとわかっている国家プロジェクトが続けられている。

新幹線も高速道路も、すでに日本では十分に足りている。しかし、いまだに建設工事 construction が行われ、地方空港やダムにしても、まだつくられ続けている。これらの公共事業 public works は、小泉政権になってからは、いくらか削減 reduce されるようになったが、それでもまだ続いていることに変わりない。しかも、その削減は、プロジェクトが時代遅れ behind the times、あるいはムダ waste だと判断されたからではなく、単に財政が悪化した in financial difficulties から削減されたにすぎない。しかし、日本のメディアの多くは、小泉の口車に乗せられて、これを「改革《リフォーム》」reform だと称している。

いずれにしても、これらの公共事業は、それが完成したときは、戦艦大和と同じく無用の長物 white elephant と化すだろう。

日本の公共事業には、必ず利権 vested right が絡んでいる。だから、プロジェクトがいったんスタートすれば、誰も利権を手放したくないから止めようとは言い出さない。これが、日本がいつまでも改革されなかった大きな理由だが、結局は、おカネが続かなくなって、削減せざるを得なくなった。小泉はそんなときに現れた首相 prime minister だから、国民は「改革者《リフオーマー》」reformer だと誤解してしまったのである。

しかし、本当の改革者というのは、戦艦大和の建造を即座に止めるような人間を指して言うはずである。あるいは、あの無謀な最後の出撃を、命を懸けて for his life でも止める人間を指して言うはずである。小泉のように、改革者ぶって、じつは官僚 bureaucrat の意向 intentions に沿うようなかたちで改革を進めるのは、本当の改革者ではない。

ともかく、日本はいったいいつまでこんなことを続ければ気がすむのだろうか？　国家財政が破綻の危機 crisis of bankruptcy にあるというのに、小泉のようなニセ改革者 fake reformer の権力 power に怯《おび》え、誰も「本当の改革を進めるべきだ」と言い出さないのは、なぜなのか？

責任が明確化されなければ改革などできない

戦艦大和の最後の出撃は、誰が考えても無謀であり、ムダだった。出撃命令を出した司令官 commander すら、それがわかっていた。兵士たちも、出撃すれば必ず死ぬことがわかっていた。もはや大和では敵に勝てる見込みなどなく、自分たちがいかに勇敢 bravely に戦おうと、それがまったくのムダ死にになるのはわかっていた。な

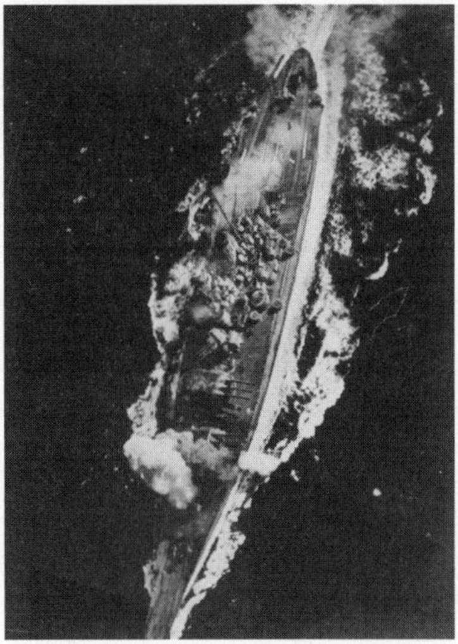
1945年4月7日、護衛機なしの特攻作戦を敢行した戦艦大和は、米軍の猛攻で最期のときを迎えた。

のに、大和は出撃してしまった。

これは、「滅びの美学」などという美辞麗句《びじれいく》 rhetoric で片づけるような問題ではない。国家 country と国民 people に対する裏切り行為 treachery である。なぜなら、乗組員の若者たちは、死ぬなら「国のため、愛する人々のために役立つことで死にたい」と、真摯《しんし》に思っていたからだ。映画でも、このことははっきりと描かれていた。とすれば、出撃を止めることが彼らの気持ちに報いることであり、また、国家のためにもなることであろう。

しかし、誰もこうした正論 just argument は言い出さなかった。その結果、本当に3000人以上の生命が、あの最後の出撃で犠牲 victim になったのである。

戦艦大和の乗組員ばかりではない。あの太平洋戦争では、南方の島々で、中国戦線で、沖縄でと、数多くの若者たちの生命が、上官の命令1つでムダに失われていった。その最たるものが、「カミカゼ」Kamikaze と呼ばれた特攻隊 suicidal attack だった。

いったい、なぜ、日本はこんなバカげた戦争 lunatic war をやり続けてしまったのだろうか？　2発の原爆 atomic bombs でさらに数十万人の生命が犠牲になるまで戦争を遂行する理由 cause など、どこにもなかったはずである。だから、アメリカ人は日本人を西洋文明 Western civilization とは異質の文明に属す異民族 different ethnic group（野蛮人《バーバリアン》 barbarian）として捉え、戦後の社会学者 sociologist たちは、「日本には責任の主体がない」と規定した。日本は、誰も責任 responsibility を取らないシステムで成り立っている。だから、あのような無謀な戦争を平気でやったというのである。

じつは、私もこうした見方には賛成 agree するしかない。

なぜなら、あの戦争中、日本軍の指揮を執っていた司令官たちのなかで、個々の敗戦 individual defeat を理由に左遷《させん》 relegate させられた人間はほぼ１人もいなかったからだ。個々の戦争でどんなに負けても、日本の司令官たちは階級の階段を上り climb up the ladder、敗戦時まで順調に出世 promote していった。これは、日本以外のどんな国の軍隊でも考えられないことである。しかも、日本の戦争指導者たち war leaders は、戦後も、東京裁判《トウキヨウトライアル》 Tokyo Trial で裁かれた戦犯以外はその責任を取ることはなかった。

2005 年 8 月、私は靖国神社 Yasukuni Shrine に行った。そこで、太平洋戦争の生き残り軍人 remaining survivor の方々にインタビューを試みた。すると、そのなかの１人の老人が、「私の同期を何千人も死に追いやった司令官が、いまでも憎くてたまらない」と言った。「では、なぜ、ここに来るのですか？」と聞くと、「無念の思いで散っていった同期の魂を鎮《しず》めるためです。そして、彼らに心から申しわけないと謝るためです」という答が返ってきた。

日本では、いまだに戦争責任の問題が不問に付 set aside されている。これは、東京裁判で示された連合国 the Allies による日本の戦争責任の話ではない。私が言いたいのは、日本の戦争指導者《ウオーリーダーズ》が日本国民に対して行った戦争責任 war responsibility のことである。つまり、日本人の日本人に対しての犯罪 crime である。

日本と同じ「枢軸国」the Axis のドイツ Germany も、ニュールンベルグ裁判 Nuremberg Trial によって連合国《アライズ》に裁かれた。しかし、その後、ドイツ人は自らナチの戦争指導者の罪 crime of Nazis war leaders を追及した。しかし、日本ではこのようなことは起こらず、むしろ、戦後に戦争指導者たちが復権 come back したことにより、すべてが曖昧《あいまい》 vague なまま今日にいたっている。

このように、責任というものが明確化 clarify されなければ、その後に改革 reform などできるわけがない。だから、日本ではアメリカの占領 U.S. occupation of Japan による改革が終わった後は、本当の意味での改革は行われなかった。

バブル崩壊以後 after the collapse of the bubble の 1990 年以降を見ただけでも、今日まで、日本では 3 回も改革が行われたことになっている。金権選挙批判から生まれた「政治改革」political reform、橋本内閣による「行政改革」administrative reform、それに小泉内閣の「構造改革」structural reform である。しかし、政治改革は小選挙区制度 single-seat constituency system を生み出しただけで終わった。また、行政改革は省庁再編 reorganization of government ministries による看板の付け替え switching the board に終始して、いままた構造改革は郵政民営化 postal privatization という茶番劇で終わろうとしている。しかも、この 3 回の改革で、それまでの責任を追及されたという人物を、残念ながら私は知らない。

結局、このようなことが続くかぎり、どんな時代遅れのプロジェクトだろうと止まるわけがない。それがいかに不合理 irrational

で、税金のムダ遣い waste of tax とわかっていても、それを命じた責任者の責任は不問に付されるからだ。こうして、日本の財政赤字 financial debt は、際限なく積み上げられてきた。しかし、こうしたことを続けていけば、国家も国民も破綻と再生 breakdown and revitalization をくり返すだけである。そしてもし、次の破綻が決定的なものならば、この先日本は2度と再生できないことだってありえるだろう。

日本は、太平洋戦争《パシフィック ウォー》で約300万人の犠牲者を出し、約1300兆円の国家資産 national asset をムダにした。また、バブル崩壊で、約1700兆円の国家資産を吹き飛ばした。これは、国民1人当たり約1400万円である。そして、今度また国家破産するとすれば、国民資産の約1400兆円が、またしても消失 fade away する。

いまだに続く戦時中と同じ「大本営発表」

戦争という国家が総力 all-out で行ったことに対して、責任の所在が不問に付されてしまえば、ほかのどんなことでも不問に付されて当然だ。そして、この誰も責任を取らないですむというシステムがあるから、日本ではウソ lie が公然とまかりとおってきた。

日本では、政府は国民に極力「真実」truth を伝えないように振る舞う。また、それが政府の国民に対しての義務 duty だと勘違いしている役人 officials も存在する。「そんなことを知らせたら、国民はパニックになってしまう」と、彼らは真顔で言う。つまり、ウソをついても責任を取らなくてもいいから、彼らはこんなバカげた論理 stupid reason を平気で口にすることができるのだ。政府の高官たちは、こうして国民を徹底的に見下 look down on し、国民が真実を知り、それを基に判断する権利 right to decide を奪っている。

もし、あの太平洋戦争で、大本営による発表がすべて真実だったら、あの戦争はどんな展開になっていたかわからない。戦争である以上、敵を欺《あざむ》くための虚偽の発表 false announcement はあるとしても、大本営発表は度を超えていた。

1942 年 6 月のミッドウェイ海戦 Battle of Midway で、日本は主力空母 4 隻を失うという大敗 crushing defeat を喫した。にもかかわらず、大本営は日本が勝利したと発表した。また、マリアナ沖海戦 Battle of Marianas では、なんとアメリカ太平洋艦隊 U.S. Pacific Fleet のほとんどを撃破したと発表した。とすれば、日本海軍にとって、太平洋にはもはや敵がいなくなっていたはずであり、硫黄島玉砕も、本土空爆も、沖縄戦も存在せず、戦艦大和が出撃することなどありえなかった。

もし、ミッドウェイ海戦以降の戦局 war situation が国民に正確に伝えられていたら、日本国民はどのような判断を下しただろうか？講和 sue for peace への世論が巻き起こっていただろうか？ 1942 年時点で、日本が和平交渉 peace negotiations を開始していたとすれば、現在の日本のボトルネックである北方領土問題も北朝鮮問題もなかっただろう。日本は、中国 China と南方領土 southern territories のすべてを失ったとしても、千島列島 Kurile Islands と朝鮮半島 Korean Peninsula を失うことはなかっただろう。

ところが、大本営発表は、日本が民主主義国家 democratic state となった戦後もずっと行われてきた。

1991 年、バブルが崩壊すると、不良債権 bad loans が大量に発生した。その額は、当時私自身が取材しただけでも少なくとも200兆円はあったが、大蔵省はその10分の1しか認めなかった。もし、このとき、日本政府が真実を公表し、国民世論 public opinion にその処理の仕方の判断を委ねたら、日本は「失われた10年」the Lost Decade に突入することもなかっただろう。

バブルが崩壊したとはいえ、当時の日本には、まだ十分な余力 potential があった。しかし、それが向かった先は、不必要な公共投資 public investment だった。アメリカに言われるままに、内需拡大 expansion of domestic demand に630兆円も費やして、問題は「先送り」postpone されてしまった。そして、不良債権をつくりだした「政・官・業・ヤクザ」の連合体 coalition は、責任逃れ passing the buck を画策して大本営発表をくり返し、日本の状況をさらに悪化させたのである。だから、私は日本の「失われた10年」を、「ヤクザ・リセッション」the Yakuza Recession と表現してきた。

この間、1996年の住専破綻処理、1998年の北海道拓殖銀行の倒産などによる金融危機 financial crisis が起こったにもかかわらず、不良債権が最終的に金融機関の帳簿上 on book で半減 reduce by half したのは2004年になってからである。つまり、「失われた10年」は「15年」となり、不良債権問題は国民の目から見えないところに隠され消えたが、国家財政の破綻というさらに大きな問題 bigger problem となって、いま、日本国民全体に降りかかっているのだ。

が、小泉首相には、日本経済に対するこのような認識 recognition はまったくない。状況がわかっているのは、政府内の一部の政治家たちと、財務省幹部たちだけである。

日本国民は、彼ら政府高官 high-level government officials が考えて

いるほどバカではない。たとえ時代遅れ behind the times になったとはいえ、当時の世界一の戦艦である大和をつくり出し、戦後は技術力 technical capabilities で世界第 2 位 the world's second largest の経済大国 economic giant を築いた国民が、間違った判断をするなどありえない話だ。したがって、バブル崩壊当時に真実が公開 disclose されていたら、「失われた 10 年」などありえなかっただろう。

不良債権処理はおそらく 3 年で片づき、日本は V 字回復 V-shaped recovery をとげて、いまでも世界をリードしていただろう。日本と日本人にはそれほどのポテンシャルがある。そう、私は確信している。

国民の感覚からはズレている景気回復

残念ながら、この国では大本営発表がいまも続いている。小泉・竹中コンビが経済を運用 manage するようになってからは、この傾向がとくに強くなった。

かつて竹中平蔵はさかんにハードランディング hard landing を唱えていたが、小泉政権内に入り込むと、スタンドプレーに終始して、不良債権を片づけることに成功した。しかし、それは見せかけ上のこと cosmetic change であり、民間の不良債権が政府債務 government debt に付け替えられただけである。

2000 年 4 月、政府は民事再生法、産業再生法を施行し、放置しておけば死に絶えるゾンビ企業 zombie corporations の救済に乗り出した。これ以後、日本では大型倒産はなくなったが、ゾンビ企業が本当に再生 revitalize したかといえば、そうではない。

そして、2002 年 10 月、金融再生プログラムが発動 invoke され、不良債権の本格処理がはじまった。これ以後、不良債権は金額 amount ではなく比率 ratio となり、この10月を起点として2004年度中に半減することが決められた。これを助けたのが、日銀のゼロ金利という「量的緩和政策」quantitative easing policy で、この結果、大手金融機関は2005年になると、軒並み史上最高益を出すまでになった。

しかし、その裏側 behind the scene では、日銀による持ち合い株放出の引き受けや、短期国債の買い入れなどが行われ、政府は大量の国債 national bond を発行し続けたのである。

そして、2006年のいま、日本の景気は回復 recover したかのような報道が相次いでいる。東京の株価（日経平均）は、2005年5月17日に1万825円39銭という年度の底値 low をつけた後は上昇に転じ、8月9日に、政府・日銀による「踊り場脱却宣言」が出た後はさらに上昇 move up した。そして、「郵政解散」で小泉自民党が圧勝してからは一本調子で上昇して、12月30日の大納会では1万6111円43銭にまで達した。この後、年が明けて「ライブドア・ショック」に見舞われたものの、1万6000円台をキープしている。

しかし、これは日本経済の復活を本当に表しているのだろうか？確かに不良債権は表向きは消え、消費者物価 consumer price も上昇をはじめてデフレ脱却 end of deflation の兆しが見えている。雇用統計も改善され、企業の設備投資 business investment も活発化している。が、一般国民の生活は上向いたと言えるだろうか？

私は、東京でタクシーに乗るたびに、運転手に話しかけるが、今日まで「景気がよくなった」と言った運転手に1人も会ったことがない。私のまわりの人々も、景気回復 economic recovery を実感している人は少ない。

とすれば、株価の上昇 improvement in stock price は明らかにミニバブルであり、経済回復は大企業 big business だけのことで、国民経済 nation's economy は少しもよくなっていないと思うしかない。つまり、景気回復というのは、大本営発表であり、一般国民の感覚 feeling のほうが、実態 reality に即しているのだ。

中国と変わらない日本の経済統計のウソ

ここで思い出されるのが、2000 年 3 月、小渕恵三内閣のときに総務庁と経済企画庁が行った経済指標 economic indicators の抜本的見直しである。これによって、日本経済のデータは、過去とは違うものになった。つまり、これは、悪いデータは意図的 intentionally に隠すという意味で、大本営発表と同じだった。いいデータだけを取れば、統計上は景気が回復しているように見えるのは当然だからだ。この見直しに対して、『ニューヨーク・タイムズ』(The New York Times) は当時の紙面で、「日本の経済企画庁は故意に GDP 成長率を操作《スピン》している」と批判した。

また、よく言われることだが、日本の失業率 jobless rate の統計も大本営発表である。日本の失業率は、毎月、月末の 1 週間だけのハローワークでの調査 survey で決められる。だから、働く意志があってもこの期間中に求職活動 job hunting をしなかったり、また、情報誌やネットで職探しをした人はカウントされない。したがって日本では、統計には現れない潜在失業者 hidden jobless が約 170 万人はいるとされ、これをカウントすると、失業率はたちまちドイツ

Germanyやフランス France 並みの10%に達してしまうのである。しかし、日本政府はこれまで、これらの事実を意図的に隠してきた。とはいえ、最近、このトリックがほころびを見せはじめている出来事があったので、とくに記しておきたい。

2005年10月、政府がさかんに景気回復を喧伝《けんでん》しだしたとき、失業率が悪化するという矛盾した現象 paradoxical situation が起こった。それまで4.2%あった失業率は、このとき0.3ポイント悪化し、4.5%にまで上昇したからである。それで当然のように、「なぜ景気が回復しているのに失業率が上がるのか？」という声が巻き起こった。この矛盾に対する回答 reply は、こうである。じつは景気は回復しているのではなく悪化 downturn in economy していて、これまで職探しをしないでもなんとか暮らしてきた層が、真剣に職探しをはじめた。その結果、必然的に失業率が上がってしまったというわけだ。

このように、日本の経済統計は、実態を伝えないものが多い。

これでは、日本政府は、いつも都合のいいデータしか発表しない中国の共産党政権 Chinese communist regime とまったく同じではないだろうか？　ちなみに中国では、地方政府 local government が発表する経済データを全部合わせてみると、北京《ペイジン》 Beijing が発表 announce したデータと大きく食い違うことがしばしば起こる。GDPの額も成長率 growth rate も、いずれも本当のところはわからず、しかも不良債権がどのくらいあるかも闇のなかに隠されている。

だから、中国がいまどれほどのバブル状態にあるのか、世界的なエコノミストですらわからない。BRICs（ブリックス）の1国としてもてはやされてはいるが、中国経済の実態 reality of China's economy に懐疑的 skeptical なエコノミストは多い。しかしそうは言っても、少なくとも日本よりはるかに景気がいいことだけは間違いない。そして、この中国の好景気 boom が日本経済を牽引《けんいん》し、日本のオールドエコノミー old economy を復活させたことも間違いないことである。

小泉首相は「構造改革なくして景気回復なし」(no recovery without structural reform) と言ったが、実際には「中国なくして景気回復なし」(no recovery without China) であり、その回復も一般国民には及んでいないというのが、現在の日本のリアルな姿なのではないだろうか。

なぜ財務省は単純債務残高ばかり強調するのか？

日本ではこれまで、国家がどれくらいの借金を持っているのか、ほとんど公表 unveil されることはなく、国民もそれを知る術 real way of knowing を持っていなかった。ところが、2000 年 10 月、当時の大蔵省は「国家の債務超過 776 兆円」という数字をはじめて公開し、「農水省を除く全省庁が負債と国債残高の合計が資産を上回る債務超過となっていた」ということまで公表 announce officially した。そしてこれ以後、日本政府、とくに財務省は、財政危機 financial crisis を隠すどころか、逆に国民に訴えるようになった。

しかし、ここにも一種のトリックが見てとれる。というのも、財務省は常に国債残高による「単純債務残高」simple debt ばかりを強調して、「純債務残高」net debt には意図的にふれようとしないからである。

財務省がこれまで行ってきたのは、単純債務残高を公表し、「GDP

に対する比率は主要先進国中で最悪である」という説明だった。経済協力開発機構（OECD）の集計では、2005年末の日本の政府債務残高（国と地方の合計）の対GDP比率は170.0%であり、G7国のなかでは、アメリカ、イギリス、ドイツはもとよりイタリアの119.5%よりも大きく、最下位である。

しかし、ではこうした単純債務残高から、政府が持つ資産を差し引いた純債務残高はどうかといえば、たとえば2002年末時点での単純債務残高は789兆円だが、政府には金融資産 financial asset が433兆円あるため、純債務残高は356兆円となる。とすれば、日本の純債務の対GDP比率は、2005年末で90.1%にとどまり、アメリカの45.7%やドイツの57.1%より悪いが、イタリアの95.8%よりはよくなってしまう。

もちろん、政府資産といっても、それは、年金保険料 pension premiums の積立金 reserve である社会保障基金の資産や国の出資金 investments、貸付金 loan、外貨準備 foreign reserve などだから、簡単に取り崩せるものではない。しかも、年金保険料の積立金はすでに穴があいているはずであり、国の出資金も特殊法人 special corporations を通じてほとんどが不良債権化しているはずだから、じつは債務超過 insolvency はさらに膨らむものと考えられる。

しかし、財務省はこれについてはいっさい触れず、ただ、単純債務残高の大きさばかり強調 exaggerate するのである。そして、日本は財政再建が急務 pressing need だと主張し、まず、年金の負担増を国民に納得させ、小泉政権では次々と増税策を取らせ続けてきた。

つまり、これも財務省による一種の大本営式の情報のスピン spin（操作）であり、そのメッセージは「国家の財布が空っぽなので、これからは国民も痛みをいっしょに背負ってください」ということだろう。この財務省のメッセージを、小泉は「痛み」pain として垂れ流してきたのだから、自らを改革者と呼ぶ資格などない。

2005年3月15日付の日経新聞には、「これからは純債務も明らかにしてほしい」と、参議院予算委員会で、自民党の秋元司議員が谷垣禎一財務相に詰め寄ったという記事が出ていた。秋元議員は、「財務省は単純債務残高を強調するが、格付け会社が日本国債を相次いで格下げした2002年には、豊富な外貨準備などを考慮していないと反論したではないか」と指摘した。しかし、財務省側は、「年金給付などにあてる資産と国の債務を相殺するのは無理がある」と言うだけに終始したという。

財務省が目論んで contemplate いるのは、言うまでもなく消費税 consumption tax の大幅なアップである。この路線は、いまや小泉退陣後の既定路線となり、国民的合意 public agreement が形成されようとしている。しかし、そんなことで本当にいいのだろうか？

財務省としては、なんとしても政府資産に手をつけてほしくないのである。だから、財政赤字の穴埋めとして make up for financial debt の消費税アップのために、単純債務残高ばかりを表に出すのだ。なぜなら、政府資産が大幅に毀損《きそん》していることが国民に知れたら、自分たちの責任は免れないからだ。

前記したように、国の資産などすでにない可能性がある。「失われた15年」をとおして、「政・官・業・ヤクザ」の“鉄の四角形” iron square が、これを食い潰してきたからだ。この事実を隠し、財政危機を回避 avoid するとしたら、それは増税 tax hike しかない。これが、財務省の単純債務残高を強調する意図 purpose であろう。

財務省は、これまで多くの指摘があるように、この国の「真の支配者」virtual ruler である。そして、小泉政権はこの財務省と一体化した政権 unified regime であり、戦前の日本の軍部 prewar military と一体化した政権となんら変わるところがないのだ。

いったい日本の借金はいくらあるのか？

現在、日本のメディアやエコノミストは、財務省発表の数字を基 basis にして、財政破綻問題を議論 debate している。しかし、そのベースとなる数字が、そもそも本当かどうかは、ほぼ誰も検証 verify していない。ここまで書いてきたように、財務省が強調するのは単純債務残高 simple debt であり、これから差し引ける国の資産の状況も疑わしいから、日本国の本当の債務がいくらなのかは、じつは私にもわからない。

私は、政府の 2006 年度の予算案 budget が出たとき、「新規国債の発行額を 29.97 兆円とし、国債発行枠 30 兆円以下に抑えるという公約がはじめて達成された」という報道を見て、財務省と総務省のホームページをくまなく見た。すると、「平成 18 年度国債・政府保証債の発行予定額」というところに、こういう数字が掲載されていた。

新規財源債	299,730 億円
借換債	1,082,621 億円
財政融資特会債	272,000 億円
合計	1,654,351 億円

なぜ、大手メディアは、この新規国債 new government bond を約165兆円も発行するということを伝えないのだろうか？ これでは、いくら「発行枠30兆円以下」といっても、それはたとえば象の体のうち片足だけをリポートするようなものではないだろうか？

それで、会計検査院のホームページを見ると、そこには「前倒し債」というのもある。さらに、「政府保証債」とか「建設国債」とか「特例国債」というものも出てくる。これでは、一般国民にはとてもではないが、どうなっているのかわからない。

それで、さっそく財務省にこの件を問い合わせると、広報室のほかに集計局調査課など5人の人間に電話をたらいまわしにされてから、名前を教えてくれない1人の人間が、最初はていねいに説明してくれた。

しかし、「では、日本政府の借金の総額はいったいいくらあるんですか？」と聞くと、一転して言葉が途切れ、しばらくして「国債および借入金並びに政府保証債務現在高（平成17年6月末現在）の合計は854兆円です」という答が返ってきた。それで、「では、私たちが新聞で読む775兆円という数字はなんですか？」と聞くと、「あれは国債と地方債の合計です」と言う。そこでさらに私は「地方債以外の地方の借金は854兆円のなかに入っていないのですね？」と聞くと、「それは、地方のデータだから、総務省が担当だから、うちらは知らない」と言うのだった。

もちろん、このあと私は総務省に電話を入れ、その額 amount を聞くと「152兆円」という返事 reply だった。つまり、これを前記の854兆円に加えただけで、日本国の借金は1006兆円と1000兆円を突破してしまうわけだが、この数字すら本当かどうかわからない。

ただ、ここでハッキリ言えるのは、政府債務残高の数字すらトリックではないかということである。これは、単なる国債 national bond と地方債 local government bond の合計にすぎず、「隠れ借金」hidden debt が入っていないからだ。最近、この隠れ借金をズバリと指摘したのが、野口悠紀雄・早稲田大学大学院教授である。野口教授は、隠れ借金の１つが年金基金の債務超過であると指摘し、その額がなんと約 800 兆円あると述べている。

「財政赤字が深刻な問題」とは、よく指摘される。しかし、通常議論されるのは、「国債」という明示的な形を取った負債に限定してのことだ。年金制度が抱えている潜在的な超過債務は、通常は「財政赤字」の中に含まれていない。しかし、将来の負担増（あるいは給付削減）によって調達しなければならないという意味において、経済的な意味は国債と同じである。日本の財政は「年金制度の債務超過」という認識しにくい形で、驚嘆するほどの負債を抱えている。

（『週刊東洋経済』2005 年 8 月 27 日号）

このように述べたあとで、野口教授は、年金の債務超過額を約 800 兆円としている。財務省発表の日本の政府債務が約 800 兆円だから、この年金の債務超過の約 800 兆円を加えれば、日本の本当の借金は、なんと約 1600 兆円に達してしまう。

ところが、さらに驚くべき指摘もある。

かつて私が取材したロンドン・スクール・オブ・エコノミクス客員研究員の藤原美喜子氏はこう言ったのだ。

「私は特殊法人の資金調達を 20 年間やっていた。それで言うと、政府の借金を全部合わせれば2000兆円ある」

彼女はかつては外資系金融機関の東京代表だったこともあり、また、ソ連の崩壊事情にも詳しいエコノミストである。2000兆円といえば、それは1400兆円とされる国民の全資産をはるかに超える数字だから、私は「どうやったら、そこまでできるのか？」と聞いた。すると、彼女は、「ごまかしをやらないとできません」と言う。つまり、彼女の計算 calculation が正しければ、日本は国家ぐるみで“飛ばし”をやっていることになる。

また、フリーランス・ジャーナリストの倉田大道氏は、ごく常識的な推論 common-sense reasoning から、日本の本当の借金がもっと巨大だと指摘している。倉田氏によると、その額は800兆円×3＝2400兆円というすさまじい額に達してしまう。

では、なぜ、そんなことになるのだろうか？

バブル崩壊後の「失われた十三年」の間、景気悪化によって苦境に立たされる失業者の自己破産が急増しているが、その救済を続ける弁護士らは、法律相談に訪れた自己破産予備軍の借金額は、正確に吟味すると当初の三倍に膨らむのが通常と語る。

これは、債権取り立てを本業とする暴力団が、経営破綻した企業の借金は破綻が本決まりになった後、ほぼ三倍に急増すると語っていることとも符合する。

事実、バブル崩壊後、相次いで破綻した銀行、証券会社なども、不良債権総額や負債額が破綻表面化後数カ月で三倍に膨らんでいることとも合致しており、こうした点から見れば、現在財務省が公表している国と地方の借金総額は、表面化していない「隠れ借金」を入れれば、実体総額はその三倍あると考えた方が妥当だろう。

(『財界展望』2006年2月号)

国民より政府に仕えている大手メディア

このように錯綜《さくそう》 conflicting する日本の借金額だが、本来、これを徹底的に追及すべきなのが、大手メディアの使命 mission のはずである。そうでなければ、民主主義国家の大手メディアとは言いがたい。しかし、日本の大手メディアは国民のほうを向いてはおらず、政府のほうを向いて for the government 仕事をしている。彼らの眼中にあるのは、政府であって国民ではない。

これでは、日本の大手メディアは、戦時中 wartime となんら変わるところがない。戦時中の日本の新聞や通信社は大本営発表を垂れ流し、戦後も官庁による情報を独占 dominate して、国家による情報操作 PR spin に加担し続けてきた。現在、こんな大手メディアが存在しているのは、東アジアでは中国 PRC と北朝鮮 North Korea だけではないだろうか。

私はこうした日本の大手メディアを批判し続けてきたが、2005年秋の総選挙で小泉自民党が圧勝 won by an overwhelming majority した後は、大手メディアの国民無視があまりにもひどくなったので、批判する気力も失せてしまった。

結局、日本の大手メディアは、次々に現れる新しい主人 master に仕えてきただけだ。戦争中は軍部が、戦後の占領時代は GHQ(アメリカ)が主人だった。そして、占領後 after occupation は、アメリカの意向 request from U.S.A. を受けて動く政治家 politicians と官僚

bureaucrats が主人になった。つまり、主人が替わっただけで、その無責任 irresponsible な体質はまったく変わっていない。

しかも、その主人もまた無責任であるのだから、日本には本当に「責任の主体」というものがない。しかし、日本はこんな「無責任国家」でいいのだろうか？ これが、日本という国の伝統 tradition なのだろうか？

私はけっしてそうは思わない。私はいまの日本は、江戸時代 Edo Period に戻るべきだと思うことがある。それは、江戸時代では責任者はもっと厳しく罰せられたからであり、責任者が見つからない場合は、その責任は藩全体が取らされたからだ。

つまり、この「お取り潰し」を復活させれば、責任者が見つからない官庁などの組織は、その組織全体 whole organization の責任として解体 scrap してしまえばいいのである。小泉は「郵政省解体論」を唱えたし、「財務省解体論」を唱えた政治家もいる。

しかし、それは今日までついに実現しなかった。

透明性こそ改革にもっとも必要とされること

私は、日産自動車が改革されて V 字回復 V-shaped recovery をとげたとき、カルロス・ゴーン社長 Carlos Ghosn にインタビューし、「改革にあたってなにがもっとも重要と考えたか？」と聞いたことがある。

この質問に対し、ゴーン社長の答は明確だった。

「改革をするためには、まず、なにが問題であるかを知らなければなりません。つまり、問題を白日の下にさらすことです。問題が明らかになって、はじめてそれに対処することができるからです。

1999年6月、日産のCOOに就任したカルロス・ゴーン氏は宣言どおり「V字回復」に成功した。
（写真／共同通信社）

しかし、日本人は問題を隠そうとする傾向が強い。問題を隠してしまえば、それはないことと同じと考える傾向があります。が、隠しても問題は存在し、かえって深刻化してしまいます。

ですから、私はまず、問題点をすべて話してくれるように頼みました。そして、それによって不利益が生じないことを約束しました。これによって、私は日産の問題点をすべて知ることができたのです。だからその後は、改革をスタートさせるだけでよかったのです」

ゴーン社長は、こう説明しながら、「トランスピアレンシー」transparency（透明性）という言葉をくり返した。

「企業経営にもっとも必要なことは透明性です。結局、これが確保されると、モチベーション motivation も上がり、なにより業績 performance も上がるのです」

残念ながら、いまの日本には、この「透明性」がない。だから、多くの国民はなにが問題かを知らず、したがってどう対処 cope with したらいいのかということもわからないのだ。

さて、前置きが長くなってしまったが、本書はこれまで私がこのペーパーバックスのシリーズで出した数冊の本の延長線上にある。日本の危機 Japan's crisis を題材にしているので、内容も一部重なるところがある。しかし、本書がこれまでの本と大きく違うのは、危機を警告 alert し、それを放置している権力側 political power を告発するだけに留まらない点にある。

私は、どうしても日本を救いたいのである。このままでは戦艦大和 battleship Yamato のようになってしまうに違いない日本を、なんとかして救いたいのである。

明治維新 Meiji Restoration を思えば、日本人にはそれを実行できるポテンシャル potential がある。そして、戦後の目覚ましい復興 miracle recovery と、その後に経済大国のポジションを得たことを思えば、日本には素晴らしい技術 technology もシステム system もある。そして、さらに歴史をさかのぼれば、日本には西洋にない東洋の文化と伝統 culture and tradition がある。つまり、日本にはなんでもある。作家の村上龍氏は「日本にはなんでもある。ただし、希望だけがない」と言ったが、そのとおりだと思っている。だから私は、こんな国が、今後ただ漫然と衰退 decline していってしまうのを見るのが耐えられないのだ。

日本が本当に改革できない原因は、たった１つしかない。

それは、国民の上に存在する権力が著しく腐敗 corrupt していることだけである。小泉政権のような泥棒 thief としか思えない政権が君臨し、それを取り巻く「官・業・ヤクザ・御用メディア」の連合体がある。この国民を不幸にするだけの存在さえ取り除けば、日本は劇的に回復する。そればかりか、21 世紀の国際社会 international community を、人類の歴史をリードできるだろう。

だから、本書では、私が考える日本再生への道筋 process を示した。これは、本書の後半にまとめてある。

本音を言うと、私はこの国に革命revolutionを起こしたいのだ。『男たちの大和』のようなシーンが、もう１度この国で起こることを、どうしても阻止したいのである。

2006年2月
Benjamin Fulford
古歩道ベンジャミン

Chapter 1

The Last Year
最後の１年

もう誰にも止められない小泉機関車の暴走

日本が壊れようとしている。もう時間がない。

いまの私の気持ちを正直に述べれば、こうなる。私はこれまで何冊かの本、あるいは記事で、このことを訴えてきたが、その効果 effect は今日までまったく現れなかった。小泉改革 Koizumi's reform がマヤカシ fraud であり、その先にあるのは日本国民のほとんどが苦しむ「国家破綻」national bankruptcy であることを警告 warning し続けてきたが、ほんの一部の人々にしかこのことは理解 recognize されなかった。

日本はいまも表面上は平静を保っている。そして、多くの国民は、経済大国 economic giant、それも先進国 advanced countries の一員であるこの国がまさか国家破綻に追い込まれ、その後はローマ帝国 Roman Empire に滅ぼされたカルタゴ Carthage のようになってしまうことなど想像すらしていない。とくに 2005 年 9 月の総選挙 general election で小泉自民党が歴史的な大勝利をとげた後は、東京の株価が値上がりし、企業業績 corporation performance も改善したこともあって、国家の破綻などありえないという雰囲気がこの国を包んでいる。しかし、これは、本当の日本の姿だろうか？

残念ながら幻想 illusion である。現実の日本の姿ではない。なぜなら、この国では相変わらず赤字国債 deficit bonds の発行が続き、毎日山のような借金 debts が積み上がっているからだ。

不思議なことに、この国家の借金生活を誰も止めようとはしない。政治家 politicians も官僚 officials も、そして大手メディア mass media も経済学者 economists も、「もうこれ以上借金するな」とは言い出さない。なぜ、こんなバカげたことが白昼堂々と、しかも、全国民が見ている前で平然と行われているのだろうか？

世界のどんな家庭でも、親が借金をし続けて遊び暮らしていれば、心ある子供なら「いい加減にしてほしい。いったい誰がそのツケを払うんだ？」と止めるだろう。止めなければ、そのツケは間違いなく自分にまわってくるからだ。この場合、親が国家であり、子供が国民であるのは言うまでもない。

しかし、いまの日本には、こんな当たり前のことを言う子供すらいない。しかも、さらにおかしなことに、この子供は圧倒的に親を支持し続けてきた。小泉政権に歴代政権では考えられないような支持率 support rate を与え、あげくのはてに、国会における絶対安定多数 absolute majority まで与えてしまった。

この結果、国家の破綻に向かって突っ走る小泉機関車を止める人間が、いまやどこにもいなくなってしまった。だから、小泉機関車は、自分は歴史に残る「改革者」reformer《リフオーマー》だと思い込んでいる小泉純一郎という男の指令の下に、「黒幕」backroom fixerとされる飯島勲首相秘書官と「米国の代理人」U.S. agentと言われる竹中平蔵大臣の両輪をターボ・エンジンとして、猛スピードで走り続けている。

この小泉機関車の特別車両には、「小泉チルドレン」と呼ばれる政治家たちと財務省を中心とした官僚bureaucratsたちが焼け太りして乗っており、いまでも車内でパーティを開いている。そして、これに続く特別車両には、改革利権に群がる財界人businessmen、さらにいまだにヤクザgangstersの姿も垣間見える。これが、私がこれまで指摘した「政・官・業・ヤクザ」の連合体coalitionであり、この国を支配してきた「鉄の四角形」"iron square"である。そして、驚くべきことに次の特別車両には、いまではすっかり骨抜きにされた大手メディアの記者たちreportersが乗っている。

彼らはみな人間humansの顔をしているが、その正体はゾンビzombiesである。その証拠に、こうした特別車両の次に用意された普通車両や貨物車両の車内には、一般国民ordinary peopleがぎっしりと詰め込まれ、まるで家畜live stockのように働かされているからだ。そして、一般国民が稼ぎ出した富wealthは、ゾンビたちに際限なく奪われ、暮らしは日々貧しくなっている。

この小泉機関車の行く先destinationは、間違いなく「地獄」hellだ。2006年9月、この小泉機関車の司令室から小泉純一郎は出て行くことになっている。しかし、機関車が行き先destinationを変更するかどうかは、いまのところ誰にもわからない。

2007年以降に日本に最大の危機が訪れる

2007年、日本では戦後の高度成長 high growth を支えてきた「団塊の世代」postwar baby-boomers の退職が、いっせいにはじまる。すると、ここから毎年確実に60～70万人の労働人口 labor power が失われると言われている。この団塊の世代は、1947～1949年生まれの3世代であり、ほかの世代に比べて人口は圧倒的に多い。だから、ピークの2010年には最大で約110万人の労働人口が失われるとされ、その結果、少なく見積もってもGDP（実質国内総生産）で、約15.9兆円が減少 reduce すると予測されている。日本にとってこれだけでも死活的な大問題 vital problem だが、小泉政権はこの問題について、まったくと言っていいほど対策 countermeasures を打ち出してこなかった。

そして、この団塊世代の退職 retirement と重なるのが、国債の大量償還 enormous redemption という、国家財政の根幹を揺るがす大問題である。

財務省の試算 estimation によれば、2007年度の新規国債発行額は42兆8000億円とされ、仮に、2007年度以降の長期金利 long-term interest が3%に上昇すれば、その額は46兆9000億円に膨らむことになる。これは、この国の一般会計の税収 tax revenue を超えて国債が発行されるということだから、もはやこの時点で、日本国は事実上破綻してしまうことになる。

さらに、まだ問題がある。それは、こうした新規国債だけではなく、「借換債」refunding bonds（赤字国債）も大量に発行 issue しなければならないことである。これは国債とは言うものの、過去の借金を払うためだけの国債だから、いくら発行しても、その収入をその年の歳入 revenue にくり入れることはできず、ただお金が消えていくというだけのものだ。

しかも、この借換債は、新規に発行する国債より圧倒的に多い。財務省によると、借換債は 2005 年度に 104 兆 2000 億円と、すでに 100 兆円の大台を突破し、2007 年度には約 127 兆円に達する。これでは、日本はどこからどう見ても国家破綻しており、かつてデフォールト default したアルゼンチン Argentina やロシア Russia のようにならないのは、こうした国の借金の貸し手 lender が国内に留まっていることだけによる。つまり、国内の貸し手が国債を売らないという前提で国が運営 manage されているからにすぎない。

ここで言う貸し手とは、日銀、郵貯、民間金融機関だが、そこにお金を預けているのはほかならぬ日本国民である。だから、国民さえノーと言えば、この「泥棒国家《クレプトクラシー》」kleptocracy は簡単に潰れてしまう。

しかし、いまのところ、日本国民は自分たちが国家による「国債詐欺」government bond fraud の犠牲者 victims であるとは気がついていない。あまりに単純なトリックだから、信じることができないのだろう。まさか、国が国民を騙すことなどありえない。あってはならないと思っているから、信じたくないのかもしれない。

こうして、小泉機関車は暴走 runaway を続けている。しかし、小泉が公約 pledge どおり機関車の司令室から去れば、遅かれ早かれこのトリックに気がつく日がくる。なぜなら、彼の退陣を契機に、大増税 huge tax hike と福祉 welfare の大幅なカットがはじまるからだ。サラリーマンは給料明細 payment slip を見て増税額の多さに唖然とし、主婦は家計簿 household account book をいくらつけても赤字 red が消えないことを知るだろう。

しかも、この大増税は明らかに庶民だけを狙い撃ち pick off にしている。2005年12月に政府の税制調査会が決めた案によれば、まず定率減税が廃止 abolish されていく。そもそも定率減税は不況対策 reflationary measure として導入され、同時に企業が払う法人税 corporate tax も34.5%から30%に、高額所得者の最高所得税率も50%から37%に引き下げられたが、定率減税だけが廃止され、法人税や最高所得税率には手をつけていないのだ。暫定税だったガソリン税が20年も継続されているのに、定率減税だけがわずか6年で廃止されるのである。

図表1■定率減税の廃止による今後の家計の税負担

(夫婦子供2人のサラリーマン世帯の場合)

年収	05年	06年(税負担額)	07年(税負担額)
		1月 所得税減税 半減 6月 個人住民税減税 半減	1月 所得税減税 全廃 6月 個人住民税減税 全廃
300万円	7600円	8300円(+700円)	9000円(+1400円)
500万円	16万円	17.7万円(+1.7万円)	19.5万円(+3.5万円)
700万円	37.7万円	41.8万円(+4.1万円)	45.9万円(+8.2万円)
1000万円	95.2万円	104.1万円(+8.9万円)	113万円(+17.8万円)
1500万円	235.8万円	250.3万円(+14.5万円)	264.8万円(+29万円)

税負担額は所得税・個人住民税の年間合計。夫婦の片方が働き、子供1人が特定扶養親族(16歳以上23歳未満)の世帯の試算。カッコ内の負担増額は、05年までの額との比較

その内訳は、**【図表1】**のとおりだが、これにともなって、さらに配偶者控除も廃止、特定扶養控除の半減、給与所得控除の縮減

も実施されると、表にある年収500万円サラリーマン家庭では年間32万3800円、年収700万円サラリーマン家庭では年間45万6800円もの負担増 increasing burden となる。

そしてさらに、こうした増税に追い打ちをかけるようにインフレ inflation が忍び寄ってくれば、日本の家庭は破壊されていく。企業側もいままで以上のリストラ pay-offs に走り、失業者 jobless が街にあふれるに違いない。住宅ローン破産も日常化し、自殺者 suicide の数もいま以上になるだろう。犯罪 crimes も多発し、教育 education も荒廃し、日本社会が日に日に悪い方向 bad direction に向かっていることを、もはや誰も疑うことができなくなるはずだ。

機関車の行く先が、改革による日本復活 restoration of Japan ではなく、じつは地獄だと知ったとき、日本国民はどうするのだろうか？

改革者たちの正体 real figure がじつはゾンビだったと気がついたとき、日本国民はどうするのだろうか？

気がついたはいいが、そのときはもう手遅れという可能性もある。2007年といえば、小泉が退陣してすぐである。もうすでに1年を切っている。つまり、冒頭に書いたように、日本の本当の改革までに残された時間はわずかしかないのだ。だから、私はいま、正直あせっているのである。

日本の危機は私自身の危機でもある

「なぜ、あなたのような外国人のジャーナリストが日本のことをそんなに心配するのか？」

と言う人がいる。

確かに言われてみればそのとおりで、カナダ人 Canadian の私としては自分の母国 mother country でもないこの国がこの先どうなろうと関係ない。日本が私の心配どおりに国家破綻したとしても、そのときは母国カナダに帰り、私は故郷のオタワ Ottawa, my hometown で平和な暮らしを続けることができる。しかし、それが長年この国でジャーナリストとして生活を続けてきた私が取るべき態度 behavior であろうか？

私はこれまで、ペンの力でなんとか「泥棒国家」の暴走を止めようとしてきた。しかし、これはある意味では「よけいなお世話」（Japanese didn't ask for my help）をやりすぎたことだから、一部の日本人に嫌われ、そのうえ友人・知己にたしなめられることも多かった。そのなかには、このペーパーバックス・シリーズの編集長の山田順氏も、10 代からの友人でいまタレント活動をしているケビン・クローン Kevin Clone（越智啓人）、外国人記者クラブのメンバーたちなどがいた。しかし、私はすでにこの国で 20 年以上も暮らしており、その期間は私の人生の半分を超えてしまったので、外国人として日本を見ることができなくなってしまったのだ。

とくに 2005 年になってからは、私はこのことに深く悩むようになった。それは、このペーパーバックス・シリーズで『泥棒国家の完成 The Iron Kleptocracy』（2004 年 3 月）を出したころから、ずっと悩んできたことだった。つまり、このまま日本にいて、欧米メディアの記者 foreign correspondent として欧米向けに記事を書くべきなのか、それとも日本に深く関わってしまった以上、日本人に向けて日本のジャーナリストとして記事を書くべきなのかという葛藤 internal struggle に私は悩まされ続けてきた。

前者を取れば、私をたしなめる人の意見 advice はもっともだった。それは、これまでどおり欧米メディア向けに記事を書き、日本を外側から from outside Japan 眺め続けるだけならば、その結果がどうなろうと私の人生に影響することはないからだ。これは、彼らが言うように、もっとも賢明な生き方 the best way of living だった。

しかし、私は後者を取ることにしたのである。この決断 decision は、2005 年の春のことであり、その経緯 how and why については次で述べるが、ともかくこの時点で私は『フォーブス』誌（Forbes magazine）を辞めた。欧米メディアの記者であり続けることをキッパリと諦めることにした。そして、この決断をしてみると、私の気持ちはなぜかスッキリし、それまで背負ってきた重荷 burden が取れた気分になった。

したがって私は、この本を、かつてこのペーパーバックスのシリーズで出した 4 冊の本とは、明らかに違った立場で書いている。

現在の私は、一介のフリーランス freelance のジャーナリストである。ただし、いわゆる外国人のフリーランス・ジャーナリストではない。なぜなら、私は日本人に向かって記事を書くことを選択したからである。そのため、私は自分の名刺 name card も、「Benjamin Fulford」から「古歩道ベンジャミン」に変更し、いまでは日本に帰化 naturalize するつもりでいる。つまり、もはや私は日本人のジャーナリストと同じ立場にいるのであり、日本の危機は、そのまま私の危機 my crisis でもあるのだ。

フリーランスになってそれまでの悩みがなくなったとはいえ、今度はもっと大きな悩みが私を襲うようになった。それは、なぜ、日本人は目覚めないのだろうかということだった。なぜ、日本人は小泉泥棒国家のペテン foul play に、こうまで簡単に騙されてしまうのだろうかということだった。この苛立ち irritation は、いまも続いている。だから、私はあせっている。日本に残された時間が、どんどん少なくなっている time is running out からだ。

ジョークではすまなくなってきた「国家破綻」

私の最初の本は、このペーパーバックス・シリーズで出した『日本がアルゼンチンタンゴを踊る日 The Day Japan Came Crashing Down』だった。これは、2002年12月のことだったが、その前年の暮れに、英紙『フィナンシャル・タイムズ』(The Financial Times Dec 31, 2001)が、「Risky Tango in Tokyo」(東京に流れる危ないタンゴ)という記事を掲載した。その記事の最初の一節には、次のようなことが書かれていた。

A grim joke is doing the rounds in financial circles. What is the difference between Argentina and Japan? Five years.
(その恐ろしい冗談は、経済危機のなかで駆けめぐっている。アルゼンチンと日本の間の違いはなにか？　5年。)

だから、私は自分の最初の本のタイトルに「アルゼンチン」を入れることにした。もっとも、この提案をしたのは、ケビン・クローンで、彼は日本でIR活動の会社を経営しているアメリカ人のトーマス・ゼンゲージ氏 Thomas Zengage からこのアイディアを得た。もちろん、編集長の山田順氏も、この案には大賛成だった。とはいえ、これは『フィナンシャル・タイムズ』が書いたように、もともとはジョークだった。それで、「アルゼンチンだけではつまらない。アルゼンチンといえばタンゴ。だから、アルゼンチンタンゴを踊る日というのはどうかな？」とケビンは言った。「でも、それがなんのことかわかる日本人がどれくらいいるか」という意見もあった。しかし、山田氏が「わかってしまったらジョークの意味がない。あとでわかって、そうだったのかと気がつくからいい」ということで、あのタイトルが決まった。そして、全員、「本当にジョークですむのかな？」と、そのときは顔を見合わせた。
『フィナンシャル・タイムズ』の記事は、このジョークのあとをこう続けていた。

Just like Argentina, Japan faces immense problems with deflation, debt and elusive economic growth. But unlike Argentina, Japan still has some time to address them. Where should Junichiro Koizumi, the prime minister, focus his energies next year? The ominous sucking sound emanating from the country's banking system provides a strong clue.
（ちょうどアルゼンチンのように、日本は、デフレ、負債および捕まえどころのない経済成長に関するはかりしれない問題に直面している。しかし、アルゼンチンと異なるのは、日本にはまだ問題を解決するだけの時間があることだ。小泉純一郎首相は来年（2002年）どこで問題解決に力を注ぐだろうか？　この国の銀行システムがもたらす不吉な前兆が、解決のための強い糸口を提供している。）

思えば、当時の小泉純一郎は、毎日のように「改革」を叫んでいた。だから、日本の国民は彼に大きな期待 great expectations を寄せ、また外国メディアも、このようなジョークを言いながらも、彼を改革者だと疑っていなかった。しかし、私は、この『フィナンシャル・タイムズ』の記事以前から、小泉がニセ改革者 fake reformer であるという強い疑い suspicion を抱いていた。小泉がやっているのは改革ではなく、「改革ごっこ」"play reformer" にすぎないと思いはじめていた。なぜなら、彼は自らの公約だった「国債発行を 30 兆円以下に抑える」をいとも簡単に破った break easily からである。これは、彼が「政・官・業・ヤクザ」という国家に寄生 parasite する泥棒集団 thieves の力に、いとも簡単に屈したことを表していた。

とくに、この国の真の支配者 virtual ruler of the state である「財務省」を頂点とする官僚組織 bureaucrats に対して無力であるということを示していた。そして、この状態は、驚くべきことにいまもなお続いている。小泉は次々と改革を唱えたが、いざその実現となると、すべては官僚まかせで、彼らを焼け太りさせてきただけなのである。

したがって、日本に残された時間はどんどん少なくなってしまった。『フィナンシャル・タイムズ』は、「日本にはまだ問題を解決するだけの時間がある」(Japan still has some time to address them.) と書いたが、もはやあれから 4 年以上が経過した。あの恐るべきジョークの答は「5 年」である。とすれば、その期限 deadline は、2006 年 12 月に切れる。つまり、2007 年が明け、2008 年が近づけば、その答はいよいよハッキリするだろう。

しかし、そのときはもう小泉は首相 prime minister ではない。

「マンション耐震偽装事件」で見えてくるもの

小泉改革がマヤカシ改革であり、それによって日本が壊れつつあることは、2005年11月に発覚 uncovered した「マンション耐震偽装事件」falsification of earthquake-resistance data を見ても明らかだ。この事件 scandal には、バブル崩壊以後の「失われた15年」the lost 15-year のすべてのツケが見え隠れしている。

この事件は、姉歯秀次・元一級建築士が、単に構造計算書を偽造 falsify しただけではすまない大きな衝撃を、日本国民に与えた。なぜなら、いま自分たちが暮らしている社会 community そのものまで、じつはウソで固められているのではないかという危惧 fear を抱かせたからである。この危惧は、私に言わせれば的を射ている。というのは、いまの日本は、ほとんどのことがフィクションの上に成り立っているからだ。

だから、このことがわかっている人々は、事件の拡大化をことのほか恐れた。それで、事件発生以来、驚くべきスピードで公的資金 public funds による居住者救済のスキームが決められ、国民の目が本質的問題 nitty-gritty に向かわないようにさまざまな工作がなされてきた。

まず、日本政府は、国会 the Diet での参考人聴取 hearing や証人喚問 testimony が進むのとあわせて、早々と公的資金の投入を決めた。欠陥マンション defective condominiums は自治体が解体し、住民から土地を買い上げ、建て替え、再分譲するというのが、そのスキームである。これは、これまでの日本政府が、不良債権処理

「姉歯物件」のなかでもっとも耐震強度が低かったグランドステージ藤沢。解体作業がはじまっている。

disposal of bad loans のために公的資金投入を 10 年以上もためらい続けたことを思えば、異例のスピード処理だった。

もちろん、この背景 behind には、「居住者がかわいそう」という国民世論 public opinion があったことは確かだ。だから、政府は最大限世論に配慮する姿勢を示してみせた。しかし、本当に理由はそれだけだろうか？

その答は、簡単である。「姉歯物件」ばかりが欠陥マンションではなく、震度 5 強 intensity 5 upper の地震で倒壊するマンションは、ほかにも山ほどあるからだ。つまり、この事件で問題となった「耐震強度 0.5 未満」のマンションは、全国に 1150 万戸はあると指摘 point out する声が強まったからである。

現在の建築基準法ができたのは、1981 年のことだった。以来、この法律 law に従って、構造計算 structural calculation に基づく耐震基準 quake-resistance standards という概念が導入 bring in され、日本のマンションは建設されてきた。では、それ以前はどうかと言えば、耐震基準など満たしていないのがほとんどなのである。だから、「姉歯物件」が地震で倒れるというなら、こちらはどうするのかということになる。しかも、1981 年以後の建築物であっても、建築基準法の基準を満たしているどうかはまったくわからない。というのは、

「構造計算書の偽造」といった証拠 evidence が残るものとは違う手口で、手抜き工事 shoddy construction がくり返されてきたからだ。

とすれば、今回発覚した「姉歯物件」に税金を投入 inject tax money するなら、耐震強度が基準に達していないすべてのマンションにも税金を投入すべきだという理屈 logic が成り立つ。地震で倒壊する恐れのある建物すべてにスキームを適用しなければ、筋がとおらないことになる。しかし、政府にそんなことが可能だろうか？

そこで、政府は居住者救済を急ぎ、問題の拡大 spread of the problem を極力避けようとしたのだ。

しかし、ここで驚くべきことは、この救済 relief of victims が、まずヒューザーの物件にかぎって実施されることになったことだった。姉歯関連物件は判明 discovered しただけでも 209 件あり、そのうち 90 件ほどで偽造が判明しているのに、ヒューザーの物件のみが真っ先に救済されることになったのである。

事件の裏で蠢《うごめ》く「政・官・業・ヤクザ」の連合体

では、なぜヒューザー物件だけが救済されたのだろうか？

それは、ヒューザーの小嶋進社長が政界とズブズブの癒着関係 cozy relationship にあったからだ。写真誌『FRIDAY』（2006 年 1 月 27 日号）には、小嶋社長が業界関係者らと元国土庁長官の伊藤公介議員を招いて中国旅行を楽しんでいる写真が掲載された。さらに、伊藤議員の三男が経営する会社が、ヒューザーが販売したマンションの設備点検を請け負っていたことまで判明した。伊藤議員は偽装事件発覚前に小嶋社長を国交省の幹部 top officials に引き合わせた張本人 key person である。とすれば、この関係から見えてくるのは、「政・官・業」の癒着以外のなにものでもないだろう。

小嶋社長は、この業界の慣行 conventions に従って政界に多額の政治献金 political contribution をしていた。もちろん、ヒューザーばかりか、調査会社 inspection firm の日本 ERI や建築主 client の東日本住宅も献金をしていた。

これまでに判明したことを記せば、自民党森派（清和会）はヒューザーから 200 万円、日本 ERI 関連から 400 万円、東日本住宅から 60 万円の献金を受けていた。前記した伊藤公介議員は 132 万円、伊藤氏の元秘書だった都議会議員は 360 万円、上野公成・前参議院議員は 321 万円もの献金を受け取っていた。また、公明党も小嶋社長から 10 万円の献金を受けていたし、山口那津男・参議院議員も小嶋社長を国交省に仲介していた。さらに、姉歯・元建築士は創価学会員であり、国交省の大臣は公明党の北側一雄となれば、権力側はこうした背景に国民の目が向けられることを、なんとしてでも阻止しなければならなかったのだ。

そして、驚くべきこと believe it or not に、国会でこの事件追及の矢面に立った民主党の馬渕澄夫議員らが、何者かに脅かされていた had been threatened ことが判明した。2005 年 12 月の証人喚問前、馬渕議員は情報提供者 informant とホテルやレストランの個室で会っていたが、そこに突然見知らぬ男 stranger が侵入してきて、「国会議員がなんの権限でこんなことをやっているのか」と、情報提供者を連れ出そうとしたという。それで、「人を呼ぶ」と言うと、男は「注意したことを忘れるな」と捨て台詞を残して出ていったというのだ。馬渕議員によれば、情報提供者は明らかに身の危険 fear for his life を

国会の証人喚問に臨んだ小嶋進ヒューザー社長。証言拒否をくり返すばかりで……。（写真／時事通信社）

感じていて、「命を狙われるかもしれないので家には帰れず、居場所を転々としている」と言っていたという。

さらに、イーホームズの藤田東吾社長は、ネットの寄稿に「(この事件は) ものすごく不自然な力が作用している」と書き、「日本ERIの鈴木氏は、東大工学部卒で国交省の高級官僚に同窓が多くいる」と、背後 behind the scenes になにかあることを匂わせていた。

おまけに、耐震偽装を最初に指摘したアトラス設計の渡辺朋幸代表は、なんと藤田社長に脅かされていたというのだ。渡辺社長は、問題が公表 disclose された 2005 年 11 月 17 日の直後の 21 日にイーホームズ本社に藤田社長を訪ねた。すると、藤田社長は、「おたく誰？　なにしに来たの？」といきなり喧嘩腰に応対に立ち、さらに、「あなた電車に乗るときホームの端に立たないといいですよ」「私も弁護士に言われているから気をつけてください」とまで言ったという。これは、2006 年 1 月 11 日の自民党で行われたヒアリングで、渡辺社長自身が明らかにしたものだ。このように、この事件の裏では、利害関係を持つ人間たちが、複雑な動きをくり返してきた。そして、自殺者まで出ているのを、忘れてはならない。

神奈川県藤沢市と横浜市にあるヒューザーのマンション 2 棟の

設計を元請けした森田設計事務所の森田信秀社長は、事件発覚後、行方がわからなくなった。そして、失踪からしばらくした2005年11月26日、彼の遺体が、鎌倉市の稲村ヶ崎海岸の岩場で発見された。遺体 body があった場所は、高さ17メートル以上ある崖の下で、たまたま通りかかった人に発見され、家族が身元を確認した。鎌倉署は、死因は水死 drowning で、「崖の上から飛び降り自殺した」と発表したが、はたしてこれは本当に自殺だろうか?

不良債権処理の過程 process で、この国では何人もの関係者が不可解な死 mysterious death をとげてきたが、森田社長の死はそれらとどこが違うのだろうか?

小泉改革といってもそれは上辺 surface だけの話である。水面下 below the surface では、相変わらず、これまで私が指摘した「ヤクザ・リセッション」the Yakuza recession が続いているのだ。建設業界はいまでも政治家の強力なスポンサーである。つまり、「政・官・業・ヤクザ」の連合体は、小泉政権になっても崩壊しておらず、かえって強化されている。彼らは、いまだに国民よりも自分たちのことを優先 prefer している。

なぜ日本人は高くて貧弱な住宅しか持てないのか?

もし、税金投入による救済、事件関係者のみの責任追及、その結果の罰則強化だけでこの事件の幕引き draw the curtain がされるとしたら、またしても日本国民は国家によるペテンに引っかかることになる。なぜなら、「マンション耐震偽装事件」の本質 bottom は、この国の住宅政策 housing policy が、じつは詐欺同然 almost fraud だということにあるからだ。そして、それをつくり出してきたのが、「政・官・業・ヤクザ」の連合体である。

日本の住宅はいまでも、先進国 advanced countries のなかではもっとも貧弱だ。しかも、その価格 house price は異常に高い。バブル期から比べたら大幅に価格が下がったとはいえ、まだまだ高い状態にある。では、このように貧弱で価格が高い住宅しか日本人が持てない理由とは、なんだろうか？ なぜ、日本人は、かつて「ウサギ小屋」rabbit hutch と皮肉られた住宅に、いまだに住んでいるのだろうか？

それは、日本の建築基準法が欠陥 defect だらけであり、建築業界が完璧なまでに「政・官」と癒着 cozy ties しているからだ。小泉改革の目玉 highlight は規制緩和 deregulation とされるが、こと建築業界にかぎっては規制緩和などまったく行われてこなかった。

日本の建築基準法は、地震国だけあって、工法 construction method や工程 process をきめ細かく規定している。そして、条文 letter of the law には表れていない行政による恣意的な裁量 arbitrary guidance とセットになって、これまで運営されてきた。たとえば、建築物の足場の組み方、防火扉の設置など、現場で臨機応変に対応できるものまで、行政は厳しく定めている。また、建築物 buildings を建てるとき、行政は建築主 client や施工主 builder が近隣住民 neighborhood に挨拶回りをすることまで要求している。だから、これらの張り巡らされた細かい規制が、建築コストを押し上げ、住宅価格を高くしている。

さらに、日本では、板ガラスやアルミサッシなどの建材 materials が、ほとんど独占・寡占状態 monopoly and oligopoly situation にあり、海外の安い建材は事実上、日本市場 Japan's market から締め出されている。このことも、コストを押し上げ、住宅価格を高くしている原因 cause だ。つまり、日本では、建築業は違法行為 illegal act でもしなければ儲からないようになっていて、その結果、国民は「高くて貧弱な」住宅しか手に入らない仕組みができ上がっているのだ。

私の母国カナダでは、住宅価格は日本の半分以下である。建築の坪当たり単価も、おそらく日本の3分の1であり、アメリカでも日本の2分の1で住宅が建つ。たとえば、日本政府が長年冷遇してきた「ツーバイフォー工法」two-by-four method を使えば、より安くてスピーディに、しかも地震に強い住宅が建つ。しかし、日本では、建築基準法があるおかげで従来の工法を使い続け、建築確認許可を得るのに1カ月以上もかかるというムダなことが行われてきた。

そして驚くべきことに、この建築確認 building construction authorization の手続きを簡素化 simplify するために民営化 privatize されたというのに、コンピュータによる設計 design に対応しない建築確認が放置されてきた。

現在、世界のほとんどの先進国における建築確認の手続きは、CAD（Computer-Aided Design コンピュータを利用した建築設計）に対応している。だから、このシステムをそのまま使えば、すぐにでも建築確認はできる。しかし、日本の建築基準法は規制が多すぎて、この CAD に対応できていない。さらに驚くべきことは、この CAD のシステムを日本のコンピュータメーカーが作成して海外に輸出 export している例もあることだろう。したがって、今回の事件で真っ先にすべきことは、こうした建築基準法の見直しと簡素化である。つまり、規制緩和である。

しかし、日本政府はこれまで、住宅価格が海外に比べて驚くほど高い原因を、「日本は国土が狭く土地代が高いから」と説明 explain してきた。これは泥棒 thief がつくウソと同じで、問題の「すり替え」だ。国交省と族議員 lobbyist-politicians と業界 business circle の利益を守るため、本当の理由を隠してきたのである。

また、建物が地震に強いかどうかは、建築基準法による耐震性 earthquake protection の認定では担保 guarantee されない。なぜなら、建築物が地震で倒壊するかどうかは、地盤 ground の状態のほうがよほど重要だからだ。いくら耐震設計を施しても、地盤が悪ければ建物は倒壊する。これは、阪神大震災でも明らかだ。

だから、このようなことを解消 resolve しないかぎり、今回の「マンション耐震偽装事件」は、本質的な解決とはならないのである。

日本の住宅ローンは別名「殺人ローン」

日本人が高くて貧弱な住宅 expensive and poor home しか持てない原因は、まだある。それは、日本の住宅ローンが極めて不合理 irrational だからだ。日本人は当たり前と思っているかもしれないが、日本の住宅ローンというのは、じつは「殺人ローン」とも呼んでいいほど、借り手 borrower を無視したものとなっている。しかも、最長で 35 年返済というものまであり、欧米の資本主義国 capitalist state ではありえない構造になっている。

今回の「偽装事件」Condo-fraud Incident の被害者も、「ローンの返済を考えるととても引越しなどできない」と言っていたが、彼らがこんな状況に追い込まれてしまうのも、日本の住宅ローンの特殊性にある。なぜなら、欧米では、住宅ローンはあくまで不動産 estate そのものに対して設定されるので、払えなくなったら不動産だけを返還 return すればそれで終わりだからだ。これは、欧米の住宅ローンが、ほとんど「ノンリコース・ローン」nonrecourse loan だからである。

「ノンリコース」とは、日本語では「非《ひ》遡《そ》及《きゅう》型《がた》」と訳されている。たとえば、住宅購入者が購入額 purchase amount の７割のローンを受けたとして、この不動産価格が５割に値下がりし、家賃 lent からのローン返済も困難となったなら、この不動産を諦めれば、借り手には残債の返済義務 repayment obligation は残らない。これが、「ノンリコース・ローン」である。つまり、この不動産を銀行に差し出すか、売却した全額をすべて返済にあてれば、それで終わりとなる。それ以上の返済もなく、連帯保証もない。

しかし、日本の住宅ローンは、ほとんどが「リコース・ローン」recourse loan であり、これだと、不動産価値が目減りしてもローン全額を返済しなければならない。購入者が連帯保証人を立てていれば、連帯保証人にまで返済義務が及んでしまう。これでは、住宅ローン破産が激増し、自殺者 suicide まで出るのも当然だろう。

この「リコース・ローン」が生んだもっとも悲惨な例が、阪神大震災の被災者 victims of the Great Hanshin Earthquake だ。当時、地震で倒壊した家を持っていた人々は、住宅資産がほとんど無価値 lost all value となってしまったのに、ローンだけが残り、仮設住宅や賃貸住宅に住みながらも倒壊した家のローンを支払い続けた。その窮状 hardship は、『倒壊』（島本慈子著 筑摩書房）という本を読むと、よくわかる。そして、今回の「偽装マンション」でも、これと同じことが起こった。もし、今回の被害者が、「ノンリコース・ローン」を組めていたら、そのダメージはかなり軽減されただろう。

それにしても、「マンション耐震偽装事件」で、こうした住宅ローンの問題や、ローンの貸し手である銀行が批判 criticize されないのはなぜだろうか？

バブル期、日本の銀行はデベロッパーと組んで貸し出し競争に明け暮れていた。そして、バブル崩壊のツケを、貸しはがし credit withdrawal と公的資金の投入 infusions of taxpayer's money によって穴埋めし、今日まで生き延びてきた。つまり、日本の銀行は、政府によって徹底的に保護 protect されてきた。

そして、2001 年からゼロ金利政策 zero interest policy が実施されると、日本の銀行は金利の安さを武器に再び住宅ローン housing loan の貸し出しに力を入れるようになった。その結果、再びマンション・ブームが巻き起こり、ヒューザーが販売していたような欠陥マンションが山ほどつくられたのだ。つまり、「政・官・業」の癒着構造 structure of collusion はなにも変わっていない。小泉改革などといくら言ってみても、日本の構造問題はなにも改革されていないのである。だから、今回の事件の被害者は、こうした政府による住宅政策の犠牲者であり、小泉「泥棒国家」thieves' government に食い物にされたと言っていい。

「民営化」とうい名の下にますます肥大化する官

さらに「マンション耐震偽装事件」に関連して言えば、日本の一部メディアが、この事件をもって「小泉改革の民営化路線は間違っていた」と批判しているのは、ピントが外れて out of focus いる。もちろん、民営化 privatize すればなんでもよくなるわけではない。そのことは事実だ。しかし、小泉改革では、改革などそもそも行われていないのだから、一部メディアの論調 tone of argument はその前提からして間違っているのではないだろうか？

「マンション耐震偽装事件」の背景には、1998年の建築確認検査の民間開放 open to private sector（つまり規制緩和 deregulation）があるとされている。それまで、行政 administration が行ってきた検査 inspection が、この年から民間に開放された。これは、手続き業務をスピード化するためとされ、事実、1998年に38.1%だった完了検査率は年々上昇し、2004年には73%と大幅にスピード化された。しかし、このスピード化で検査がおざなりになり、その結果、偽造書類が見抜けない事態が起こってしまった。つまり､本来なら、官が厳格に検査すべきことを民に任せたことが、このような不正を生んだという。

しかし、それははたして本当だろうか？

そこで、今回の事件に関わった検査機関のイーホームズの確認検査員がどんな人物か調べてみると、検査員29人のうちなんと24人が地方自治体のOBである。また、民主党の長妻昭議員が調べたところによると、国交省住宅整備機構らの複数のキャリア組 career officials が、民間確認検査機関に天下っている。つまり、民営化などといっても、その実態は看板 sign を官から民 public to private に付け替えただけで､検査態勢は以前とまったく変わっていないのだ。さらに、この民間検査に最終的な許可 permission を与えたのは、都道府県の建築課、つまり官である。

しかも、日本では民は勝手に家を建ててはいけないことになっている。前記したように、建築基準法の細かい規定を満たさなければ、家は建てられない。そのためにたとえ民間機関 private institution を使おうと、最終的にはすべて官が許可するわけだから、責任の所在 locus of responsibility はすべて官にある。もし、民がある程度自由に家を建てられるなら、こんな問題など起こらなかっただろう。

だから、一部のメディアが「民営化の弊害」などと言うのは、論点のすり替え switching で、官の責任逃れを助けていることになる。正確には、「インチキな民営化しか行われていないから、こういう事件が起こった」と言うべきだ。しかも、この問題をさらに追及していくと、もっと恐ろしいことが浮かび上がってくる。

それは、じつは民営化以前にもこうした偽造事件 fraud case は起こっていたに違いないということである。あるいは、偽造自体はなかったかもしれない。しかし、いい加減 sloppy な建築確認は官においても行われていたはずである。そうして、業者は官の確認がいい加減なことをいいことに、いわゆる「シャブコン」や「スリット減らし」などの方法で「手抜き工事」shoddy construction が行われていたということだ。これは、木村建設が建設したグランドステージ藤沢が、偽装構造図よりもさらに手抜きをして建設されていたことで、およそ推測がつく。つまり、今回の姉歯物件などは氷山の一角にすぎず、たまたま告発 whistle-blowing があったから事件になっただけなのだ。

おそらく、多くの手抜き工事を官は放置し、たとえ告発があっても、官・民談合 bid-rigging で握りつぶされてきたに違いない。つまり、これまでも、すべては闇から闇に葬り去られてきたのである。

このように小泉構造改革による「民営化」は、単なる化粧直し makeup で、本来の民営化とはまったく異なっている。道路公団にしても、郵政公社にしても、民営化は、じつは民の利益 profit にはならず、かえって官を太らせてしまった。つまり、「民営化」という名の下に進んだのは、じつは官の肥大化 fat-bellied public sector だった。いい加減な官が肥大化して民間を侵食 invade したために、「マンション耐震偽装事件」が起きたのである。

しかし、これを厳しく指摘 accuse する人々は、この国にはほとんどいない。

自殺者が増え続けても「人生いろいろ」でいいのか

いまもなお、マヤカシの小泉改革は、日本の社会を破壊 destroy してまで、官を太らせ続けている。このままでは、財政破綻 financial bankruptcy が起きる前に、日本社会全体が欠陥マンション defective condominiums のように倒壊しかねないだろう。

実際、小泉純一郎が首相になってからは、日本社会の破壊はどんどん進んでいる。それを象徴 symbolize するのが、やはり、この国の自殺者の異常な多さだ。

日本で自殺者が急増しはじめたのは、1998 年のことだった。それまでは、何十年にもわたって 2 万人台で推移してきた自殺者数が、この年から一挙に 3 万人台にはね上がり、以後、3 万人台を割っていない。とくに、小泉政権になってからは、2001 年が 3 万 1042 人、2002 年 3 万 2143 人、2003 年 3 万 4427 人と、自殺者は増え続けた。警察庁によると、2004年の自殺者は3万2325人で、2003年の3万4427人よりは減少したものの、7年連続で3万人台であることに変わりない。

日本の自殺の特徴は、圧倒的に男性が多いことである。2004年で見ると、その内訳 breakdown は男性が2万3272人で女性が9053人だから、なんと、女性の2.5倍以上の男性が自殺している。そして、これらの男性自殺者の多くが、働き盛りの中年 middle-aged であり、自殺の原因が「生活苦」hardship of life であることが、いまの日本社会を表している。つまり、日本では自殺でも高い保険金が支払われるから、死んで借金を返済しようとなってしまうのだ。そしてここにつけ加えたいのが、自殺者のほとんどが民間人で、公務員の自殺者が圧倒的に少ないことである。

つまり、現在の日本は、民間が生活しにくい国（庶民地獄 people's hell）であり、官は生活しやすい国（役人天国 official's pradise）なのだ。これが、小泉改革の本質である。

しかも、日本の場合、近親者から自殺者が出たことを隠す傾向が強く、病死、事故死扱いとなった自殺者の数は、統計 statistic に表れる数字の3倍以上だとの指摘もある。とすれば、日本の年間自殺者は、10万人に達しているとも考えられる。

これは世界的に見ても本当に異常 extraordinary で、もちろん、統計上確認できるだけでも、日本の自殺者数の全人口比 ratio of population は先進国中で第1位である。そして、そのほかの国を加えても、10位前後に位置している。日本より比率が高いのは、リトアニア Lithuania、ロシア Russia、ベラルーシ Belarus、ウクライナ Ukraine など、いずれも冷戦以後 after the Cold War、国家体制が根本から覆り、社会全体が大混乱 chaos に陥った国々ばかりである。とすれば、日本の自殺者数の異常な多さは、この先も日本社会が大激震 get turned に見舞われる可能性があることを示していると言えなくもない。

年間自殺者が3万人台ということは、毎日100人近くの人間が自殺しているということである。その反面で、2005年5月末、金融庁は「大手銀行の不良債権問題の正常化」を宣言 declare した。2002年3月期に26兆8000億円だった大手7銀行7 major banks の不良債権が、2005年3月期で7兆7000億円に大幅に減少 reduce したと発表し、これをもって不良債権問題は片づいたと宣言した。

しかし、それまでに金融機関に注《つ》ぎ込まれた公的資金 taxpayer's money は、おおよそ42兆円(2003年末現在)にのぼっている。つまり、国民のお金が不良債権を減少させてきたのである。さらに、国民はゼロ金利政策によって、当然「得られたはずの利益(預貯金の利息など)」を奪われ続けてきた。これのどこが、改革なのだろうか？

日本は、いまこそ本当の改革に踏み切るべきなのだ。私が、時間がないとあせっているのは、まさにこの点にある。2007年まで、すでに1年を切った。この先、小泉が退陣し、本格的な重税国家になれば、自殺者はさらに増えるに違いない。

それでもなお、「人生いろいろ、人間もいろいろ、社会もいろいろ」ですむのか。そんなバカな話 stupid story があっていいわけがない。

Chapter 2

My Turning Point
訪れた転機

『フォーブス』誌を辞めて本を書きはじめる

前章（Chapter 1）で述べたように、私は2005年の春前に『フォーブス』誌（Forbes magazine）を辞めた。辞めたいちばんの理由は、私が日本に深く関わりすぎてしまい、もはやこの国を外国foreign countryとして考えられなくなったからだ。そうなってしまうと、欧米のメディアにいて欧米の読者向けWestern readersに記事を書くことが苦痛に感じられるようになり、それならフリーランスfreelanceになるしかないと決断したからだ。

『フォーブス』を辞めてしばらくの間、私はこれまで日本で経験してきたことを本にしようと思い、アメリカの出版エージェントに連絡を取った。本のタイトルは『フォーブス』を辞める前から決めていて、"Japanese Criminal Government"（日本の犯罪政府）というものだった。もちろん、その内容は、日本政府の国民に対する罪 crime を告発 accuse するもので、一種の暴露本だった。日本のことをここまで書けば、欧米の読者は驚くだろう。そして、これまでと違う日本像が欧米でも評判になるだろうと、私は考えていた。

いまの日本は、あなた方が信じてきたような欧米型の民主主義国家 democratic state でも資本主義国家 capitalist state でもない。あの驚異的な経済成長 economic growth をなしとげた東洋のこの国は、いまや、「泥棒国家《クレプトクラシー》」kleptocracy とも言うべき状態に陥り、その腐敗状況 corruption は目を覆《おお》うばかりである。「政・官・業」にヤクザ gangsters が加わって日本を支配 rule し、その結果、多くの国民が苦しんでいる。もちろん、私はその証拠と証言を持ち、それを担保に残したうえで、この本を書いている。小泉政権 Koizumi administration は改革政権だと思われているが、それはとんだ見当違いだ。

と、このように書けば、彼らはどう思うだろうか？ 日本は「外圧」（ガイアツ）eternal pressure によらなければ変わらないとすれば、私の本がそのきっかけとなり、この国に本当の改革 reform をもたらしてくれる可能性もあるだろう。

私はそんな期待を抱いて、その本を書きはじめた。しかし、書きはじめてみると、私はだんだん不安になり、その不安がどんどん大きくなっていった。というのは、これまで外国人が日本について書いた本は、いずれにせよみな同じスタンスで書かれていたからだ。日本を称賛 praise するにせよ否定 criticize するにせよ、どちらにしても、それは欧米を基準 standard にして日本を見た結果であり、本質的に日本のためにはなっていないことに気がついたからだった。

結局、私の本も同じように受け取られてしまうのではないか？ しかも、日本経済が低迷 decline してからは、欧米読者の日本に対する興味 interest は薄れている。もはや、日本の秘密 secret of Japan を知りたいなどという欧米の読者はいないし、日本文化という異文化 different culture に対する興味も薄れている。その証拠に、欧米の日本に対するイメージは時代に逆行し、いまは昔の位置にまでもどってしまっている。ハリウッドが『ラスト・サムライ』（Last Samurai）をつくり、さらに『SAYURI』（“Memoirs of a Geisha” の映画化作品）までつくっているいま、私の本など読まれるだろうか？

それでも私は、この本を第２章まで書き、サマリー（要約）とともに、ニューヨークのエージェントに送った。そして、その翌日、私のところに不思議な電話がかかってきたのだった。

「あなたの本当にやりたいことは違うでしょう」

「ベンジャミンさんですか？ あなたはいまとても悩んでいますね」

と、その電話の主である女性は切り出した。

「どなたですか？」

と聞いたら、

「中丸薫と申します。私は、明治天皇の孫です。あなたのことを見守っている女神に頼まれて電話をしています。彼女は、あなたのことをとても心配しています。あなたは悩んでいるうえ、いま間違った道を歩もうとしています。あまり、日本のヤクザを怒らせないでください。あなたの本当にやりたいことは違うでしょう。ちょっとご自身で瞑想《めいそう》なさって、よく考えてくれませんか」

なにかの偶然 by accident か、あるいは意図的なもの by design かどうかはわからないが、私が悩んでいることをなぜ彼女が知っているのだろうか？ それに、中丸薫というこの女性はどんな人なのか？ 私はこの不思議なタイミングでかかってきた電話の後、ずいぶん考え込むようになった。「あなたの本当にやりたいことは違うでしょう」という言葉 phrase が、頭から離れなくなった。

確かに、日本の現状 status quo はあまりにもひどく、それを欧米読者に知らせる必要はある。しかし、それを暴露 expose したところで、なにかが変わるというのは思い違いかもしれない。日本の醜い姿 ugly truth を訴えたところで、それは欧米読者に「思ったよりひどかった」と思わせるだけの効果 effect しかないだろう。これが、本当にやりたいことなのかと言われれば、私にはそうだと言う自信はなかった。それよりも、私が本当に望んでいるのは、日本が本当の改革をしてほしいということだから、これはやはり、この国のなか inside から変える戦い challenge to change Japan をはじめるしかないのではないか？

私はこう思って、本を書くことを止めた。そうして、すべてからフリーであるという立場から、日本を改革する戦いをしていくべきだという結論 conclusion に達したのだった。この結論は、あまりにも無謀 reckless で、成功する見込み chance of success などほとんどない。しかし、それでもやるしか私には選択肢 choice はないように思えた。

「日本人は本当のことを知れば革命を起こしますよ」

私は以前に、テレビ業界の大物から聞いたこの言葉を思い出した。そうして、そのためには活字 print media より映像 image media なのではと思いはじめた。ただし、私はそれまでに何度かテレビにコメンテーターとして出演して痛い目 bitter experience にあっていたので、そんなことができるだろうかと、さらに悩みは深まった。

日本のテレビでは本当のことが言えない

このペーパーバックス・シリーズで本を出してから、私はテレビにコメンテーターとして呼ばれる機会が増えた。『たけしのTVタックル』『朝まで生テレビ！』『ワールド・ビジネス・サテライト』などのキー局の番組 program や、『朝日ニューススター』などのBS放送の番組に呼ばれるようになった。

私は以前に『ここがヘンだよ日本人』という番組に何度か出演したことがあった。だから、日本のテレビがどういうものかはある程度知っていたが、いざこうした番組に出演してみると、私の期待 expectation はすべて裏切られた。なぜなら、私が話したいことは、ほとんどカットされるか、発言《コメント》 comment をさえぎられてしまったからだ。

『ここがヘンだよ日本人』はバラエティ番組だったので、私に求められている役割 role は簡単だった。それは、ひと言で言えば、私たち外国人が猿まわしの猿の役割をすることだった。しかし、今度は報道系の番組だから、私はジャーナリストとして自分の本当の意見 opinion を言えると考えていた。しかし、私に求められていた役割は、外国人の立場で少々変わったこと interesting comment を言い、番組を盛り上げること warming up にすぎなかった。

しかし、私はそれがわからず、「日本政府は真実を隠している」「日本の借金は膨大で破産するかもしれない」「小泉改革はペテンだ」など言ったので、大いにヒンシュクを買ってしまった。録画録りの番組では、私の発言部分はカットされてしまった。

とくにテレビ朝日の『朝まで生テレビ！』に出演したときは、日本の財政 governmental finance が破綻寸前 almost bankrupt であると言うと、いきなりコマーシャルになった。しかも CM の間にスタッフから、「その話は止めてほしい」と注意を受けた。それでもめげずに、「日本のマスコミには自由がない」と言ったら、今度は司会の田原総一朗氏から、「それはあなたの妄想だ」と言われてしまった。しかし、「いくらでも例をあげられる」と言い返すと、私からカメラのレンズは離れ、その後、その話は立ち消えとなった。

田原氏は日本を代表するジャーナリストと言われているが、「外国人には日本のことはわからない」という考えの持ち主のようだ。日本人の多くは、日本は特殊な国 very unique country であり、外国人には本当の日本 real Japan は理解できないと考えている。しかし、これは偏見 prejudice である。なぜなら、世界で日本だけが特殊な国なのではないからだ。アメリカ U.S.A. もカナダ Canada も、また世界のどんな国もみなそれぞれに特殊な国なのだ。自国のことは自国の人間にしか理解できないというのは、とくに日本人に強い勝手な思い込み whimsical speculation で、ジャーナリストがこんな偏見を持っていることは、私には信じられないことだった。

また、あるときは、番組出演前に、ディレクターから直接「問題発言は控えてほしい」と言われたこともあった。つまり、私は「問題発言をする外国人」というレッテルを貼られてしまったのである。それで私は、日本のテレビでは、日本語が話せる外国人コメンテーターの役割は、どんな番組であろうと、番組のお飾り decoration for the program にすぎないということを知った。この役割をいちばん理解していたのは、デーブ・スペクター氏 Dave Specter で、「ベンジャミン、そんな話をするともう2度と呼ばれなくなるよ」と私に教えてくれた。

フリーランスになるということは、収入が不安定 instable になるということである。だから、日本のテレビに出演してギャラを稼いだり、それで顔を売って本を書いたり、講演 lecture をして講演料を稼いだりすることは魅力的 attractive である。しかし、私はそこまでするつもりはなかった。

テレビ出演でこんな経験をしていたので、映像で訴えるといっても、私はテレビではなく映画 film だと考えるようになった。それで、このプランを知り合いの日本女性の何人かに話してみた。彼女たちは、日ごろテレビしか見ず、私の仕事も日本の現状も理解しているとは言い難かった。しかし、私の話を聞くと、みな同じ返事が返ってきた。

「ベンジャミン、それは要するにマイケル・ムーア Michael Moore をやろうということなの？」

「そうだね」

「面白いよ、それは！」

それで私は、ツテを頼って、日本の映像メディアの人間を何人か紹介してもらった。

日本の機能不全の原因はアメリカの支配にある

私は、ビデオカメラを持って、さっそく中丸薫女史に会いに行った。彼女が本当に明治天皇 Emperor Meiji の孫かどうかの確証 evidence はない。本人自身がそう告白 coming out しているだけだ。そして、彼女には多くの著書があるが、そのほとんどがいわゆる「陰謀論」conspiracy《コンスピラシー》 theory《セオリー》 に近いものである。つまり、この世界は「闇の権力」shadow government によって支配され、アメリカをはじめ各国政府に張りめぐらされたその人脈によって、世界はコントロールされている。それを知らなければ、この世界の真実 truth はわからないというのが、彼女の主張だった。

また、彼女自身が総裁を務める“太陽の会”は一種の宗教団体 religious group といってよく、そのウェブサイトによると、彼女の経歴 career は「コロンビア大学政治学部、同大学院国際政治学部、同大学東アジア研究所を卒業後、世界各国を訪問し、要人らと対談。民間外交を実現し、雑誌『ニューズ・ウィーク』や『ワシントン・ポスト』紙などでその活躍が称賛される」となっていた。

彼女は本当に明治天皇の孫なのか？ もちろん最初は疑ったが、政治家 politician や財界関係者 businessman のなかには本物だと言う人間もいて、実際に会って話してみると、天皇家 Imperial family に関する非公開の情報や知識 information and knowledge などに精通していた。さらに、世界の情報にも詳しく、それらから判断して、とても普通の女性とは思えなかった。

しかし、ここで重要なのは、彼女のこうした問題ではなく、彼女が私に言った次のようなことである。
「ベンジャミンさん、日本政府が機能不全 dysfunction に陥っている本当の原因 cause は、内部にあるのではなく、アメリカによる支配 American control のせいです。これを解消しないかぎり、日本は絶対によくなりません。もし、あなたが日本をよくしたい make Japan better とお思いなら、この状態をなんとかするために立ち上がってください」

確かに、あのオイルショックから 30 年あまりの間、日本経済はアメリカによって翻弄《ほんろう》 controlled by されてきた。とくに、プラザ合意 Plaza Accord でアメリカの要求に屈した後の日本経済は、バブル bubble economy の発生と崩壊によって、ズタズタにされてきた。その結果が、いまの日本が抱えている途方もない巨額の財政赤字 huge financial debt である。

1970 年代の半ば、オイルショック Oil Shock を乗り切った日本経済は、再び順調な成長軌道 growth orbit に乗ったが、そこに襲ってきたのが、アメリカからの内需主導型 domestic demand-led の経済構造への転換要求 request to shift だった。1977、78 年のサミットで、アメリカは「日独機関車」論を展開し、日本とドイツは対米輸出 export to U.S.A. を抑制して、内需主導型で世界経済を引っ張っていけと指示した。当時の福田赳夫内閣はこれを受けて、公共事業費 budget for public works を驚異的に増やした。そのために国債依存度 rate of dependence on government bond が急に高まり、この状況は、四半世紀を経たいまもなお続いている。

そして、1985 年のプラザ合意では、日本はアメリカの財政赤字を助けるために円の急激な切り上げ yen appreciation 要求を飲んだ。

その結果バブルが発生し、日本経済は一時の宴 feast を謳歌 enjoy したが、この時期にはじまった日米構造協議では、日本はアメリカからさらなる内需拡大 expanding domestic demand の要求を突きつけられた。1991 年、バブルが完全に崩壊 collapse すると、内需拡大要求はさらに厳しくなり、日本は 630 兆円もの「公共投資基本計画」をつくり、以後、公債発行額はさらに飛躍的に増えたのだ。

「日米構造協議」は英語では Japan-U.S. Structural Impediments Initiative（略して SII）と言うから、「協議」（英語なら単に talk）というのは明らかに誤訳で、その本質はアメリカによる「対日戦略攻撃」strategic attack against Japan である。大きくなりすぎて脅威 threat になった日本への「第 2 の占領政策」the second occupation policy と言い換えてもいいだろう。以来、アメリカは日本の経済社会構造にまで首を突っ込み、系列における株の持合い、談合、行政指導、年功序列、終身雇用など、すべての面において日本の構造の変革を迫った。小泉政権は、このアメリカの「対日戦略攻撃」を「構造改革」structural reform と言い換えているだけで、その行き着く先 final destination はアメリカによる日本再占領 reoccupation of Japan の完成である。しかし、ここで誤解してほしくないのは、アメリカはなにも日本を破壊 destroy しようとしているのではない。彼らは国益 national interest の追求として「対日攻撃」をしているのであって、日本がそれに従う理由などないのだ。

暴走するアメリカを止め日本を復興させてほしい

　このように見れば、中丸薫女史の言うことはもっともだった。しかし、前記したように彼女はこのことを私の認識 recognition とは違った言い方をした。それは、アメリカも世界をコントロールしている人々によって支配されている。それは、「フリーメーソン」Freemason であり「イルミナティ」Illuminati であると言うのだ。

このような考え方を、一般的に「陰謀論」と言うのだが、確かにフリーメーソンもイルミナティも実在する組織 organization である。かつて、マッカーサー将軍 General MacArthur と吉田茂首相が日本のフリーメーソンの施設にいたと、私はそれを直接目撃した人物から聞いたことがあった。現在でも、日本の政治家でフリーメーソンに加入している人物は多い。しかし、フリーメーソンは秘密組織ではあっても、それによって世界がすべて管理されているわけではない。フリーメーソンの組織は、とりあえずは世界のエリートによる秘密の社交の場 social occasion と考えるのが妥当だろう。

「ともかく、いまのアメリカはフリーメーソンの派閥が支配しています。だから、軍産複合体 military-industrial complex の発展のために無意味な戦争をイラクで起こし、世界をどんどん悪い方向 dark side に導いています。日本には彼らの暴走 runaway を止めさせる力があるのです。そして、世界をもっと明るい方向へ導くパワーを持っているんです。

これを実現させるためには、ベンジャミンさん、あなたのような人が必要なんです。あなたは日本を救える（You can save Japan.）。

日本はいま本当に苦しんでいるんです。国民も天皇家もとても苦しんでいる。とくに天皇家は、宮内庁の下で自由 freedom を奪われ、国民と直接対話できない状況に置かれている。そのうえに、日本政府 our government の政治家 politicians も官僚 bureaucrats も、みなアメリカの命令に反発できないまま従っている。こんな状況でいいわけがないんです」

ここまで言われて、私は引き下がるわけにはいかなくなった。すでに、意を決してフリーランスになっていたから、日本の再興のため for rebirth of Japan に本気で立ち上がろうという気持ちになった。かといって私にできることはかぎられている。日本の一部のメディアに持っているコラム記事でこの現状を訴えていくこと、そして、ビデオカメラをまわしてマイケル・ムーアばりのドキュメント映画をつくること。そんなことをとりあえず続けていくことしかなかった。

もちろん、いまでもそれを続けている。

鈴木宗男氏にインタビューを試みる

中丸薫女史に会った後、私はカメラをまわしてくれるスタッフとともに鈴木宗男氏に会いに行った。小泉政権によって追放 kick out され、獄中生活から戻ってきた彼なら、日本の現状を語ってくれるだろうと期待した。しかし、彼にはまだその環境 environment は整っていなかった。それは、2005 年のこのときは政局が大きく動いていて、郵政民営化法案 Postal Privatization Bill の採決をめぐって衆議院の解散 dissolution of the House of Representatives がありえるという状況だったからだ。鈴木氏は永田町に返り咲く準備をはじめており、私の取材では核心を話さなかった。しかし、その後の総選挙で衆議院議員に戻った彼は、『闇権力の執行人』(講談社 2005) という本を出版し、かつて鈴木叩きの急先鋒 forefront だった『週刊新潮』に、外務省を告発する手記を発表するまでになった。こうして、彼は自民党内で権力の座 seat of power にあったときと比べて、より国民よりの政治家に変わって、現在にいたっている。

それでも、解散を控える彼がインタビューで語ってくれたことは、ここに記しておくべきだと考える。以下は、当時の鈴木氏へのインタビューの要点 point をまとめたものだ。

《アメリカの影》

ベンジャミン（以下**B**） 鈴木さんは437日間、拘留されていましたね。いま、そのことをどう思っていますか？

鈴木宗男（以下**S**）うん、フルフォードさんも調べてよくわかっているとおり、これはやっぱり、権力闘争のなかで狙われ、同時に、はめられた結果だと思っています。

B はめられた？ 誰にはめられたんですか？

S やっぱり、それは権力側ですね。たとえばですね、私は“抵抗勢力”とよく言われました。

B そうですね。

S その“抵抗勢力”でも、私が一番。あるいは、野中広務先生が二番、古賀誠先生が三番。ときには野中先生が一番で私が二番とか、古賀先生が三番とかって、この３人の顔ぶれは変わりませんでしたが、まあ、私はそれなりに、発言力っていうか、存在感はあったと思うんですよね。

B そうですね。

S ともかく、はじめから、“鈴木宗男ありき”でやられたという気持ちを持っています。まあ言ってみれば、私は、“政治犯的な立場”だと思っています。その証拠に、「国策捜査」という言葉が最近よく出てきますね。

B　そうですね。佐藤優さんが『国家の罠』という本を書きました。

S　あれを読んでもらえれば、よくわかってもらえると思いますね。

B　外務省の利権をめぐる争いがあったんですか？

S　外務省の“利権”ではなくてね……外務省はもともと、“利権”っていうのはないんですよね。それを、あたかもあるかのように外務省がリークをして、しかもそれも、でたらめなリークですよ。じゃあ、そのリークは誰と組んでおったかっていうことです。

B　なるほど。

S　それが私は、最高権力側のサイドの人との連携があったと思うんですね。それからやっぱり、アメリカの影なんかもチラチラします。

B　どういう感じですか、アメリカの影は？

S　やっぱり、私が思うに、“ロシアと仲よくする”ということですね。領土問題の解決はもちろん、私は、サハリンだとか、シベリアだとかのエネルギー開発で、日本とロシアがジョイントすることを考えていた。日本のウィークポイントは石油なんですから、エネルギーですから。それをいま、アメリカに依存しているから、アメリカの言いなりです。イラクの自衛隊派遣にしても、あるいはイラクに対する財政支援でも。アフガンのときもそうでした。

B　そうですね。

S　それで私は、アメリカに100%依存しているウエイトを、ロシアに50%にすれば日本は逆に安定すると考えた。そうすると、これを嫌がる大きな国がありますよね。かつて、田中角栄さんが、アメリカに相談せずに、日中国交回復をやりましたね。

B はい。

S そのことによって、アメリカに田中さんはパージされたと、例のロッキード事件ではそう言われていますね。キッシンジャーが中曽根さんに言ったっていうんですから。「ロッキード事件はアメリカのやりすぎだった」と。

B そういえば、北方領土問題も、1956年に日本の国会が「2島返還」で決着をつける法案をつくりましたが、アメリカが……。

S 反対しましたね。

B 「4島にしなさい」と。要するに日本とソ連が仲よくするのを恐れて、無理な4島を……。

S そうなんです。ですから、日本は2島でも妥協するつもりがあったんです。しかしアメリカが……当時はソ連とまだ冷戦中、いや冷戦のスタート時ですからね。これはあの、朝鮮戦争からの関係です。

《政治の腐敗とカネ》

B いまの日本の政治は腐敗していませんか？

S 私は政治の腐敗はないと思っています。基本的に。

B では、たとえば……。

S たとえば具体的になにかありますか？

B たとえば、民主党の石井紘基議員が殺された事件。彼は銀行がRCC（整理回収機構）に不良債権の担保を入れる前に、政治家絡みのお金を全部棒引きにされた。で、そのリストを持ち歩いていて、そのために殺されたと聞いていますが。

S それはフルフォードさんね、正しい話じゃないですよ。政治家が銀行絡みのお金っていうのはないです。日本では、そんな力のある政治家はいません。ですからそれは、まったくの正しい情報じゃないです。

B そうですか。でも、たとえば日債銀の貸し出しリストを見ますとね、私は実際に見たんですけど、半分くらい企業舎弟、ヤクザとか、そういう関係のところでした。

S ただ、それに政治家はいっさい絡んでいませんよ。

B 絡んでないんですか？

S その点では、日本の政治家にはそんな力がある人もいませんしね、そういう手を出している人はいません。

B 山口組の幹部を取材したら、ほとんどの政治家がヤクザとつながって裏金をつくっているっていうのが日本の常識だと言っていましたが。

S ああ、それもね、100％間違っています。

B 別の話ですが、たとえばFBIの元日本代表によれば、「ODAの2割か3割が自民党に還流されている」と言っています。

S それもデタラメです。私がODAやっていましたからね。私自身がよくわかっています。

B あったじゃないですか（笑）“宗男ハウス”とかいろいろ、そういうプロジェクトで、逮捕された案件があるじゃないですか？

S ですが、それには1円のお金も動いていませんから。

B ああ、そうですか？

S　フルフォードさん、正しい認識を持ってください。あれは全部マスコミのフライングですよ。マスコミが勝手に「私が“宗男ハウス”で捕まる」と流したんです。しかしこの私は、“宗男ハウス”で捕まってもいなければ､裁判もしていないですから。
B　パーティ以外で、政治資金はどこからくるんですか？
S　それは個人や企業から。全部オープンにしていますよ。
B　全部公表していると……。
S　公表していますよ。それで政治家は十分やっていけるんです。
B　ほうほう。でも、日本では現金でも大丈夫ですよね。あの、銀行送金で振り込みじゃなくても。
S　ええ、現金でも大丈夫ですよ。それは全部、しかもそれは５万円以上は名前が出ることになっていますから。
B　はあ……。
S　それと、５万円以上の人は、今度、税の控除も受けますから。
B　じつは、２回ほどね、100万くらいの現物を渡されるのを見たことがあるんですよ。１回はかなり昔。それからもう１回は、先週で、ある政治家が500万くらい現金もらうのを見ました。
S　あ、そうですか。でも、フルフォードさん、それはあとから領収証が行っていると思うんですよ。
B　まあそうですね。
S　うん、だから、政治団体に入ってくるお金というのはきちっと届け出もしますから、なにもその、隠すものではないんです。

《小泉疑惑》

B　これはちょっと聞きづらいんですが、小泉純一郎の個人的なキャラクターについていろいろな話が出ています。たとえば、留学に行く前にレイプ事件を起こしたとか、SM趣味とか、新橋の芸者の問題だとか。これ、みなさんが知っているのに話さないんですが、それはどういうことですかね？

S　これはやっぱり、マスコミが書かないのがおかしいですね。鈴木宗男なんて言ったら山ほどマスコミは書いてきたけど、小泉さんとなると書きませんね。

B　そうでしょ？

S　やっぱり、権力の強みでしょう。

B　やっぱり新橋芸者の話なんか、聞いたことありましたか？

S　ああ、そりゃもう、昔、浜田幸一先生がね、党の部会でやったことがありますよ。

B　そうですか？

S　小泉さんに面と向かってね。小泉さんが、郵便貯金の老人マル優に反対したことがあったんです。老人マル優に。そのときに浜田先生がね、部会でやったんですよ、小泉さんを目の前にして。「こら小泉、お前、老人マル優のこと言う前に、あの自殺した新橋の芸者の問題はどうした！」と。

B　はあ。

S　「それを説明しろ」とね、浜田先生が満座の前でやったことがあります。

B　そりゃすごいですね。でも、マスコミは書かないですね。

《小泉改革と郵政民営化》

B　小泉改革をどう見ていますか？

S　小泉さんがやっているのは“官僚政治”ですよ。官僚政治ですから、彼は役人の言いなりです。官僚といってもね、小泉さんが使っているのはただ１つ、財務省ですよ。

B 財務省？

S 彼は典型的な財務省の族議員ですよね。昔でいう「大蔵族議員」ですね。

B では、今回の郵政民営化の本当の意味はなんですか？

S 私はなにもないと思います。ただ、小泉さんが昔から言っていることをやろうとしているだけです。だから国民の関心がない。

B それでも、裏予算の権力争いとか、そういう問題じゃないんですか？ 郵政のお金、財投のお金をどうするか、それは誰のところに行くかとか、そういう話じゃないんですか？

S まったく違いますね、それは。

B では、そんな中身のない議論をなんでそこまでするんですか？

S いや、ですから、そこを国民が不思議に思っているんですよ。今度の世論調査でも、テレビでも新聞でも世論調査では国民の４割は「景気をよくしてほしい」です。３割は、「年金をはじめ、社会保障制度をちゃんとしてほしい」と。これがいちばん多いんですよ。この２つで７割です。その次は、「日本歯科医師連盟の政治資金の問題などをはっきりしてほしい」と。あるいは「行政改革をちゃんとやってほしい」とか、「公務員の削減」とかいう話があって、“郵政の民営化”っていうのは10番目以下なんですよ。

B じゃあ、誰がこの泥沼の状況から引き出せるんですか？ どうするんですかね。野党、民主党はどうすべきですか？

S いや、民主党もそれなりの国民に対してしっかりとメッセージを送って、それに理解を得られれば政権を取れるでしょう。ただ、いまの民主党のやり方を見ているとダメですね。だから、国会審議しないなら、とことんしなければいいんです。それを、ちょっと休んでは出てくる。ああいうやり方をしては、国民が冷めてしまいます。

B　そうですね。

S　それと、いまの民主党っていうのは、言うならば自民党の2軍にすぎません。

《北朝鮮》

B　日本の北朝鮮に関するコメの援助が、タイ米に変えられたという話があります。8分の1の値段のタイ米に。で、北朝鮮に行ったのは、実際にはタイ米で、そうすると、膨大な裏金ができて、それを野中広務だの、加藤紘一だの、いろんな人にばら撒いたと。

S　それはまったくの……。

B　これはCIAのリポートによる情報なんですよ。

S　いや、ですから、それはまったくのデタラメです。ちゃんと日本の米が行っています、それは。それは私が決めたんですから。

B　ふーん。

S　日本の港から積み出しして運んでいますから。

B　最後に着いたところまで、全部わかっているんですか？

S　全部チェックしています、それは。

B　それは情報公開できるんですか？

S　情報公開じゃなくて、輸出の手続きしているんですから。たとえば、タイ米をなんで北朝鮮にもって行く必要があるんですか？

B　いや、それは日本米の8分の1の値段で買えるんですから。

S　タイからの何万トンに対して払うギャランティは全部公表されていますよ。日本のどこに入っているか、全部わかります。なのに、どこで操作できます？

B　それは海上でいくらでもできるじゃないですか？

S　ですから、フルフォードさんね、日本はそういう、アメリカとね、まったく価値観が違っています。アメリカはそういう操作ができるかもしれないですよ、あるいは大きな力があるかもしれないけれども、日本にはそんな力はないんです。

《日本の現状と将来》

B　ところで、いまの日本の状況をどういうふうに見ていますか？

S　私は、やっぱり、バランスの悪い、いびつな姿だと思います。アメリカともよくない、ロシアともよくない、中国ともよくない、韓国ともよくない、北朝鮮はダメ。日本のまわりの国で、いい関係の国、どこにもないんですよ。

B　うーん。

S　八方塞《ふさ》がりです。これはよくない。

B　経済はどうですか？ 政府が借金のこと、ウソをついているじゃないですか、国民に。本当の金額を低く言っているでしょう？

S　いや、データは正直です。国と地方を合わせて約800兆円の赤字があるっていうことは、これはオープンですからいいんですよ。私は、日本の国力からして、借金というのは大して心配していません。ただ、私がいちばん心配しているのは、日本人は勤勉性がいちばんだったんですよ。どの民族よりも日本人はよく働くっていうのが。ですから、エネルギー資源がなくて、世界の6分の1の経済力を持っているということは、すごいことなんです。ただ、その、勤勉性がだんだん失われてきている。そして、少子化で、働く人が少なくなっている。私は日本は衰退の道をたどっていくと思っています。同時に、私がいまの日本でいちばん憂慮するのは、「一生懸命働いたら、栄光の座がある。将来、豊かな生活ができる」ということを、30年前、40年前は、そういう夢を持って頑張っておったんですけど、いまの若い者にはないことです。「努力しても報われない。だからもう、諦める」ていう、こういう沈滞ムードがいちばん怖いです。それがやっぱり、日本がダメになる点です。

B　話は変わりますが、戦後、マッカーサーがつくった秩序がずっと続いてきた。要するに、上にアメリカがいて、その下は天皇陛下。その下に権力を持っている政治家と官僚、さらに特攻隊の右翼という仕組みです。これで日本はずっと来ているんですが、その構造そのものを変えないと、つまり、根本的に明治維新なみの変革を起こさないとダメじゃないかと思うのですが、どう思いますか？

S　私もそう思います。戦後60年でね、アメリカも日本がこんなに力がつくとは思っていなかったと思います。だからああいう憲法にしたり、あるいはその、アメリカナイズしてきた部分がたくさんありますね。同時にいま、これだけ日本が世界に貢献している。同時に経済力も持っている。私はこのパワーを世界のために活かすべきだと思うんですよ。

B　では、もし日本がアメリカから卒業したらどうなるんですか？　なにができるんですか？

S　私はやっぱり、アフリカ、中央アジア。この辺に積極的に関わっていくことだと思います。まだまだ、可能性を秘めた地域が世界にはいっぱいあります。これまで私が一生懸命にアフリカの応援をしてきたのは、アフリカには資源がある。それに、人的能力も高いと思うんです。でも、いまはまだ政治が安定していないし、自由経済もしっかり浸透していないから混乱していますが、これが5年10年とたてば、このアフリカというのが世界の中心になる可能性があると思っているんですよ。いまでも原油の4分の1はアフリカで、スーダン、ナイジェリアなどが生産しているんですから。

B　たとえば、日本は、年間16兆円の海外黒字を持っていますね。

S　貿易のですね。

B　貿易と国際収支です。それはほとんどアメリカ国債ですか？

S　そうです。

B　でも、考えてみますと、人口の65％が肥満で、戦車より大きい車を乗りまわしているアメリカ人のゴージャスな生活を維持するためにそのお金を使うべきですか？ 日本のお金を、何万人も餓死者を出しているアフリカに使うべきでは。どっちが正しいと思いますか？

S　アメリカという国は大変な力を持った国で、エネルギー資源もあれば、人的資源もある。あるいは広大な土地もある。すべてそろっている国ですね。私はやっぱり、貧困で困っているアフリカをサポートすることが、地球全体の安定平和を考えたうえでも、日本がするべきことだと思いますね。

B　いまの日本は、一種の幕末みたいな状況だと見ているんですが、それについてはどうですか？

S　1つはですね、日本人の価値観を変えるべきだと思います。これまでは、なんとなくアメリカに“追いつけ追い越せ”できた。あるいはヨーロッパに“追いつけ追い越せ”できた。その目的は達成しましたね。では、これからなにをするかっていう目標がないから、いまの日本はダメなんですよ。

B　では、なにを目標にすればいいですか？

S　環境だとか、やっぱり、愛情だとか、思いやりだとか、そういった精神面にしていかなければと思いますね。

B　日本は地球を救う力があるということですか？

S　日本が持っている科学技術、あるいは、人的能力。それを私は地球の安定のために活かすべきだと思います。そのためには環境だとか、家族愛だとか、そして、その家族愛が祖国愛に、またさらに、世界に対する貢献にもつながるわけですから、そういった方向にもって行くべきだと思いますね。

殺された石井紘基議員の遺族に会いに行く

この鈴木宗男氏を皮切りに、私は次々にいろいろな人物に会って、インタビューを試みた。日本の危機 crisis of Japan を彼らがどのように受け止め、なにをしようとしているのかを日本国民に知ってもらいたいからである。結局、鈴木氏は政界の腐敗 corruption を否定したが、それは彼の立場上そうせざるを得なかったからだろう。また、日本の財政危機 financial crisis に関しても楽観的 optimistic ではあったが、小泉のマヤカシ改革によって、日本が危機的状況にあるという認識は私と変わらなかった。

私が鈴木氏の次に会いに行ったのは、殺された民主党 DPJ の石井紘基議員の遺族 family of the victim である。

2002 年 10 月 25 日午前 10 時半ごろ、石井紘基氏は、凶漢の刃《やいば》によって、その命を絶たれた。警視庁は、惨劇 tragedy から一夜明けた 26 日の朝、「石井議員を刺した」として出頭してきた右翼の男、伊藤白水を逮捕 arrest した。そして、2004 年 6 月 18 日、東京地裁は、伊藤に無期判決を言い渡して sentence to life in prison いる。しかし、この判決は犯行動機 motive for the killing の詳細はわからないとしながら、伊藤を犯人と断定したものだった。そして、伊藤はこの判決を不服として控訴 appeal したが、自分が犯人であるという供述 statement は覆《くつがえ》さなかった。そして、最高裁は控訴を棄却して「無期判決」が確定したのである。

だから、石井氏の遺族が背後 behind になにかあると疑うのも無理もない。もちろん、私は、この判決を間違った供述に基づくデッチアゲ cooked-up だと思っている。石井氏のそれまでの業績や事件の詳細を知れば、「借金を断られたことへの私怨」とか、「支援者との約束を守らないことへの義憤」などという犯人の説明を言葉どおりに信じられないからである。

私は生前の石井氏とは面識 acquaintance はなかったが、名前は方々で耳にしていた。そして、殺されたことを知ったときは、なぜもっと早く彼に会いに行かなかったのか、と後悔 regret した。なぜなら、私と石井氏は、結局は同じターゲット——国民のカネを掠《かす》め取る「政・官・業・ヤクザ」の連合体 coalition を、別々のルートから追っていたにすぎなかったからだ。私は、ヤクザたちが蠢《うごめ》く「地下水脈」underground network からそれをたどり、石井氏はその地下水脈にカネを注ぎ込む政治家と官僚の側から、これを暴こう bring out としていたからだ。

不良債権 bad loans が日本経済を揺るがす大問題だと言われ出したのは、1997 年だった。実際、このころから日本の金融危機は本格化し、多くの会社、金融機関 financial institutions が潰れた。そうしたなかで、中小の金融機関を監督する日銀の課長、金融監督庁の調査員、旧大蔵省の中小企業担当課長など 6 人が、次々と不可解な死 inexplicable death をとげた。とくに、2000 年 9 月 16 日、当時の日本債券信用銀行（日債銀）の社長に就任した直後に、大阪市北区のホテルで自殺した本間忠世のケースは、自殺するには謎が多すぎた。本間は不良債権に絡む権力側の構造 structure of power を知っていたから、口封じ mouth-shutting のために殺されたのでは？ 数々の証拠、証言が、それを物語っていた。

そして、石井紘基氏は本間が 7 人目の犠牲者とすれば、8 人目の犠牲者なのだった。

珍しく持って出かけたカバンの中身が忽然と消えた

故・石井紘基議員の娘、石井タチヤナさんは、私にこう言った。
「父は携帯電話もうまく使えないようなアナログ人間でした。仕事のことはほとんど手帳 1 冊ですませていました。仕事を家に持ち込むことはなかったから、たまに少し持ち物があるといっても封筒ぐらいだったんです」

殺された朝、石井氏は珍しくカバンを抱えて家を出た。そのカバンのなかには、おそらくそれまで石井が熱心に調べてきた成果 results が入っていた。そして、彼がその日、それを使ってなんらかの行動 action を起こそうとしていることを、周囲の人々は知っていた。しかし、そのカバンの中身は、ついに日の目を見ることなく、忽然《こつぜん》とどこかへ消えてしまった。

石井氏が殺された直後に出た『週刊朝日』(2002年11月8日号)は「石井紘基代議士が追った闇 右翼『刺殺』2日前、本誌記者に語っていた……」と題するレポートを掲載し、石井氏と記者のこんなやり取りを紹介している。

《実はその数週間前にも、こんなことがあった。別の記者が民主党議員の秘書から、

「石井先生のところに政界を震撼させるすごいネタが入ったみたいだ。当たってみるとおもしろいかも……」

と聞かされたのだ。記者が石井氏に当たったところ、

「まあまあ、そう焦りなさんな。いま証拠固めの最中だから。いずれ時期を見て国会で質問する。そのときは連絡するよ。これが表ざたになったら、与党の連中がひっくり返るような大ネタだよ」

と言って、たばこをぷーっとふかした。》

石井氏からこうした話を聞かされていた人間は、ほかにも複数いた。実際、石井氏は殺された日から3日後の10月28日、衆議院金融委員会で質問に立つ予定になっていた。それと関連して、石井氏は事件当日の昼ごろに委員長(自民党議員)と面会する予定になっていたのだ。用件は質問に用いる資料のことであり、政府参考人として推薦する人物も別の場所に待機させていた。だから、外出のときに持っていたカバンのなかには当然、その資料が入っていただ

ろう。しかし、事件後、その資料が消えているのである。

石井タチヤナさんは、さらにこう語った。

「父の手帳とカバンの中身の資料が、警察の押収品目録に記載されていないのです。目録にカバンの内容物として書かれているのは、数個のクリップと輪ゴムなど小物だけでした。普段から手ぶらで出歩いていた父が、空のカバンを持って出かけるなど考えられません。それに、手帳や携帯が見当たらなくなると大騒ぎする人でした。手帳やカバンの中身がないのは不自然だ、もし盗られたのなら犯行動機に関わると何度も警察に訴えているのに、いっこうに取り合ってくれないのです」

しかも、事件の後にすみやかに作成されるべき押収品 seized article 目録が、なぜか後日、警視庁北沢署で作成されている。証拠写真としてカバンの外観 appearance を撮ったものがあるのに、内容物写真が１枚もないというのも不自然だった。

また、石井氏を迎えに来て現場 crime scene に居合わせた衆議院車両部の運転手は、「犯人は犯行後、黒いカバンのなかを見ていた」と証言している。しかし、裁判中はこの件に一切触れられなかった。

私怨、あるいは義憤による単独犯行だったのか？

事件の不審点、未解明の謎 insoluble puzzle はまだある。

たとえば石井タチヤナさんは、事件直前の午前９時半、インターフォン越しに「植木屋」を名乗る男の営業 walk-in sales を受け、これを断っている。朝の９時半に植木屋の営業というのも変だが、もっと変なのは、この少し前に石井氏宅では植木の手入れが行われていたことだ。後日、メディアが周辺住民への聞き込み door-to-door hearing を行ったところ、周囲100軒ほどでこの「植木屋」の訪問を受けたところは皆無だった。さらに変なのは、植木屋について警察が聞き込みに来た民家は100軒中、わずか2、3軒しかなかったということだ。こうしたことを考えると、事件前から、石井氏宅周辺で不審な動き suspicious activity が続いていたのは確かだろう。

「事件の3カ月ほど前、家の前の電柱になにか黒い箱のようなものが取りつけられるのを、母が見ていたんです。それは、事件からしばらくして取り外されました。でも偶然、事件とは無関係なテレビ番組を見ていたとき、画面に映った盗聴器を見て、母が『あれと同じものだわ！』と叫んだんです」

と、石井タチヤナさんは言った。

裁判の過程でも、こうした謎は深まった。犯人の伊藤は『実話ナックルズ』(2004年10月号) に寄せた「手記」のなかで、犯行の模様についてこう回想している。

《私は後ろから左手を伸ばし石井の左肩に手を掛けて仰向けにして倒れた石井に馬乗りのように跨り右手を振り上げて石井の心臓目掛けて刺身包丁を振り下ろした。が、下から石井は両手で私の右腕を掴んだ。

二、三度押し引きしたが私は素早く包丁を右手から左手に持ち替えて石井の胸に振り下ろした。柄の部分まで深く突き刺したのを確認して包丁を刺したまま左手を離して立ち上がり……》

まるで一振りで急所を捉えたかのような表現だが、裁判に証拠として出された写真では、石井氏の体には複数の創傷 cuts があった。腿の裏側も傷つけられており、「馬乗りになった」との証言

testimony とは、明らかに矛盾 contradict していた。さらに、石井氏は顎から首までパックリ割れるほどの傷も負っていた。

「犯人が着けていたバンダナからは血液が検出されたと警察の人は言っていました。しかし、服は返り血を浴びなかったので、電車に乗っても気づかれなかったのです」

このように見てくると、犯人 criminal の伊藤白水がただの私怨 personal grudge、あるいは義憤 public rage で石井氏を殺害したとはとても思えない。また、表面上は単独犯行であっても、その背後 behind the scene には世間に知られては困るなにかが存在している。

国家予算の「オモテ」と「ウラ」を解明した功績

消えたカバンの中身だが、このような経緯と、石井氏が当日会う予定になっていた人物の話などを参考にすれば、それはおそらく RCC（整理回収機構）関連のものであったと思う。RCC は、住専問題が表面化したときに、不良債権の処理を目的として設立されたが、ひと口に「処理」disposal といっても、それは簡単な作業 simple work ではない。なぜなら、不良債権の裏にはあらゆるしがらみ strings が隠されているからだ。これを 1 つ 1 つ解きほぐしていく作業は、利害 special interest が絡むだけに関係者の恨みを買うことを覚悟しなければならない。また、しがらみのなかには、当然、不良債権ができる過程での「政・官・業・ヤクザ」の関係 ties が隠されている。そして、この関係には、けっして公にできない部分がある。

さらに、RCC は不良債権を売るわけだから、当然、その過程で、担保物件 mortgage collateral は評価額 assessed value を大きく下まわる。とすると、そのことでまた利権が生まれ、何者かが莫大な含み益 unrealized profit を手にすることもある。つまり、不良債権処理に投じられた公的資金 public fund や、国庫に還元されるべきカネが横取りされていることの証拠 evidence を、石井紘基氏はつかんだのではなかったか？

石井タチヤナさんは、このようなことも語った。

「事件前の10月19日に父から電話があり『怪しい車につけまわされたので知人のオフィスに逃げ込んだ』ということがありました。23日に帰宅した父を見た母は、『誰かに暴力を振るわれたみたいだけど、聞いてはいけない雰囲気だった』と言っています。その日、父は親しい支援者の方に『今度の問題は、これまでとは違う』と言ったそうです。その方によれば、父の顔色は蒼白になっていたとのことでした」

故・石井紘基議員は、防衛庁汚職や外務省の ODA 利権を暴き、オウム真理教や統一教会に立ち向かってきた勇気ある議員だった。しかし、彼の最大の功績 achievement は、やはり、日本の本当の国家予算を解明 work out したことである。

日本の大手メディアは、国家予算といえば、「一般会計」general account のことだけを問題にするが、本当に問題なのは、日本には「特別会計」special account という「ウラ予算」under-the-counter accounting があることだ。これが、政治家や官僚のポケットになっていて、この国の膨大な借金の原因 cause of huge deficit になってきた。なぜなら、「オモテ」の一般会計は国会の承認 approval of the Diet が必要だが、「ウラ」の特別会計は国会の審議 deliberation なしに組めるからだ。しかも、一般会計が約 82 兆円（2004 年度）なのに対し、特別会計は約 330 兆円とはるかに規模が大きい。国はここから財投債を起こし、好き勝手に国民のカネを公共事業につぎ込めるようになっている。

こうした内幕を国会の場で暴き、道路公団改革などの端緒を開いたのがほかならぬ石井紘基氏だった。彼は、まさに国の予算を 1 人で「会計監査」auditing したようなものだ。

殺される半年ほど前、彼は国会の場で、当時の塩川正十郎財務大臣に、「先ほど国の負債が 880 兆円という話がありましたが、本当は 1400 兆円ではないか」と質問したことがあった。これに対し、塩川大臣が「よくは知らないけど、だいたい近い数字だと思います」と答えたので、財務官僚は真っ青になったという。当時はまだ、国のバランスシートが公開 disclose されていなかった。

しかし、いまやこのような問題を真剣に追及する国会議員 Diet member はいなくなり、日本の危機は深まる一方だ。

日本を守るべき右翼はなにを考えているのか？

中丸薫女史が「天皇家は苦しんでいます」と言い、右翼 right-wing に殺された石井議員の遺族にも会ったので、今度は、ホンモノの右翼に会うべきだと私は思った。それで、私は呉竹《くれたけ》会の頭山興助氏をインタビューすることになった。驚いたことに、頭山興助氏は子供を、「向こうの文化を勉強してこい」と、私の母国カナダに留学 study abroad させていた。右翼というと、極めて内国的な生き方をし、旧態依然の国粋主義 ultra-nationalism に取りつかれている人々というイメージがあるが、彼はそうではなかった。以下は、頭山氏のインタビューの要点をまとめたものである。

《日本の右翼》

ベンジャミン（以下**B**）　いまの日本の右翼は、本来の道から外れていると思います。国民を主導するはずの政府がアメリカの圧力に屈し、それによって国が衰退しているのに、右翼は立ち上がろうともしません。どうなっているんですか？

頭山興助（以下**T**）　戦後ね、日本の愛国主義というか、国粋主義というのがアメリカによって禁止され、いわゆる皇国史観はタブーになった。いまでは、右翼という言葉すらはばかられるようになりましたが、本来の愛国者というのは、日本の場合、「尊皇」じゃなきゃならないんですよ。それが、戦後は尊皇運動家というのはアメリカの尻馬に乗って「反共右翼」というのになった。単なる反共の道具になったわけです。しかし、いまは反共もなくなったから、右翼がなにをすべきかもわからなくなってしまったんです。

B　そうですか。

T　戦後の右翼でいちばん有名な児玉誉士夫なんていう人は、反共の最たるものでした。それはもう、はっきり言えばアメリカのエージェントですね。エージェントというのは、エージェントにする側がプロであって、される方は素人でもいいわけです。こうなると、日本の右翼は昔とはまったく違ってしまう。だから、いまは、愛国者と思われている右翼の人間が必ずしも愛国者ではない時代ですね。それに、愛国者というのは、右翼じゃなくてもいいわけだから。

B　なるほど。

T　だけど、右翼の人たちだけが愛国者という言葉を使う。これが、1つの大きな問題です。いま、ぼくなんか、いろんなところによばれて懇談したり、大きな大会で挨拶したりしますが、「天皇陛下万歳」と言えない右翼が多いんです。たとえばいま、韓国の右翼とは反共では一致するけれども、「では、いっしょに天皇陛下万歳しようよ」と言ったら「イヤだ」と言うわけです。

B　なるほど。

T　ともかく、こういうことが、いまの日本の愛国者にはわからなくなってきている。ぼくは、反共であることは人後に落ちないけれども、その前に「尊皇」がある。これがない愛国者というものは、日本の場合ありえないんですよ。だから、問題になっている靖国のA級戦犯でも、それはいい悪いの問題ではなく、A級戦犯はどなた様の代わりに絞首刑になったのかっていうのが基本です。日本が終戦を迎えるために、それから講和条約を結ぶために、どなた様の代わりに絞首刑になったのかっていうことです。とすれば、犯罪人ではなくて、A級戦犯こそ日本の皇統を助けた人々です。皇室を助けたのは彼らなんです。だから、その恩義をいまの日本人に教えなければいけない。つまり、すべての基本は「尊皇」なんです。

B　では、その「尊皇」というのは、どういう意味ですか？　どういうようなことを指して……。

T　「尊皇」というのはね、よく民族主義と言うでしょ。で、日本の民族主義はなにかというと、アイヌもいるし、沖縄の人もいるし、それからご存じのように半島から来てる人もいる。私の祖先の地の福岡なんていうところは半島にいちばん近いところで、福岡へ行ったら、半島に遠い意識なんてあんまりないですよ。このような日本の民族がまとまっていく基はなにかといったら、それは天皇しかない。皇室の純血しかない。つまり、天皇の血。それを守っていくということが日本のかたちなんです。皇室を守るということにみんなが集中しないと日本というのはない。これが「尊皇」です。

B というと、それが戦後はすり替えられたということ？

T アメリカにね。

B そうですか。だから、いまの右翼は本当に天皇陛下のために動いているわけではないんですか？

T ぼくは、いまの右翼を認めていない部分がすごく多いんですよ。それはね、あなただってご存じでしょう。いまの右翼が誰の兄弟分だって。みんな、私は田岡の若い衆ですとか、福田の若い衆ですとか、西内の若い衆ですでは、これは右翼ではない。

《皇室のあり方》

B いまの日本の皇室は、本当は困っていると言われています。囚《とら》われの身になっていると、私は思うんですが……。

T そう、そうですね。

B ならば、その宮内庁から天皇家を解放させることを、なんで右翼さんがやらないんですか？

T だって、いまの右翼にそれを教えたってわからない。われわれはそれをやっていますけれど。それで、まず、アメリカに取られてしまった華族制度というものを復興しないかぎり、今後もお妃問題なんかは片づかない。それは、華族というのは、皇室を守るための畑だから。その畑のなかでいちばん健康的な実を皇室に献上する。そのための畑が華族制度でしょう。お妃の畑だから。それから、皇室という天皇の親戚をもっと増やすことによって、日本の天皇の血というのは守られるわけです。ところが、アメリカは、なかなか頭いいから、天皇は残すけれども、付属品はみんななくならせたわけですよ。

B 私はいまでも覚えているんですが、昭和天皇が亡くなったときに、皇居に行きました。そうしたら、1人のおじいさんが泣いていて、そのまわりに50人ぐらいのカメラマンが集まっていました。なぜかというと、そのおじいさん以外にほかに泣いている人がいなかったからです。これも宮内庁の徹底した情報管理の結果ではないですか？ つまり、いまの情報管理のやり方では、国民の皇室に対する親近感が育たないと思うんです。それに比べて、ダイアナ妃が死んだときは、イギリス中が泣きました。日本では「開かれた皇室」というのは言葉だけではありませんか？

T あの、日本の場合はね、本来、国民の教育のなかでそういう親しみが出てこなくちゃいけないんです。マスコミによって皇室がオープンになるということはやはり問題がある。それに、ダイアナ妃に涙を流したということは、英国王室に対して涙を流したのではなく、ダイアナ妃個人に対して涙を流したんでしょう。とはいえ、やはり皇室は、圧倒的に国民から人気がなきゃいけないことは事実ですよ。

B そうですね。

T だから、そのためになにをしたらいいのかということは、小泉さんがテレビに出て、靖国にお参りに行って、自分は愛国者だということをアピールしていますが、あの人は、総理大臣になる前には靖国に行ったことないんじゃないですか？

B ないですね。

T そこが、問題だ。昔、ぼくが若いころにおつき合いした石井光次郎さん（元国会議員・故人）なんか、もう80に近い歳の人が、陛下の前に行ったら震えていましたよ。だけど、小泉はチャラチャラしているでしょ、陛下の前で。昭和天皇のときもそうで、それが平成天皇になったらなおさらだもの。

B これは大胆なことですが、宮内庁を解体して……。

T 解体して？

B 世界最高のPR会社にまかせて、本当の天皇家のメッセージを直接国民に伝える方法を考えてもらったら？

T PR会社が、愛国者であればね。そう言えば、昔の明治の人は、しっかりしていたし、山岡鉄舟にしても、みんなPRマンで、腹も据わっていました。ただ、いまは皇室のどこが大事なのかということがわかる日本人がいなくなった。だから、それをもう1度つくり直して、それで、宮内庁を取っ払う。そのときは「宮内省」にして、日本の皇室というものが、いかに平和を愛するものかを伝えればいいでしょうね。いまの皇室でいちばん間違っているのは、お城に住んでいること。やっぱり、ああいういかめしい所に住むんではなくて、京都にでも戻られて、京都御所にお住まいになられる。それから、いろんな御用邸というのを、日本中に、自然の場所に、世界遺産になるような場所に御用邸をつくる。そうすれば、皇室も国民ももっと栄えます。

《日本の危機》

B　日本には明治なみの維新が必要と思いますが、どうですか？

T　必要ですよ。

B　このままでいいと思っている人はいないでしょう。

T　いないけど、漠然とこのままではまずいなと思っているだけ。雨が降って傘もない時代に、雨が降ったらなにをどうしたらいいのかわからない。ただ、濡れて歩くだけなの。だけど、なにかあったらいいなというのはわかるわけ。いまだったら、自然と傘を差すでしょう。だけど、いまの日本というのは、どう維新を行ったらいいのかがわからない。

B　私は、いまの日本は弱気すぎるから、愛国心が育たないと考えています。要するに、日本ってすごいんだ、これだけすごい国だとみんなに思われたら、日本人も自然と胸を張ります。

T　それは本当に大事だよ。日本人は、本当に堂々とした日本人になるべきでしょうね。昔、ニューヨーク、ワシントンに行った遣米使節団のような日本人をつくらなくちゃいけない。が、これは教育の問題でしょう。ぼくが子供をカナダに留学させたのはね、「向こうに行って欧米の歴史を勉強してこい」ということ。そうすれば、逆に本当の日本人になれるからね。

B　私も日本に来たのは、アジアを学ぶため。いまは、欧米とアジア、その両方の知恵が必要な時代ですね。

T　両方ね。そう、アジアの文化とヨーロッパの文化。地球が狭くなっているから。ともかく、要は、日本の愛国者っていうのは、なにがいちばん大事かといったら、反米なんです。あなたが言われるようにね。それで、次の日本の総理大臣になる人はね、やっぱり、中国ときちっとつき合える人でないとまずダメだ。それでアメリカはね、そんなに顔が利かなくてもいい。アメリカという国は日本にすり寄ってくるから、ある程度ね。あとは、日米安保条約を改正して、きちっとやるんだったら憲法9条を改正して、軍と外交を整えるべきですよ。もう長年日本を見てきて、おわかりだと思うけども、日本では司法、立法、行政というものはいちおう分立している。けれども、そこに本来護憲であるべき3権プラス、マスコミと軍がない。これをきちっとやる。そういう国になるように、維新をしていかなきゃならないんです。

2005年8月15日、私は靖国神社 Yasukini shrine に行った。一部の報道では、小泉首相が参拝 visit するということが伝えられていたが、この日、彼は来なかった。その代わりに私が見たのは、右翼だという男がある青年を殴っている光景だった。私はびっくりしてその殴っている男に近寄り、「なんで殴っているの?」と、聞いた。すると彼は、「こいつは左翼で、ビラを配っているからだ」と言うのだった。そうこうするうちに、別の場所で、「左翼がいるぞーっ」と大声が上がり、また別の男が取り囲まれた。

それで、私はその場所に走ったが、すぐに警官隊がやって来て騒ぎは収まってしまった。「左翼と言われた青年」が私にビラを見せてくれたが、私はまたもびっくりした。というのは、そのビラは、左翼のビラでもなんでもなく、ただの平和集会のビラだったからだ。

いまの日本では左翼 left-wing と右翼 right-wing がねじ曲がっている。そのために、日本人から愛国心 patriotic spirit がなくなっている。頭山氏が言うように、皇室 Imperial family を守ることが愛国心であるかどうかはともかく、日本人が日本人であることのプライド pride を失っているのは事実だろう。この問題は、じつは、巨額の財政赤字より、もっと根が深い問題に思える。

Chapter 3

Real Japan
本当の日本

結局は地獄行きのキップをつかまされたホリエモン

「リクルート事件は、出る杭が打たれたケース。だから僕らは打たれないようにしなければならない。大きくなった会社が、その上のステージを目指すとき、政治の壁みたいなものがある。選挙は落ちましたが、僕は立候補によって、政治家とのつながりは非常に強くなりました。同じ選挙で戦ったという仲間意識がある。小泉首相をはじめ選挙でお世話になった人は、国の中枢にいる。僕は閣僚の半分くらいと面識があるわけです。リクルートが株を配ったところを、体を張ってキップを手に入れた感じですね」

これは、2006年の年明けに出された小冊子 leaflet のなかで、ライブドア社長のホリエモンこと堀江貴文が語っていたことだ。彼はリクルート事件 Recruit Scandal（1988）を教訓 lesson にし、この国で成功するためには政治家とのパイプを持つこと channel to politicians が重要だと、十分に認識していたのだ。それは、「その上のステージを目指すとき、政治の壁みたいなものがある」という言葉によく表れている。だから、彼は郵政解散後の総選挙 general election で自分に白羽の矢が立つと、積極的に自民党 LDP に協力し、公認はされなかったが、広島にまで出かけて小泉の「刺客」hatchet man となった。

そして、その選挙の公示日、竹中平蔵・経済財政担当大臣（当時）は広島入りして、堀江の腕を掲げながら、有権者 voters に向かって次のように叫んだ。

「小泉純一郎、ホリエモン、竹中平蔵の 3 人でスクラムを組んで（郵政民営化）をやりとげます！」

しかし、それから半年もたたない、2006 年 1 月 16 日、ライブドアは東京地検特捜部の家宅捜索 house search を受け、堀江貴文は一気に地獄 hell に落とされた。そして、それから 1 週間後の 1 月 23 日、堀江は「予定どおり」逮捕 arrest されてしまったのである。なんのことはない、彼が、「体を張って手に入れた」はずのキップは、「上のステージ」行きではなく、「地獄行きのキップ」a ticket to hell だったわけだ。

いったいなぜ、こんなことになってしまったのだろうか？

堀江の会社「ライブドア」は、証券取引法違反 violation of the Securities and Exchange Law の「偽計取引」fraudulent trading をしていた。自社の株価 stock price を吊り上げるためにさまざまな工作をし、「風説の流布」fraudulent announcement を行い、さらに「粉飾決算」window-dressing までしていたというのが、検察 the prosecutors が彼にかけた容疑 suspicion である。しかし、つい1年前まで、これらのことはほとんどがグレーゾーンに置かれていて、違法か違法でないかは誰も判断 make judgments しようとしなかった。そればかりか、ライブドアのニッポン放送株取得が判明 come out したとき、日本のメディアの多くは、堀江のやり方を支持 support していた。多少強引すぎても、それはぎりぎり許される範囲 what the traffic will bear として、彼が唱えた「通信と放送の融合」integration of communication and broadcasting という新時代が来るためには仕方ないとする論調 tone of the argument のほうが多かった。私も、彼の考え方には賛成だったので、その部分に関してはホリエモンを支持した。しかし、東京地検特捜部は、ライブドアがニッポン放送株の買収 takeover に乗り出したとき、「時間外取引の違法性を検討した」と言っているから、すでにこのころからライブドアをマークしていたことになる。

2006年1月17日朝、強制捜査を受けて記者会見した堀江貴文。この1週間後に逮捕。
（写真／共同通信社）

が、あの時点では、金融庁は時間外取引 off-hours trading を黙認し、裁判所 court まで堀江に味方するような状況にあった。さらに、ライブドアは、2005年の暮れには、全会一致 unanimous vote で日本経団連に入会を許され、一流企業 top companies の仲間入りまで果たしていた。

だから、堀江自身は、まさか自分が地獄行きの列車に乗っている on a roller-coaster ride to hell とは、夢にも思わなかっただろう。法のグレーゾーンを突けば儲かる。それをやらないより、やり続ければ「稼ぐが勝ち」だと考え、実際そのとおりに行動 take action してきたのだ。

宇宙に行きたいというのに宇宙の知識はゼロ

私はこれまでに堀江貴文には何度か会っている。最初は『フォーブス』誌で日本の IT ベンチャーに関するに記事 article を書くために、まだライブドアになる以前の彼の会社を訪ねたときである。

が、彼の会社 office に一歩入って驚いた。それは、事務所のなかが段ボール箱だらけで足の踏み場もなかったからだ。このときは通り一遍 perfunctory の話に終始したので、私は当時メディアを騒がせていた光通信のほうを取り上げ、ホリエモンについてはほとんど触れなかった。その後、ライブドアが六本木ヒルズに移転 move to した後も取材に出かけたが、このときはアポイント時間に出かけたにもかかわらず長時間待たされ、またも通り一遍の話を聞かされたので、記事にしなかった。

そんなわけで、私の彼に対する印象 impression は薄く、その後も何度か顔を合わせたが、それだけだった。しかし、2005 年の年末、あるパーティで顔を合わせると、「今度宇宙に行きます」と言うので、「どこへ？」と聞くと「火星ですよ」と言うから、私は正直驚いた。それで、宇宙 space に関する話をすると、彼は宇宙線 cosmic ray や放射能 radioactivity に関する知識がほとんどないことがわかり、またも驚いた。

じつを言うと私は、ライブドアがニッポン放送株の収得に動いたとき、外資の人間からその裏側の話 inside story を聞かされていた。これは、当時、一躍有名なった「時間外取引」off-hour trading だったが、その原資をライブドアに貸したのはリーマンブラザーズ Lehman Brothers Japan だった。リーマンブラザーズといえば、損をする取引は絶対しないので有名なので、これだけでもライブドアの取引にはなにか裏の事情が隠されていることがわかった。

つまり、ライブドアには裏に黒幕たち backroom fixers がいる。ホリエモンは単なるオモテの顔にすぎないということを、私に情報をくれた外資の人間にかぎらず、当時から金融関係者はみなわかっていたのだ。

いまここで、その黒幕の連中がどんな人間たちなのか、私は正確に書くことはできない。しかし、すでに一部の週刊誌やネット情報で明らかにされているように、それが闇社会 underworld につながる人々、また、日本の貸金業者 money lender、さらに一部の政治家 politicians であることは明らかだ。

ライブドアが、不正の隠れ蓑《みの》 shield for illegal trading にしたのは投資事業組合で、「そこには自民党の国会議員の影がちらほらしている」と、民主党 DPJ の鳩山由紀夫幹事長が言い出して大騒ぎになったが、彼もまた私と同じような情報 inside information を得ていたのだろう。

ただし、この鳩山発言は確証に基づくものでなかったとされ、立ち消えになった。

ライブドアとともに地獄に落ちたシロウト投資家

東京地検が六本木ヒルズに到着すると、テレビカメラがまわり、カメラのフラッシュがいっせいにたかれた。これらの報道陣 press corps は、あらかじめ地検により「ご招待」invited されていていた。つまり、ライブドアの強制捜査 investigation は、スケジューリングされた一種のショーだった。そして、強制捜査が終わった翌日からは、あらゆるメディアに検察がリークした情報が洪水のようにあふれた。

「時間外取引はそもそも違法」「株式分割をくり返し、分割の時間差を利用した手口は異常」「投資事業組合を使ってあらかじめ買収した会社を M&A した」「メールには違法性を認識していたあとがうかがえる」など、どのメディアも、検察情報に基づいてホリエモンを糾弾 accuse した。つい先日まで、彼のことを持ち上げるだけ持ち上げていたメディアとコメンテーターたちのこの変節 change sides ぶりに、私は正直、驚くというよりあきれてしまった。それは、メディアの指摘 point out があまりにもズレていたからだ。

まず、時間外取引 off-hours trading も株式分割 stock split も、どれもこれもみなライブドアの専売特許ではない。事実、ライブドアに司直の手が入ったその日にも、ある大企業は「1 株 20 分割」していたし、ソフトバンクなどもこれまで何度も株式分割をくり返してきた。また、時間外取引も何度となく行われ、風評を流して売り抜けるインサイダー取引 insider trading でさえも、東京の証券市場 stock market では、これまでに何度も行われてきたからだ。

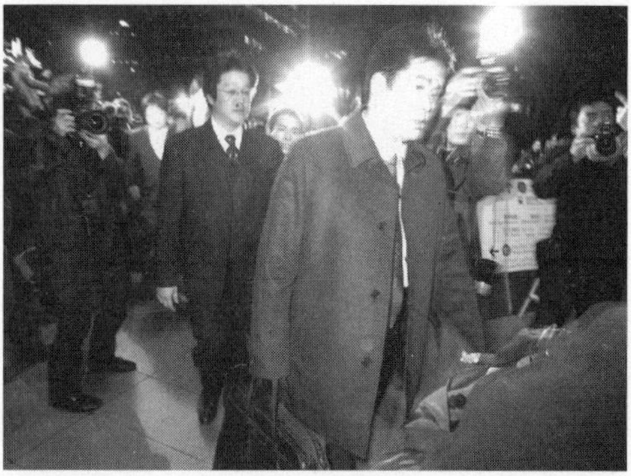

2006年1月16日、東京地検の係官がライブドアの入居する六本木ヒルズに到着。家宅捜索というショーが開始された。 （写真／共同通信社）

私はなにもホリエモンを弁護 plead しているのではない。粉飾決算 dressing が本当なら、それは許されることではない。インサイダー取引ももちろん許されない。しかし、日本の株式市場は長い間、閉鎖的 closed であり、法 legal framework も未整備だったから、それが結果的に堀江のような人物を生み出してしまったと言いたいのだ。

これまで日本で起こった多くの金融犯罪 financial crimes を振り返れば、堀江のような人物は無数に登場している。似たような事件 same scandal も数多く起きている。しかし、このライブドア事件は、ライブドアがITの先端企業 cutting-edge business だけに、事件すらも新時代の事件のように見えてしまう。それで、メディアは検察情報に乗って、あらゆることを垂れ流すが、もっとよく考えてみてほしいと言いたいのだ。この事件の本質 nitty-gritty は、IT先端企業の違法行為 illegal act にあるのでない。日本の改革 reform が中途半端 halfway であり、いまだに証券市場が著しく歪《ゆが》んでいることにあるのだ。つまり、小泉・竹中コンビの改革が進んだから、ホリエモンが誕生したのではなく、改革など進んでいないから、彼のような人間が続出するのである。

日本では、ある職業を持つ人々を「○○屋さん」と、「屋」をつけて呼ぶ場合がある。たとえば、「不動産屋さん」「ヤクザ屋さん」などがそうである。そして、金融業界の人々も、たとえば「株屋さん」「銀行屋さん」などと呼ばれる。

ライブドアが演出してきたITベンチャーの裏側 behind the scene には、じつはこういう「○○屋さん」たちがいっぱい蠢《うごめ》いていた。いわゆる日本語でいう「うさん臭い連中」たちである。こうしたうさん臭い連中たちは、時の権力を握る政治家や官僚たちと結びつき、これまで、この国の経済を牛耳ってきた。とくに株の取引は、政治家たちにとっては格好の資金源 easy money source であり、株式市場はうさん臭い連中たちが暗躍 engage in secret する場所だった。だから、日本では一般投資家 general investor が育たず、株式市場はシロウトにとっては手が出せない「危ない鉄火場」high-risk gambling room だった。

しかし、小泉・竹中コンビは、この「鉄火場」に大量のシロウトを引きずり込むことには成功した。とくに堀江のようなIT成金 dotcom rich は、時代のシンボル symbol of the times としてもてはやされただけに、シロウトのマネーを集めるにはうってつけのオトリ decoy だった。そして、ライブドアのようなIT企業が、2005年後半からの株価上昇局面 upward phase でシロウトマネーを大量に集めた結果、日本の株価はさらに上昇した。ここ数年で激増したデイトレーダーはせっせと売買 buying and selling をくり返し、まさに東京市場はミニバブルの様相を呈していた。

実際、2006年が明けてからも、東京の株価（日経平均 Nikkei Stock Average）は上昇を続け、小泉政権が誕生した5年前に比べて

図表2■金融をめぐる出来事と日経平均株価の動き

06年1月 ライブドアショック
12月 金融改革プログラム発表
04年10月 西武鉄道の虚偽記載問題
11月 足利銀行を一時国有化
5月 経営危機のりそな銀行を公的支援
03年4月 産業再生機構設立
10月 金融再生プログラム発表
4月 第一勧業銀行・富士銀行・日本興業銀行が統合
02年1月 三和銀行・東海銀行が合併
4月 小泉政権発足
4月 さくら銀行・住友銀行が合併
01年3月 東京生命が破綻
10月 千代田生命、協栄生命が破綻
00年7月 金融庁発足
12月 日本債券信用銀行を一時国有化
10月 金融再生関連法が成立
98年6月 金融監督庁が発足

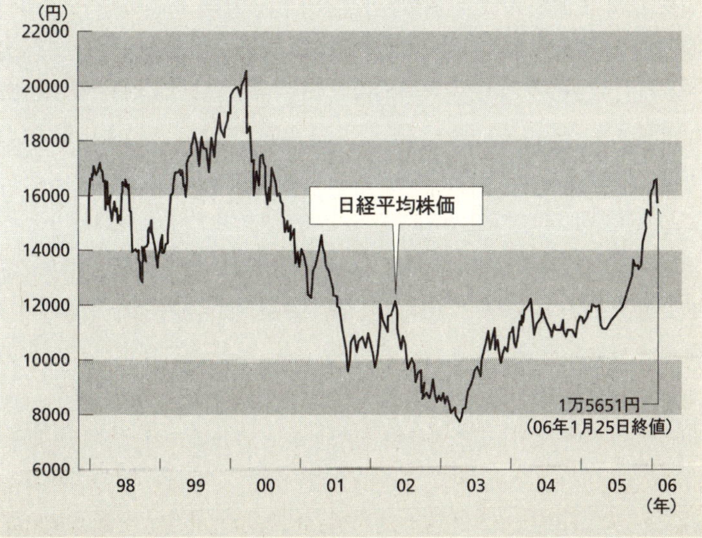

約2000円以上も高くなり、1万6000円台をキープするようになっていた。

株価はまだ値上がりriseする。そう誰もが思うようになったとき、急転直下all at once、ライブドアに地検の捜査が入ったのだった。

地検捜査の翌日、株価は大暴落come tumbling downした。それで、「ライブドア・ショック」Livedoor Shockとまで言われることになったが、このショックの最大の被害者victimsは、こうしたシロウト投資家だった。彼らもまた、ホリエモンとともに地獄に突き落とされたのである。

糸山英太郎とホリエモンの違いとはなにか？

ライブドア・ショックで、シロウト投資家amateur investorsが狼狽《ろうばい》する状況を見ながら、私が思い出したのが、かつてインタビューしたことがある糸山英太郎氏のことだった。彼はいまや日本航空の筆頭株主top shareholderであり、26のグループ企業を統括する大実業家だが、かつては「革命を起こす青年実業家」として、メディアから大いにもてはやされた。そして、31歳で最年少議員として参議院議員に当選get a seatすると、その後は長く自民党に所属して国会議員Diet memberを務めた。農林水産省政務次官を皮切りに、税務や国会対策委員を歴任、自由民主党副幹事長にまでなった人物である。

しかし、彼のこうした華麗な経歴careerの背景には、バブル期に株の取引stock tradingで築いた莫大な資産huge assetsの力powerがあった。糸山氏は、そこまで話していいのかということまで私に語ってくれたが、これらの話を思い出すと、ある時点まで、堀江貴文とソックリなのがわかる。

糸山氏が資産を築けたのは、当時の日本ではインサイダー取引 insider trading が当たり前だったからだ。バブル期まで、日本には証券取引法によるインサイダー取引の厳格な規定はなかった。だから、野村證券を含めて日本の「4大証券」は、すべてヤクザ gangsters と政治家 politicians に株を販売していたと、糸山氏は言った。日本全国にセールスマンを送り込み、同じ株を宣伝しては、それに乗ってくるシロウトの個人投資家 individual investors を餌食《えじき》 easy prey にし、その一方で、優良なクライアントを儲けさせていたと言うのだ。糸山氏は、バブル期にこの野村證券の株を買い、1989年、日経平均がほぼ4万円をつけたとき、すべてを売却した。その結果、彼のポケットには現金で約800億円が転がり込んだという。

つまり、いまのホリエモンはバブル期の糸山氏のような存在だったのである。インサイダー取引を利用して株で儲けた点、また、「新時代の旗手」forerunner of a new age と呼ばれた点など、まさにソックリなのだ。

しかし、この2人には明らかに違う点 obvious different point がある。それは、糸山氏がやって堀江がやらなかったことがあるからだ。

糸山氏は、自民党議員だったとき、20年以上にわたって、周囲の政治家50人以上に、1人平均5000万円のカネを渡してきたと言う。さらに彼は、持田製薬などの株価を操作 manipulate して、中曽根康弘元総理大臣に数億円の利益 profit を上げさせた。それればかりではない。故・田中角栄のためには、「田中さんが死んだとき、秘密の有価証券を処分して、そのお金を全部選挙事務所に届けた」

と、糸山氏はこともなげに言ったのだ。つまり、彼は常に大物政治家 big banana を儲けさせ、さらにほかの政治家にもカネをバラまいてきた scatter around のである。

「私はね、渡した金額と日付を書いた政治家のリストを持っている。これは、私の命の保証としてだ。さらに、それらの情報を持った元検察官も私が世話をしている」

こうまで語られると、もう返す言葉もなかったが、これが日本の政治の実態 reality of Japanese politics であることは間違いないだろう。しかし、同じように選挙に打って出たとはいえ、堀江はこれをやらなかったのである。関係者によると、堀江は「政治献金などムダで、ともかく出資者を儲けさせればいいと考えていた」という。

糸山氏はヤクザと政治家の関係 ties については認めても、それを詳しくは語ってくれなかった。また、金融界との取引の実態についても口を閉ざした tight-lipped。それでも、彼がそのとき語ってくれたことで、ここに書いておかなければならいことがある。それは、有名な旅行会社や IT 業界の有名なベンチャー企業のいくつかの創業時 start-up に、彼が自らの資金 fund を提供したとほのめかしたことだ。さらに、IT ベンチャーの資金集め fund collecting には、ヤクザが多く関わっていると言ったことである。そして、糸山氏は、こうつけ加えたのだ。

「そんなことは警察も知っている」

自殺者まで出ているのに、まだ知らんふり

もう改めて書く必要もないが、堀江貴文と糸山英太郎の違いがわ

かれば、堀江がなぜ検察の餌食 target になったかわかるだろう。彼は、選挙に出て、それだけで政界 political circle のトップとコネクションができたと勘違い misconceive したのではないだろうか？

彼は、ここ数年の自社株の操作 manipulating で莫大な資産を築いたが、それを次々に投資 investment に振り向けるだけで、大事ななにか something を忘れていたと言うしかない。「カネでなんでも買える」と豪語していた彼が、なぜ、これを忘れてしまったのか？じつに不思議なことである。

そしてここでさらに、Chapter 1 で触れた「マンション偽装事件」Condo-fraud Incident と「ライブドア事件」Livedoor Scandal の違いを考えると、ここにも同じような違いが存在する。それは、マンション偽装事件では、業界から政治家に大量の献金 contribution がなされていたということだ。さらに、マンション偽装事件が、ライブドア事件のように検察から動いて事件化したものではないということである。マンション偽装事件の発覚は、内部告発 whistle-blowing だった。ところが、ライブドア事件は「いつか挙げてやろう」と、検察側が用意周到に準備した結果 fully prepared だった。

さらにもう1つ、IT と建設という業界の違いも、この2つの事件の大きな相違点だろう。つまり、政治家が潤い、「政・官・業」の癒着構造 cozy ties がある業界がどちらかということである。マンション偽装事件では、業界から政界への大量の献金と、「官・業」のもたれ合い構造 back-scratching structure が発覚している。しかし、いまのところライブドア事件には、大量の政治献金も癒着構造も発覚 found out していない。ただ、巨額のカネが動いた裏にはなんらかの怪しい動きがあったとされているだけだ。

世の常として、おカネのあるところには人も集まる。そうした人のなかには、前記したように政治家をはじめとして「○○屋さん」が多くいる。

マンション偽装事件に続いてライブドア事件でも、不可解な自殺者 suicide victim が出た。堀江の側近 aide をしていたエイチ・エス証券副社長の野口英明氏は、地検捜査後に失踪し、1月18日、沖縄県那覇市内のホテルで遺体で発見された。那覇警察は「自殺」と発表したが、遺書 note もなければ、遺体の損傷 body's deterioration もまったく不自然なものだったとされている。それも、遺体が発見された場所は、土地のその世界の人間が第三者を引きずり込むにはうってつけのカプセルホテルだった。

野口氏は元証券マンで、堀江に公開取引業務の腕 skill を見込まれて、ライブドアの前身「オン・ザ・エッヂ」に引き抜かれ、マザーズ上場の立役者 key mover となった。つまり、ライブドアの資金の流れについては熟知 well known していて、一部では「ホリエモンの個人資産の隠し口座があるとされるスイスや香港、英領バージン・アイランドなどの情報も握っている」と言われていた。さらに、ヒューザーの小嶋社長も会員だった安倍晋三の後援組織「安晋会」のパーティで理事として紹介されたこともあるという。

野口氏の父親は、「遺体には手首や腕の切り傷だけではなく、腹部もメッタ刺しだった。絶対に他殺だ」と訴えたというが、こうした経過からも、彼が口封じ for keeping quiet で殺されたという疑いは消えない。

野口氏の遺体が発見された日、東京では自民党大会が開かれ、その席上で小泉首相は「改革の芽を大きな木に育てたい」と、この5

年間変わらぬフレーズ never-changing phrase をくり返した。

そして、ライブドア事件に関して、記者たちに質問されると、「そんな人間がいたのか」という顔をして、こう言った。

「採用した社員が不祥事を起こしたら、採用は間違っていたと言えるのか」

また、武部勤幹事長にいたっては、「公認も推薦もしていない。向こうから出たいと言ってきた」と言うのだから、もはやあきれるしかなかった。が、この後、自民党の幹部たちは、批判の声が強まると態度を豹変させ、反省の意を表すようになった。

とはいえ、小泉政権の中枢部は、2005年の暮れに東京地検から堀江を捜査対象にするという報告を受けていた。つまり、彼らはすでに知っていたのである。1度は改革のシンボルともてはやしたホリエモンも、これで、彼らのオモチャにされただけだったことがはっきりした。ホリエモンは、政界からもそして裏社会からも利用されて捨てられたのである。

改革の成果を見せるために株高を演出

「ライブドア・ショック」から数日で、東京の株価 stock price はまた盛り返した。「これで調整がすみ、再び上昇する」と多くのエコノミストが言ったとおりの展開になり、証券市場が受けたショックはそれほどでなかったことが証明 prove された。しかし、それは上辺 surface だけの話である。なぜなら、このライブドア事件が象徴しているのが、いまの日本の「本当の姿」real Japan だからだ。

それは、改革がニセモノ fake であるということ。だから、景気

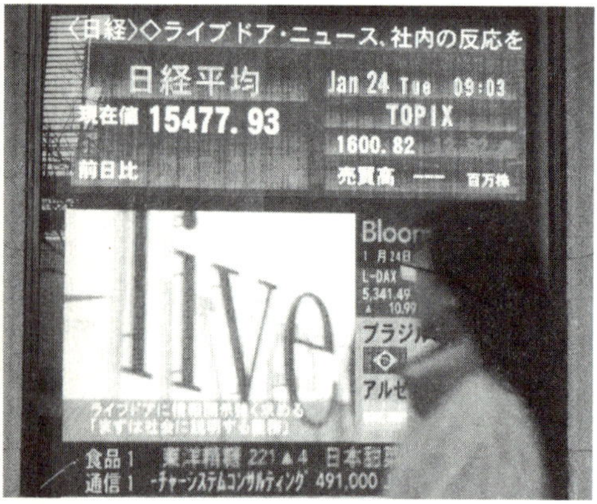

ホリエモン逮捕で「ライブドア・ショック」が襲った株式市場だったが、その後、反転した。（写真／時事通信社）

が回復 recover したといっても、それはなにかがあればすぐにしぼんでしまう非常に脆弱 fragile なものであるということだ。さらに、株価上昇は一種のミニバブルであり、小泉改革によって演出された stage-managed by Koizumi reform フィクションにすぎないということである。そして、このフィクションを成立させるために、日本の大手メディアは偉大なる働き great contribution をしてきた。

堀江は自民党幹事長の武部勤から「選挙に出てほしい」と頼まれた。小泉もそれを喜んで受け入れた。竹中にいたっては、堀江を「改革を進める同志」のように扱った。プロ野球新規参入、フジテレビ買収騒動と、次々に話題dramatic newsを提供してきたホリエモンは、これで完全に政府のお墨付き government's approval を得て、メディアは安心して「旧体制を壊して新しい時代をつくる男」として扱うようになった。いまの日本の大手メディアは、政府のお墨付きがあればなんでも喜んでする旧ソ連や中国のメディアと同じだ。

だから、M ＆ A を仕掛けられてイヤイヤながら業務提携 business cooperation をし、約 1400 億円もドブに捨てた throw 140 billion yen down a rathole というのに、フジテレビは 2006 年の正月の特別番組

『幸せって何だっけ』に、ホリエモンをゲスト出演させ、なんとホステス役の占い師の細木数子による運勢占い fortune-telling まで行った。

細木数子はここで彼を最大限に持ち上げ、「あなたは日本を変えるよい魂と腹を持っている」「真の経済界をつくってほしい」などと言ったあげくに、ホリエモンの質問にこう答えている。

——いつ、ぼくは世界一になれますか？

「私の言うことを聞かないとなれないわよ。十中八九なれる要素はあるけど」

——今年は新規事業で一発ブチかまそうと思っているんですが、うまくいきますか？

「ブチかませるわよ」

細木の占いは当たったためしはないが、ここまで口からでまかせを言う speak at random のでは、小泉や竹中とまったく同じだ。こうしたでまかせが、じつは堀江を増長させ、シロウト投資家を巻き込んだミニバブルまで発生させてしまった。まさに、小泉・竹中コンビの思う壺だ（That's their intention.）。

小泉・竹中コンビには、もともと景気対策 economic stimulation などなかった。首相の小泉が改革を叫び、竹中は市場原理 market mechanism を強調してきただけである。だから、郵政解散後に「踊り場 level off からの脱却宣言」までしてしまった手前、どうしても株高に持っていくほかなかった。

もし、これがうまくいけば、株を抱え込んでいる金融機関は立ち直れるし、選挙対策 as an election ploy にもなる。そこで量的緩和政策 quantitative easing policy は続けられ、ゼロ金利のまま、カネが市場にどんどん供給 supply された。このあまったカネが向かったのが株式市場だった。しかも、これまでの制度改正で、株の売却益 capital gain は源泉分離課税となり、税率 tax rate も引き下げられている。さらに、損失 loss を出しても控除 deduct されるのだから、デイトレーダーのようなシロウト投資家がどんどん生まれていた。そんななかで、ホリエモンのようなマネーゲームをメディアといっしょに持ち上げてきたのが、小泉改革の正体 true character なのである。

とすれば、なぜ、まだ利用価値十分なホリエモンは彼らによって見捨てられたのか？ その答は今後を見るしかないが、彼を利用してきた権力側に大きな変化が生じだしたと見る向きもある。なぜなら、小泉・竹中サイドが彼を切り捨てる理由が見えないからだ。

ともかく、ライブドア・ショックは、ポスト小泉争いの側面を見せつけることになったが、ホリエモンが去った後も、小泉改革のインチキ fraud から、シロウト投資家は覚めていない。シロウト投資家ばかりか、多くの国民も、そして、驚いたことに海外の目まで、いまだに改革が本物だと思っている。その結果、「日本は、小泉改革によって本格的な景気回復局面に入った」「日本に再び日が昇った」という欧米メディアがあるのだから、私はあきれるばかりである。

日本への関心が薄れた欧米メディア

本当に日本経済はテイクオフしたのか？ 日本に再び日が昇ったのか？（Has the sun risen again?）私は、そういう報道をくり返す人々に、こう真剣に問いかけてみたい。この国が抱える本質的問題 essential problem を無視して、そんな目先の報道 myopia report ばかりしていていいのだろうかと……。

確かに、2005年9月の総選挙以後、政府から発表される経済統計 economic figures は、好景気 boom を印象づけるものばかりとなった。その結果、日本全体から危機意識 sense of crisis のようなものがなくなり、悲観論 pessimism より楽観論 optimism が幅を利かすようになった。そのせいか、「財政破綻」financial bankruptcy や「国家破産」national bankruptcy のような本質的な問題は、一般の論議 general argument からはずれるようになってしまった。が、それで問題がなくなったわけではない。

私がもっとも驚いたのは、2005年11月29日付の日経新聞が、コロンビア大学経済学部教授のデビッド・ワインシュタイン David E. Weinstein の「危機は終わった」という寄稿文を掲載したことだった。彼は、最近の日本経済の好調 good performance を示す数字を示しながら、景気回復 economic recovery が本格化したと書き、さらに、懸念されてきた財政赤字も心配ないと書いたのだ。「日本の財政赤字の額は大きいが、正味資産をカウントすると純債務は小さい」と言うのである。

しかし、そこで示された数字は本書の「はじめに」でも書いたように、日本の財務省が発表している数字である。つまり、彼はこの数字を使って、国債と地方債の合計である粗債務 gross debt から政府資産 national asset を差し引けば、日本の純債務 net debt は約315兆円で、たいしたことはないと主張 insist しているのだ。

これでは、ワインシュタイン教授も騙されているとしか言いようがない。彼は、日本がどれほどの隠れ借金 invisible debt を抱えているか考えたことがないのであろう。

こうした楽観論にさらに輪をかけたのが、かつて『日はまた沈む』（"The Sun Also Sets" 1989）を書いてバブル崩壊 collapse of the bubble を予告したビル・エモット Bill Emmott をはじめとする欧米のジャーナリストたちだ。ビル・エモットは 2005 年 10 月に来日して「"Does Japan's Sun Also Rise?" 日本の日はまた昇るのか？」と題する講演 lecture を行い、「日本の景気回復は確実になった」ということを言い出し、そのうえで『日はまた昇る』（草思社 2006）という本まで出版した。そして、「今後 5 年間、生産性の向上で（日は）昇る。しかし、その先はわからない」（『SAPIO』2006 年 1 月 25 日号）などという無責任な発言までしている。おそらく、長く日本を離れているので本当のことがわからなくなったと言うしかない。

また、英『ガーディアン』紙（The Guardian）の東京特派員として私とも仲がよかったジョナサン・ワッツ Jonathan Watts も、「日本にいま日はまた昇る」という記事を書いた。彼は、2003 年 8 月に東京特派員から北京特派員となって中国をカバレッジすることになったが、2005 年 11 月に再び日本を訪れ、その印象 impression を記事にしたのだ。彼は銀座の最高級クラブに行って客足が戻っていると聞き、六本木ヒルズでヒルズ族のバブリーぶりを取材し、さらに永田町で自民党の河野太郎から「日本は変わった」というコメントを引き出して、最後にこう書いた。

「日本が驚異的な成長 tremendous growth をとげた国、あるいは世界経済を脅かす国として新聞の一面 front page of newspaper を飾る時代は過ぎ去った。だが、それほど心配する必要はないだろう。スポットライトが当たらないところで、日本は"普通の国"として繁栄 prosper しているようだ」

いったいみんなどうしてしまったのだろうか？ 欧米メディアの

記者は外側から日本を見るだけ。しかも、この国の国民に対しては責任 responsibility がないから仕方がないと言うしかないのか。しかし、これでは日本のメディアの受け売り retailer でしかない。

このように、欧米メディアの日本分析 analyzing Japan が緩んでしまったのは、日本に対する関心の低下 decline of interest がいちばんの原因だが、逆にそれだけ「日本の危機」が深刻化 worsening したと言えるのである。

国債の海外売り込みで深まった日本の危機

日本が危機的状態になったと私がはっきり認識 recognize したのは、2005 年から財務省が海外で日本国債 national bond の売り込みをはじめたことにある。さらに、その後、この国では、郵政民営化 postal privatization が是か非かという愚劣な議論 stupid argument がくり返され、小泉ニセ改革が進んだので、私の危機感はいっそう深まった。いまここで、この流れをふり返ってみると、日本の危機がますます深まったことがハッキリする。

財務省は、2005 年 1 月のロンドン London とニューヨーク NY での機関投資家 institutional investors 向けの説明会（IR）を皮切り beginning に、これまで、香港 Hong Kong とシンガポール Singapore、さらに欧州 4 カ国（オランダ Holland、フランス France、イギリス UK、ドイツ Germany）などで、国債の売り込みを行ってきた。そして、この売り込みは、今後とも継続 continue to sell していくことを表明している。この結果、日本国債の保有者別内訳の海外比率は 2004 年度末の 4.3％程度から 4.7％程度まで増加 increase した。財務省としては、国債の所有者が国内に偏っているのを避けたいのだろうが、これは、もはや日本国内で国債の引き受け undertaking が限界であるということを示している。

しかし、日本国債は先進国 advanced countries では最低の格付け grading であり、しかも利回り yield も世界一低いのでなかなか売れない。ロンドンの説明会では、当初 100 人の投資家の参加を予定したが、集まったのは 20 人という不評ぶりだった。ここに日本が抱えた大きなジレンマ dilemma があるが、もし、順調に売れたとしても、日本はさらに大きな問題を抱え込む。なぜなら、海外の機関投資家が国債を買うのは高利回り high yield を期待 expect するからで、もし彼らが一定額以上の日本国債を持てば、当然、利益 profit を上げるために「空売り」short selling もはじめてくる。そうすれば、現在、低く抑えられている国債の利回りが、そのまま維持 sustain される可能性は少ない。つまり、国債暴落から財政破綻という道筋 process が、ここに見えてくるのだ。

さらに、財務省は、説明会で「仮に円高が進んだ場合に、日本国債を保有していればヘッジ効果が見込める」などとセールストークをしているが、これは日本が為替介入 exchange intervention をする手を自ら縛ることにつながる。というのは、財務省が円建て国債 yen-denominated bond への投資を求めているからだ。日本が国債を海外で売り込んだのは、1904 年の日露戦争 Russ-Japanese War の戦費調達以来、100 年ぶりのことである。しかし、このときはポンド建て外債であり、為替リスク exchange risk を、投資家ではなく日本政府が負っていた。

ところが今度は円建てであるから、為替市場で円を売ってドルを買うということは、大きな危険 risk をともなうことになる。事実、国債の海外売り込みをはじめてから、日本政府は為替介入をしなくなっている。

しかし、これまで、日本政府は常識では考えられない円売り yen selling を行い、「ドルの買い支え」prop up dollar をしてきた。そうして、アメリカの財政赤字をカバーしてきた。とすれば、国債の海外売り込みは、今後はそれをしないということなのか？ 対米追従路線 diplomatic subservience to the United States を捨てるほど財政赤字が深刻 serious ということなのか？ 郵政民営化 postal privatization は「郵便貯金をアメリカに渡すことである」と、民営化反対者たちは主張した。完全民営化が 2017 年のことなので、その答はわからないが、もしそうとするなら、国債の海外売り込みと郵政民営化は一本の線でつながってしまう。

つまり、日本には、もうアメリカに貢ぐおカネがない。国債の低金利 low interest を維持するのが精いっぱいである。残るのは、郵貯 postal savings に日本国民が貯め込んだおカネだけという話になるからである。

「民営化すればボロボロになる」という与謝野ペーパー

郵政民営化をめぐっては、まだ、不可思議な話 unsolved mystery がある。それは、小泉・竹中が言うように「民営化すればよくなる」というのが、ほぼウソ almost lie だからである。

2004 年 11 月 17 日、政府の郵政民営化準備室は、郵政を民営化した場合、どうなるかという試算 estimation（いわゆる「骨格経営試算」）を公表 announce した。これによると、窓口ネットワーク会社を含めた 4 つの事業会社 4 operating companies の当初 10 年間の収益予測 earnings guidance は、郵便保険会社が初年度の 2007 年度に赤字 red になる以外は、すべての年度で黒字 black を計上することになっていた。これをもって、竹中平蔵がテレビ番組などで説明していたことを覚えている読者も多いと思うが、これがじつはデタラメ unreasonable と言うしかない試算なのである。

なぜなら、2005 年 3 月 18 日、自民党の与謝野馨政調会長（当時）が「郵便事業の将来シミュレーション」というペーパーを配り、まったく別の試算 another estimation を公表したからである。この通称「与謝野ペーパー」には「民営化せずに現在の経営を続けた場合、10 年後までに郵便、郵便貯金、簡易保険の 3 事業とも赤字に転落する」ということが書かれていた。さらに、「郵便事業の将来シミュレーションの考え方」「郵便貯金の経営に関する懸念」「簡易保険の経営に関する懸念」などとタイトルされた中身には、「郵貯は平成 21 年度（2009 年度）より赤字に転落し、10 年間の累積損失は約 1.5 兆円になる見込み」「簡保は平成 27 年度（15 年度）より赤字に転落」「20 年間の累積損失は約 1.6 兆円」といった衝撃的な結論 shocking conclusion が示されていたのだ。

なぜ、こんなにも結論が違ったのか？

その答は簡単である。先の「骨格経営試算ベース」は、長期金利 long-term interest（「10 年物国債」の利回り yield of 10-year government bond）が現状のまま推移するという前提条件 preconditions で試算されていたからだ。これに対して「与謝野ペーパー」は、長期金利がじょじょに上昇するという前提で書かれていた。すなわち、2005

年末には1.9%、2006年末には2.1%、2007年末には2.3%というように想定されていたのだ。

現在のゼロ金利政策 zero-interest policy が異常なのは、もはや論をまたないから、どちらが経済の実態 economic actuality に即しているかは、書くまでもないだろう。

もし、金利が上昇していけば、「定額貯金の解約→ほかの高金利商品、ほかの銀行預金に乗り換え」というパターンで、郵便貯金の貯金者たち depositors の郵貯離れが起こることが予想される。さらに、郵貯の運用 investment は国債が主体だから、資金調達コスト fund-rising cost と運用益 investment profit の差 gap はどんどん縮まっていく。その結果、2008年度以降は国債利回りと同程度の利回りしか稼げなくなる。さらに、金利が上がれば、今度は負債が雪だるま式に増えていくということは、与謝野ペーパーなどなくても誰にでもわかることだろう。

実際、すでに郵貯自体は目減り shrinking している。現在の郵貯の残高 outstanding は約200兆円と言われているが、これがいまどんどん目減りしているのだ。なぜなら、民営化が決定してしまったために、「今後は民間銀行と同じになるなら、安心して預けられない」と考える人々が、解約 account closure に走っているからである。

郵政の完全民営化までの10年間のプロセス step-by-step 10-year privatization process がはじまるのは、2007年10月とまだ先である。しかし、このときまでに150兆円程度までには減っているだろうとする見方もある。とすれば、いったいなんのために民営化が行われたのか？ 財務省は将来ボロボロになる郵貯を知って、責任逃れ avoidance of responsibility のために民営化を急いだのか？ ボロボロになって、アメリカに「もう貢ぐカネもありません」と言うためなのか？

小泉は国民に深々と頭を下げるべきだ

郵政民営化に関しては、あらゆる論議が展開されたが、ハッキリしていることはただ１つである。それは、郵便貯金のおカネ postal money を、これまで政府が好き勝手に使ってきた use money in their sweet way ということだ。つまり、民営化などは、本当はどうでもよく、国民のためには、このやり方を即座に改めるのが、本当の改革だ。そうでなければ、どんなやり方をしようと、日本の借金 national debt は増えるだけで、国家破綻に突入してしまう。

このもっとも単純な話をズバリと指摘したのは、評論家の西尾幹二氏だった、西尾氏は『諸君！』(2005 年 11 月号）の「郵政民営化は財政破綻・ハイパーインフレへの道だ」で、次のように述べている。

小泉首相は借り手である政府の代表として、郵政資金 330 兆円を無計画に使い果してきた責任を感じ、国民が支えた郵便貯金の前に、済みませんでしたと深々と頭を下げるべきではないだろうか。それなのに、何を考え違いしてか、郵便貯金を目の仇にして、威丈高に郵政バッシングをする。これは自分の罪から世間の目をそらすためでなければ、ばかげた自己矛盾である。

国民は首相の完全なペテンにひっかかっている。「改革」というが何を改革するというのか。改革すべきは政府の資金の使途であろう。資金そのものではあるまい。悪いのは首相自身であろう。郵政公社ではあるまい。郵政公社はお金を国民から集めて政府(財務省)に提供しているだけである。

〈中略〉

小泉首相は郵政を民営化すれば「官」から「民」へ資金の流れが出来るとしきりに説いている。それは政府の財政が郵政から独立していて、郵政を切り離しても自分の方は安全と思いこんでいるからである。しかし現実はそうではない。国家財政は郵政に依存し一体化している。郵便局の組織に手をつければたちまち矛盾が吹き出て財政破綻という厳しい現実の復讐を受けるであろう。

(『諸君!』2005 年 11 月号「郵政民営化は財政破綻・ハイパーインフレへの道だ」より)

なぜ日本郵政の社長に西川善文が就任したのか?

郵政民営化をめぐっては、議論ばかりか、あらゆる面で不可解極まりないことばかりが進行した。まずは、その人事 selecting the members からして、改革とはとても言えない。

2006 年 1 月 23 日、郵政公社の民営化準備会社「日本郵政」が発足 set up した。この初代社長 first president に就任したのが、全国銀行協会（全銀協）の会長も務めた前三井住友銀行頭取の西川善文氏である。

この西川氏は就任が内定して以来、「全銀協の過去の主張に遠慮する必要はない。業務範囲はどんどん広げるべきだ」と、郵政幹部に号令 order を出してきた。それにあわせて、全国の郵便局の窓口

2006年1月23日、日本郵政株式会社が発足。竹中平蔵大臣（右から3番目）とその左隣に西川善文・初代社長。（写真／時事通信社）

では、投資信託 investment trust まで売りはじめた。これは、野村證券やゴールドマン・サックスなどが提供 providing するもので、郵便局の窓口でしか買えない、いわば民営化のシンボル商品だが、当然リスクがある。なぜ、こんなことになったかというと、前記したように、今後金利が上がれば、定額貯金の解約が進むからである。つまり、西川氏としてはそれを見越して、民間銀行 private banks との競争 competition をスタートさせたのだ。

しかし、つい2年前まで、この西川氏は、郵政民営化には反対し、「民営化は民業圧迫である。政府出資が残っている間は、郵便貯金銀行の貸出業務への参入は禁止すべきだ」と主張していたのである。

では、なぜこのような人物が日本郵政の初代社長に就任したのだろうか？『選択』（2005年12月号）の「西川郵政は『完全民営化』へ猛進する」という記事によれば、「西川は竹中の絶大な信頼を得ている」からとなる。2002年秋に金融相になった竹中は、不良債権処理 disposal of bad loans を加速する金融再生プログラムを策定したが、西川氏ら銀行首脳は、これに大反対 strongly oppose した。しかし、その後、西川氏のほうから竹中に接近 approach し、2人は急速に親しくなっていったという。

以下は、上述した『選択』の記事の引用である。

典型的なのが04年10月、大手スーパー、ダイエーを産業再生機構送りした時だった。ダイエーはUFJ銀行をメーンバンクにしていたが、三井住友とみずほ銀行も大口債権者だった。竹中は当時「不良債権問題の象徴」とされていたダイエーを何とか産業再生機構に送り込み、不良債権問題の進展を図ろうとしていた。これに対し、ダイエーを監督する経済産業省や融資をしている日本政策投資銀行は、自力再建を主張。するどく対立していた。

このころある銀行関係者は、西川が「ダイエーは絶対やる。落とすぞ」とつぶやいたのを耳にしている。「それが竹中さんの意向を反映したものであることはすぐわかった」。この人物は振り返る。西川はダイエー本体の説得だけでなく、ほかの大手銀行にも根回しをし、機構行きを促し、不良債権処理加速の“功労者”になった。だが三井住友は、自身の不良債権が高止まりしていた。ある金融庁幹部は、

「竹中さんは、西川の役割を評価し、三井住友の不良債権に目をつぶっている側面があった」

と振り返る。このため竹中が金融庁を去った04年10月以降、三井住友は金融庁検査局の厳しい検査にさらされた。主導したのが竹中色を一掃しようとする長官の五味廣文。その結果、三井住友は

05年3月期決算で大幅赤字を計上、西川は表舞台から去らなければいけなくなった。
「あんな立派な人を追い込むとは許せない」。竹中は周囲に怒りをぶちまけ悔しがったという。そして自身の手による西川の復活を狙った。彼を再登板させるのは、民営化後の経営者を選ぶ上で当初から竹中が温めていたアイデア。不良債権処理の恩を郵政人事で返した形だ。それはまた、自身の離任後、手のひらを返したように行政手法を変えて西川を追い込んだ金融庁事務方に対する「当てつけ」でもあった。
　西川を補佐する日本郵政株式会社の取締役の経営委員会のメンバーには、郵政民営化準備室の高木祥吉が入った。高木は前金融庁長官。彼も当初は竹中と対立。長官時代末期には、経営難の朝日生命と、東京海上火災の合併を強要した、というスキャンダルで刑事告発され窮地に陥った。救ったのが竹中だった。以来、竹中に忠誠を誓い、今では最も信頼される腹心の1人だ。

（『選択』2005年12月号より）

「社員持ち株制度」で郵政公社職員は焼け太り

　このような人事のレールが敷かれるなかで、郵政民営化法案が国会で正式に成立した enacted in the Diet のは、2005年10月14日だった。それからしばらくした10月28日、竹中大臣は日本郵政公社労働組合の首脳陣 labor union leaders と初めて会合 meeting を持った。民営化に一貫して反対してきた労組側は、「公務員は楽だ」という竹中発言に、これまで激しく反発してきたので、この会合は荒れること become complicated が予想された。労組側は、民営化に際しての要望書をもってこの席に望み、それを竹中に突きつけた。

しかし、予想に反して竹中は、この要望書 demanding paper をほぼ丸飲み accept almost everything し、「最大限の努力をする」と約束 promise したのである。

労組側の要望書は8項目からなり、最大の眼目 bottom line は「賃下げやリストラはしないこと」であったが、さらに見落とせない項目が盛り込まれていた。それは、「職員の勤労意欲が高まるよう『従業員持ち株制度』の導入に向けて条件整備を図ること」というものであった。

これは、じつはとんでもない要求 request で、これが実施 actualize されると、郵政公社の職員 employees は賃下げ pay cut やリストラ lay off がないうえに、分割・民営化される新会社の未公開株 pre-listed shares まで持てることになる。

郵政公社は2007年10月に民営化のスタートを切り、持ち株会社 holding company の『日本郵政株式会社』の下に部門別に4つの子会社が置かれることが決まっている（**【図表3】**参照）。そうなると、そのうち日本郵政株式会社、郵便貯金銀行、郵便保険会社の3社は上場 list され、莫大なキャピタルゲイン capital gain（上場利益）が生じる。それを職員に分配 providing しろというのである。しかも、郵政公社の労組は分割・民営化される4つの子会社のどこに所属 belong to しようと、上場される3社のどの株でも持てるようにすることを要求したのだ。

普通の民間企業なら、社員持ち株制度 employee stock ownership program では自分の会社の株しか持てないから、これだけでも不

図表3■郵政民営化の流れ

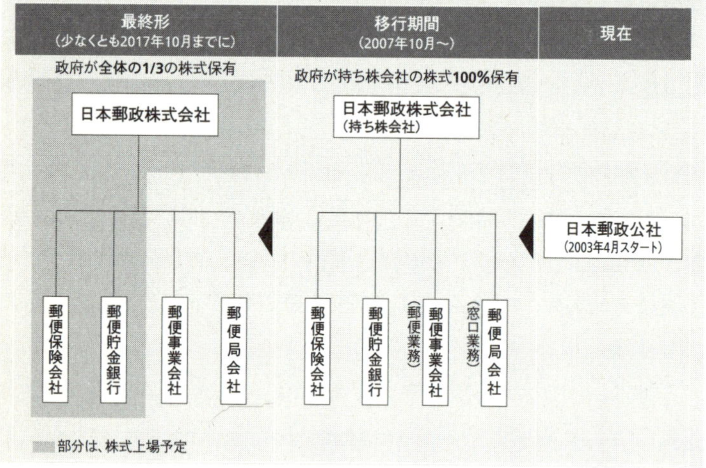

当unfairな要求である。さらに言えば、郵政公社は国民の個人資産individual assetと税金taxでつくられた企業だから、本来の株主は国民である。つまり、これは職員による国民資産の強奪robberyでもある。

ここで、読者はNTTが民営化されたときのことを思い出してほしい。上場されたNTT株は、あっという間に上昇move upし、それに便乗した一部の人々は儲かった。しかし、その後は損をする人のほうが多く、結局は内部の人間だけが潤ったのである。これと同じことが起こるとしたら、郵政公社職員約27万人だけが大金big moneyをつかみ、一般投資家はまたもババをつかまされるのだ。

いったい、このどこが改革なのか、単なる「官」public sectorの「焼け太り」ではないのか？ 竹中は第3次小泉内閣で、郵政民営化担当相に加えて総務大臣を兼任することになったが、内閣府 Cabinet Office の郵政民営化準備室はそのまま『推進室』と改称 change the title して温存した。つまり、総務省と内閣府の両方を掌握 control する体制をつくった。つまり、彼にとっては、改革は利権 right なのである。こう見てくれば、堀江貴文が使ったとされるインサイダー取引 insider trading よりはるかに巨大な規模で、国家ぐるみの犯罪 governmental crime が行われていることがわかるだろう。

だから、私は、この国を「泥棒国家」kleptocracy だと言い続けているのである。

どんどん広がる所得格差と、下流への転落現象

政府による郵政民営化の茶番劇 trick play が行われた間にも、日本経済の実態はどんどん悪化した。株価 stock price はマヤカシで上げられても、ほかの数字はごまかせない。

小泉政権になってから、所得格差 income gap がどんどん広がり、社会は2極化 polarize した。つまり、「勝ち組」winners と「負け組」losers であるが、問題は「負け組」の数がどんどん増加していることである。最近では、「下流社会」lower society と言われるようになり、いまの日本人は、もはやその3分の1が下流に転落 sinking to the bottom したといっても過言ではないだろう。

経済協力開発機構（OECD）の統計によると、その国の平均的な世帯所得の半分以下しかない世帯 household の人口比率は、2000年の時点で、日本が15.3%と、OECD 諸国平均の10.2%を大きく上まわっている。これは、5%前後にとどまるデンマーク Denmark

やスウェーデン Sweden など北欧諸国の 3 倍にのぼり、加盟国で日本より比率が高いのはメキシコ Mexico、アメリカ U.S.A.、トルコ Turkey、アイルランド Ireland の 4 カ国だけである。

この格差の急速な拡大 rapidly gap-widening の原因は、高齢化社会 aging society になって、勤労所得 earned income のない高齢者層が増加したこと、さらに、相続税 inheritance tax や所得税 income tax の最高税率を軽減したことなどの政策ももちろんあるが、いちばんの原因 cause は、長期にわたって不況 recession が続いたことにある。多くの企業で大規模なリストラ massive lay-offs が行われ、雇用形態 employment pattern は一気に変化してしまった。つまり、サラリーマンがどんどん減って、契約社員 contract employee や派遣社員 temp といった非正規社員 nonpermanent employee が増えた。この非正規社員の割合 ratio は、この 10 年間でほぼ 1.5 倍に増え、すでに 2003 年で、3 人に 1 人が非正規社員となっている。しかも、小泉政権のこの 5 年間で急増 rise sharply しているのである。これは、「常用雇用と臨時雇用の関係」に関する統計（総務省統計局「労働力調査」**【図表 4】**参照）を見れば、ハッキリわかることだ。

2000 年は、それぞれ正規社員 3630 万人と非正規社員 1306 万人だったのが、2004 年には 3410 万人と 1649 万人に変化している。つまり、正規雇用が 220 万人減って、非正規雇用が 343 万人も増えているのだ。ということは、多くの企業が正社員 permanent employee のクビを切ってパートやアルバイトを雇っているということだろう。

この雇用形態の変化は、若者にとっては、就職難 job crunch に直結する。そして、このまま若者の就職難が長期化すれば、さら

図表4■雇用形態別の雇用者数の推移

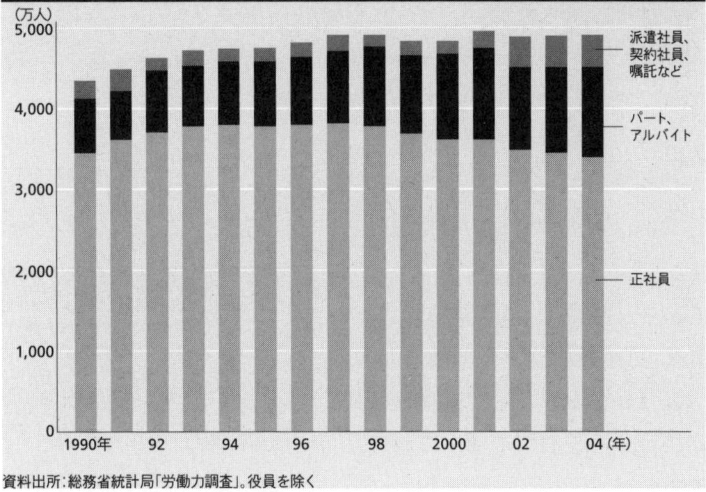

資料出所：総務省統計局「労働力調査」。役員を除く

に広い世代での雇用問題にも発展する。35歳以上になっても定職 regular job につけない「中高年フリーター」は2001年時点で46万人。UFJ総合研究所は、「それが2021年には200万人を超える」という試算をまとめている。フリーターの平均年収は100万円〜200万円。そのまま一生を過ごせば、生涯賃金 lifetime earnings は正社員の4分の1に留まるという。

つまり、これからは、日本人のほとんどが「下流化」していくという、1980年代までとはまったく逆の現象 reversal movement が起こるのだ。

さらに、これが続けば、社会の基本的構成単位 fundamental unit of society である家族 family が、どんどん破壊 destroy されていく。すでに、少子化 depopulation によって、子供がいない夫婦がどんどん増えている。しかし、今後は、結婚すらできない若者が増えるから、日本社会はますますバラバラになってしまうのだ。

結局、おカネがなければ結婚もできない

日本政府は、経済統計は大本営発表 spin-announcement を続けているが、各省の個別の統計 statistics になると、「本当の日本」real Japan を表すものが多い。

図表5■若年男性の結婚率と年収などの関係

（02年時点、年収の単位は万円）

	25〜29歳	30〜34歳
有業者全体	32.4%	57.2%
（うち年収別）		
100〜149	15.3%	29.6%
150〜199	17.4%	34.0%
200〜249	22.8%	40.8%
250〜299	26.3%	42.3%
300〜399	35.6%	52.9%
400〜499	43.9%	62.5%
500〜599	52.7%	71.0%
600〜699	57.6%	78.9%
700〜799	52.2%	76.6%
800〜899	50.8%	74.3%
900〜999	42.3%	65.1%
1000〜1499	72.5%	71.1%
1500以上	73.9%	90.0%
（雇用形態別）		
正社員（役員含む）	34.7%	59.6%
非正規雇用（パート・派遣など）	14.8%	30.2%
自営	47.9%	64.5%
無業者全体	7.5%	15.8%

右の【**図表5**】は、独立行政法人「労働政策研究・研修機構」の調査でわかった「若い男性の所得と結婚の関係」である。これは、仕事の有無や内容、家族関係などについて5年ごとに調べる総務省の就業構造基本調査（2002年、対象約44万世帯）のデータを、同機構の「若年移行支援研究会」が分析 analyze したものだ。

表を見ればわかるように、まずなんらかのかたちで仕事をしている有業男性の結婚率 marriage rate は、25〜29歳で32.4％、30〜34歳で57.2％である。これを、年収別に集計したところ、25〜29歳の年収1000万円〜1499万

円の層では72.5%に達している結婚率が、250万円〜299万円の層では26.3%、300万円〜399万円の層では35.6%と、ガクンと減っている。さらに、30〜34歳では、年収300万円以上で半数以上が結婚しているが、ここでも高収入high incomeほど結婚率が高いという傾向が出ている。

これを雇用形態employee patternで見ると、30〜34歳の正社員permanent workersの結婚率は59.6%、自営業者self-employed workersは64.5%あるのに対して、非正規雇用者nonpermanent workersでは30.2%と、ここでも半分に減ってしまう。

つまり、あまりにも単純な結論だが、「カネがないと結婚できない」のだ。そしてそれは、非正規雇用者であるパートや派遣、フリーターの多くは、家庭がつくれないことを意味している。

これを「人生いろいろ」life is messy「自己責任」self-responsibilityと言っているうちはいいが、どこかで止めなければ、日本は国家として成り立たなくなるだろう。家庭がなくなり、個人がバラバラに自己責任で生きる世界は、人間の世界ではない。

小泉・竹中がお手本にするイギリスの改革がもたらしたもの

結婚もできず、下流社会lower classのなかで生きることは、はたしてどんなことか？ じつは、格好のサンプルがある。それは、小泉・竹中コンビがお手本とする民営化をやりとげたイギリス社会である。1980年代にイギリスに登場した「鉄の女」サッチャーiron lady, Margaret Thatcherは、肥大化した「官」publicの官僚システムbureaucracyを縮小し、「民」privateの活力を引き出すことに成功したと言われている。確かに、サッチャーの民営化政策で、イギリス経済は、「英国病」British disease を治療して立ち直った。

しかし、イギリス経済を復活 revival させた最大の原因は、民営化が生み出した労働コスト labor cost の低減だった。つまり、それまで手厚く保護 warm treatment されていた公務員の仕事 red tape を、ワーキングクラス working class（労働者階級＝イギリスにおける下流）の「民」が引き受けたからである。雇用が不安定 instable で、労働条件 labor condition も劣悪な低賃金労働者 low-wage workers が、底辺で必死にイギリス経済を支えたのだ。彼らは、日本流に言えば、フリーターであり、非正規雇用者である。

『ハードワーク 低賃金で働くということ』（ポリー・トインビー著 椋田直子訳 東洋経済新報社 2005 “Hard Work — Life in Low-Pay Britain”）という本には、その実態 reality があますところなく書かれている。

ポリー・トインビー Polly Toynbee は、英『ガーディアン』紙（The Guardian）の記者で、「貧困と闘う教会活動」という団体から、貧困問題の啓蒙のために、「四旬節 Lent の 40 日間、時給 4.10 ポンド（約 840 円）という最低賃金 minimum wage で暮らしませんか」と提案 suggest され、それを実行した。世界最初の女性新聞記者ネリー・ブライ Nellie Bly が採った手法と同じように、彼女は身分を偽り、その賃金の範囲内で住めるアパートを借り、職探し job hunting をはじめることからスタートした。時給 840 円、週 40 時間働くとすると、その年収は 180 万円ほどだから、日本のフリーター生活とほぼ変わらないだろう。

彼女が体験した暮らしは、まずまったく余裕がなかった。給料

wageをもらい家賃rentや税金taxを支払うと、カーテンレールさえ買えなかった。そうしたなかで、彼女がいちばん関心concernを持ったのは、なぜ、改革されたイギリス社会で、人々がこういう暮らしから抜け出すことget away from such a miserable lifeができないかであった。低賃金の職場に1度でも入ると、もうそれだけで生活がアップアップになる。転職活動をしようと、職場を休めば、その間の時給hourly payは支払われない。履歴書resumeの写真や交通費などのコストも、生活を圧迫depressするうえ、新しい職場に対する不安で、転職job switchingの夢はくじかれる。さらに、彼らをいつまでも職場に縛りつけていたのは、同じ職場で働く仲間たちco-workersだった。

なぜなら、彼らはコスト削減cost cuttingのために、膨大な量の仕事をこなさなければならず、そのために、仲間同士で懸命に工夫をし、絶妙のバランスright balanceをもって仕事を分担shareしていたからだ。つまり、転職をするということは、このバランスを崩し、入れ替わりに入ってくる新人new comerの教育を仲間に押しつけることになる。こうして、低賃金労働者にとって、転職は仲間への裏切り行為treacherous actになってしまい、彼らはいつまでたっても上への階段stepを上れないのである。

「実力本位」という理想が消えたために、すべてが変わってしまった。明らかな不平等にも良心が痛まずに済むのは、実力があれば上へいける、と信じていればこそである。ある種の肉体労働が「単純作業」でも、はしごの1段目にすぎないと思えば、低賃金でも当然と納得する気にもなる。しかし、低賃金労働者がはしごを何段も上がる例など、いまやほとんどないことが明らかになった。たまに1段上がることがあっても、すぐに滑り落ちてしまう。失業状態と低賃金のあいだを、不安定に往復するだけだ。まさに社会的進歩が停止したといわざるをえない。

（ポリー・トインビー著『ハードワーク』東洋経済新報社より）

いま激増しつつある日本の下流の若者の暮らし life in the lower class も、これと同じはずである。最近では、コンビニで弁当も買えない若者も出現しているという。いったい小泉・竹中コンビはなにを考えているのだろうか？

ヤマト運輸の敗訴でわかった民営化のウソ

ここで、話をこのChapterの冒頭に戻すと、2006年1月19日、「ライブドア・ショック」から2日後、東京地裁である判決 judgment が出ている。この判決は、ライブドア・ショックの渦中でほとんど注目されなかったが、郵政民営化がじつは改革 reform ではないこと、官の民への圧迫 pressure from the public to the private でしかないことを象徴していた。

これは、ヤマト運輸が日本郵政公社を相手に起こした裁判 trial で、民営化途上の日本郵政公社の郵便小包サービス「ゆうパック」がローソンではじめたサービスの提供の差止め suspension of service を求めるものだった。ヤマト側は「ゆうパック」が「独占禁止法による不当な廉売」であり、これによって「利益を侵害される」と訴えていたのだが、この請求 caveat はすべて棄却 dismiss されてしまった。

ローソンは郵政公社が「ゆうパック」をはじめるまでは、ヤマトの「宅急便」だけを扱っていたが、「ゆうパック」の参戦 join によってヤマトはローソンからの撤退 withdrawal を余儀なくされてしまった。つまり、まだ官であるはずの郵政公社が民業 private business を圧迫するのはおかしいと提訴 file complain していたのである。

郵政公社は、税の免除 tax exemption などの優遇措置、手紙やハガキなどの郵便事業という独占事業 dominant business を持っているから、これは立派な官である。この官がヤマトのような宅配便業者が開拓した市場 cultivated market に参戦してしまったら、独占禁止法が求める「公正な競争」fair competition が行われなくなるのは当然だ。だから、ヤマトは提訴していたわけだが、判決は「公社側には優遇措置を受ける一方で、郵便料金の認可制などの負担や郵便局を全国に設置する義務もある」と指摘し、「不当廉売かどうか判断できない」とし、ヤマトの提訴を退けたのである。

この判決をここまで書いてきた文脈で言えば、ヤマトの宅配小包サービスのローソンからの撤退は、その仕事で生活をしていた多くの若者の職を奪ったことになる。完全民営化移行まで税金で守られている官が、民の仕事を奪っていいのであろうか？

こんな判決が出てしまえば、今後、郵政公社はやりたい放題 doing everything they want to do になるだろう。本当の郵政民営化が行われるのは、なんと 12 年も先だから、それまでに郵政公社はいくらでも肥大化 expand their business することができる。それも、国民の税金を使いながら、堂々とビジネスができる。これでは、郵政民営化などまったくのデタラメではないか。

小泉は「民でできることは民で」と言った。しかし、その真意

real intention は、「民ができることは官もできる。だから、その仕事を奪え。そのうえで、最後に民になれ」ということにすぎない。

もともと、独占禁止法 antitrust law というのは、民間企業同士の競争を想定してつくられている。だから、今回の判決は、その点に重点を置いて、巧みに判断を避けた節 decision avoidance があった。しかし、法の精神 spirit of the law から言えば、とんでもない判決である。それは、官を助け民をくじいたからだ。

民営化は、単に官を民にするということではない。それとともに規制緩和などを行い、民間経済を活性化させなければならない。そして、「規制緩和」deregulation というのは、もちろんこれまでの規制をゆるめ ease たり廃止 abandon することを指すが、それは政府が市場 market に過剰に介入 over intervention して、フェアな競争が阻害されているから行うのである。したがって、そのためには、より明確で公正なルール fair and clear rule を整備することが求められる。そうしなければ、資本主義自由経済の活力 vitality は保たれないからだ。

しかし、日本の司法にはそんな意識はまったくない。ホリエモンのような IT 成金若者を見せしめ lesson to others にして、社会正義 social justice を実行したふりをし、その裏で権力による犯罪 crime を見逃しているのだ。いまの日本で改革者たちが改革と称して行っていることは、ほとんどが国家犯罪 state crime である。ならば、司法は彼らこそ逮捕 arrest すべきではないのか？ なにしろ、彼らは国民のお金 taxpayer's money を勝手に使い、途方もない借金の山を築いてきたのだから、これに勝る犯罪などありえない。

このように、小泉改革の下では、政府が唱える改革とはまったく逆のことが起こっている。しかも、本来、民の味方であるはずの法の番人たち guardians of the law は、権力側の番人 guardians of the power なのである。

これが、いまの日本のリアルな姿、つまり「本当の日本」である。

妻（国民）にウソをついて借金生活を続けている夫（政府）

では、このChapter 3の最後に、「本当の日本」の姿を、簡単なたとえ話でまとめておきたい。

《日本国を1つの家庭としよう。この家庭の夫（政府 government）は怠け者 lazy で臆病 coward なのだが、妻（国民 people）はそのことに気がついていない。なぜなら、毎月ちゃんとお金を入れてくれるし、働いているように振る舞って pretending to work everyday いるからだ。ところが、夫が実際にしているのは、ウソで固めた借金生活 living on debt で、まともに働いてもいないのだ。

夫がこんな状態になってしまったのは、じつは上司 boss（アメリカ）に誘われたパチンコ（財テク speculative investment）にはまってソンを重ねたからだ。それでも、世の中がバブルでなんとかなったが、バブル以後は、毎月の給料 salary がなくなってしまった。それで夫は、妻に知られるのを怖がってサラ金 loan shark（国債発行 issue of national bonds）から借金をして穴を埋めるようになった。さらに、上司（アメリカ）が競馬（内需拡大 expanding domestic demand）をすすめるので、馬券（公共事業 public works）にも手を出して、ますます借金を重ねてしまった。もともと博才のない夫だから、借金は雪だるま式 snowballing に増えていった。だが、それでもなんとかなっているのは、この借金がローン限度額 debt cap（国民資産 1400 兆円）に達していないからだ。

だから、この家庭はいまも夫婦とも同じ家に住み、同じ車に乗って、同じような生活水準 quality of living で暮らしている。子供たちも、毎日学校に通い、日常生活 daily life は変わりない。

しかし、夫の本当の姿 real condition を知っている妻の親友は、あるときから見るに見かねて、「あなたのダンナはかなり危ない状態よ」と忠告 advice するようになった。でも、妻は取り合わない。なぜなら、夫は博才はなくとも、ウソをつくのはうまかったからだ。「家をリフォーム（改革 reform）しよう」「これからは、オレにできることはなんでもやる（民営化 privatization）」などと言って、妻のご機嫌を取っていたからだ。しかも妻はまだ夫を愛していたし、夫の言うのと同じようなことを毎日の新聞やテレビのニュースが伝えていたからだ。

しかし、夫はだんだんに気が気ではなくなってきた。限度額 limit が近づいてきたからだ。それで、最近は開き直って、「どうせこうなったら、IMF にでもまかせよう。それから、アメリカのハゲタカファンドに頼めば借金をすべて片づけてくれるから安心だ」と考えるようになった。もちろん、こうなれば、家も車も取られ、家庭は崩壊 breakup するので、いまはどうやって夜逃げをしようかと画策 making a plan している。

結局、なにも知らないのは妻と子供たち（国民）だけだった。》

もちろん、この話には飛躍がある。ローン限度額 debt cap といっても、それがいくらなのかは誰にもわからない。国家は個人ではないので、限度額など限定 limit されていないからだ。また、カネの貸し手 lender（国債の引き受け先）であるサラ金は、国内の金融機関や郵貯が主だから、国（夫）にカネを返せとは脅せない。さらに、国民（妻）に夫の借金を返済 repay する気があれば、国家（夫）は生き延びられるからだ。

それでもなお、このたとえ話を否定できないのは、いったい夫の借金がいくらなのか誰もわからないからだ。これは、「はじめに」でも書いたとおりである。

いずれにしても、日本が借金生活をしているのは事実であり、借金を返さないかぎり生活はいずれ行き詰まる come to an end。これは、国家だろうと個人だろうと変わらないことだ。つまり、日本は現在の国家としては「崩壊前夜」the eve of national bankruptcy にある。これが本当の日本の姿だ。

国が滅びようとするなかでの「壁紙の張り替え」

私はこれまで、この国の金融関係者 bankers、政治家 politicians、官僚 officials、外資系金融機関の幹部 executives of foreign financial business などに片っ端からあたり、自分の考えをぶつけてきた。私が期待していたのは、「あなたの考えは間違っている。その理由はこうである。よって、日本は大丈夫である」という答だった。しかし、誰1人として私に反論 oppose しなかった。私のたとえ話を「バカげている」nonsense と一笑に付した人も1人もいない。

また、これまでに多くの日本のエコノミストにも取材したが、彼らもまた否定しなかった。問題があまりにも大きく、なおかつ深刻であるがゆえに、口を閉ざす shut the mouth しかなかったのだろう。そして、日本のエコノミストたちが行っているのは、この問題には直接触れずに not approach directly、毎日のように発表される経済指標 economic index、株価 stock price、消費者物価指数 consumer's price index、日銀短観 Tankan survey、貿易統計 trade statistics、設備投資 business investment、機械受注額 machinery orders received などに一喜一憂しながら「景気予測」forecasting することだけである。この状態は、どう考えてみても異常だ。なぜなら、彼らは、日本人1人1人が今後どうやって食べていくのか、そのためにどうやって富 wealth を配分 distribute していけばいいのかという、経済の基本的な課題 nitty-gritty をどこかに置き忘れているからである。

日本の現状 status quo は、冷戦 Cold War が終結する直前の共産主義国家 communist states の状態に非常によく似ている。ソ連 Soviet Union ではゴルバチョフ Gorbachev が登場し、グラスノスチを唱えていたが、ほかの国の為政者たち policymakers は現状をどう変えていくべきなのか、まったく見当もついていなかった。ただ、自分たちの将来が危ういことだけは感じ取り、国内で権力争い power struggle をくり返していた。

いまの日本でも、郵政民営化が一段落したので、ポスト小泉をめぐっての後継者争い succession race が続いている。「麻垣康三」(麻生太郎、谷垣禎一、福田康夫、安倍晋三)と名づけられたこのレースで、いまのところ安倍晋三が抜け出している leading the race とされ、小泉の意向 tacit will も安倍後継にあると言われている。そして、小泉の意向を受けて、政調会長の中川秀直や総務大臣の竹中平蔵が、消費税引き上げに反対のポーズを取り、引き上げ論者の谷垣禎一を潰しにかかっている。

これでは、できの悪い子をみんなで裏口入学 backdoor entry to school させようとしているようなもので、日本の将来など彼らの眼中にはない thinking nothing about the future も同然だ。国民人気 popularity がいちばん高いとはいえ、安倍に日本を破滅 ruin から救う戦略 strategy があるのだろうか？ また、ほかの候補者 candidates たちも、そういう戦略があるのだろうか？ 国が滅びようとするなかで、単に「壁紙の張り替え」change the wallpaper を議論 argue していても危機 crisis は去らない。

私がここで思い出すのが、かつて将来の首相候補の１人と言われた野田聖子のことである。私は以前『フォーブス』誌記者として、当時、郵政大臣をしていた彼女にインタビューをしたが、そのとき、この問題に触れると、彼女はこう言ったのである。

「これからの日本は、いかにおだやかに衰退していくのかが重要です」

Chapter 4

Big Government
大きな政府

「小さな政府」に向かっているというのは本当か？

小泉政権は改革によって「小さな政府」small government を目指してきたという。とくに竹中平蔵は、根っからの小さな政府論者で、ことあるごとにそれを主張 insist してきた。そして、小さな政府を目指すためには、「規制緩和」deregulation《デイレギュレーション》や「民営化」privatization《プライベタイゼーション》が欠かせないというので、日本の大手メディアも小泉改革を支持 support してきた。そして、2005 年 11 月、第 3 次小泉内閣が発足すると、小泉・竹中コンビは、ついに「公務員の削減」を言い出したので、国民はあたかも日本がそういう方向に進んでいると信じ込んでいる。

しかし、これは本当であろうか？ これから余剰公務員が一掃 houseclean され、日本は小さな政府になるのだろうか？

2極化 polarization が進み、「勝ち組」winners と「負け組」losers がはっきりしたいまの日本では、公務員 public officials は完全な「特権階級」privileged class である。給料 pay も民間 private sector よりいいし、リストラ lay-offs もない。だから、国民は公務員に嫉妬し、その特権階級ぶりが許せなくなっている。そこで、小泉・竹中コンビは「公務員の削減」を言い出したのだろうが、いまのままでは日本が小さな政府になることなどありえないだろう。

もちろん、公務員の数は減るに違いない。しかし、それはあくまで数字上のことであり、今後は「隠れ公務員」hidden officials による「見えない役所」invisible public office がどんどん誕生するだけである。つまり、日本は「大きな政府」big government のままで、国民生活はどんどん貧しくなる方向に進んでいる。

なぜなら、小泉政権になって民営化や規制緩和が進んだとされるが、いまのところ、その証拠はどこにもないからだ。小泉改革がしてきたことは、民営化の名を借りた「官の保護」protect official's right であり、官から民への「看板の付け替え」change the nameplate だけである。中身を変えず、外側だけを変えて、なにかが変わったと見せかけるペテン cheating だ。古い名刺 business card を新しいものに刷り直したと言ってもいい。

このもっとも手の込んだものが、民営化という大義名分 cause のもとに2001年からスタートした「特殊法人改革」である。小泉改革では、特殊法人 special corporation や行政機関 administrative institution が次々と独立行政法人 independent agency や民間会社 private company へと移行した。しかし、ほとんどの特殊法人はいまでも生き残って存続 survive している。そして、これらの民営化された組織は、もう公務員とは呼べないが、実際には公務員と変わらない人々によって運営 manage されているのである。また、統廃合で数が減ったといっても、逆に所帯 size が大きくなったところもあり、職員数 number of workers も経費 cost もほとんど減っていないのだ。

ところが、こうした実態はまるで報道されていない。それればかりか、統計上は特殊法人が官から除外 cut off されて、外側 outside から見ると日本政府はスリム化 become slim したように見えるので、国民もその実態 reality に気づかないだけなのだ。

まさに見せかけ、マヤカシのオンパレード状態ではないか。

自由を謳歌している「見えない役所」

たとえば、建設関係の特殊法人が民営化 privatization によって民間会社になったとしよう。が、これらの会社はいまでも国の許認可 approval and license に縛られているので、その実態はいくら株式会社とはいえ、以前の特殊法人となんら変わらない。とすると、こうした会社がこれまで官製談合 public bid-rigging とされてきたことをやったとしたら、どうなるだろうか？

政府出資の公団なら、官製談合は犯罪 crime であるが、民間会社では犯罪ではなくなってしまう。なぜなら、これらの会社の事業は公共事業 public works ではなく、私企業の契約 private contract に基づいた事業とされるからだ。

このように、小泉マヤカシ改革によって官が手にしたメリットは、計りしれない。まさに「焼け太り」とは、このことを指す。これまで情報公開 disclosure が義務付けられていた政府系の法人は、こうした縛りからも解放 release された。これは、特殊法人、認可法人、独立行政法人、公益法人（社団・財団）からはずれると、情報公開の対象からも外れるというルールがあるからだ。こうして、多くの政府系の法人の名前が政府の資料 document から消え、役員報酬 compensation for directors なども公表されなくなってしまった。

だから、われわれジャーナリストが「天下り」golden《ゴールデン》 parachuting《パラシューティング》についていくら情報公開を求めても、いまでは民間会社という看板を盾にして、彼らはこの要求 request を拒否 refuse し続けている。もちろん、民間会社だから、株主 stockholders や投資家 investors の要求があれば、こうした情報は公開される。しかし、政府が最大株主の場合は、メディアや民間のチェック機能はまったく働かなくなった。

小泉政権になってから、農協全国連、日本商工会議所、社会保険診療法人支払基金など 19 法人が衣替えして、民営化という化粧直しをした。その結果、いまでは政府系の民間組織がどれほど存在するのか、まったくつかめない状況になってしまった。もちろん、あれほど批判されてきた「天下り」の実態も、闇のなかに入ってしまった。まさに、いまは「見えない役所」が自由を謳歌 enjoy freedom していると言っていい状態なのである。

1980 年代の初め、大平正芳首相時代に行われた「行革」administrative reform で、日本の官僚たちは、その特殊な才能 specialty をいかんなく発揮した。このとき、彼らは「ヤミ法人化」という特殊な技法 unique skill を編み出した。こうして、農林中央金庫、日本電気計器検定所、中央労働災害防止協会などが「見えない役所」になった。小泉改革でもこの技法は生きていて、これまでいくつの「見えない役所」が誕生したのかわからない。

2005年11月末、自民党LDPは小泉首相のひと声で、国際協力銀行や国民生活金融公庫などの5つの政府系金融機関を1つに統合unifyすることを決めた。そして、またしても日本の大手メディアは、これを「改革《リフオーム》」reformだと報道した。しかし、政府援助などを政府直轄under the governmentにしてしまえば、これもまた官の思う壺である。おそらく、官僚たちは待ってましたとばかりに担当者を増やし、1つになった金融機関内にどんどん部署sectionを増やして、天下り先を確保するだろう。

こうして、改革の名の下に、いまも「見えない役所」が、次々に誕生しつつあるのである。

誰も指摘しなくなった「徳山ダム問題」

たとえば、2003年10月にできた水資源機構も「見えない役所」の典型typical caseだ。なぜなら、この機構は独立行政法人となったいまも、その前身である水資源開発公団と、事業内容businessをほとんど変えていないからだ。

水資源開発公団は、これまで多くのダムを建設constructしてきた。日本経済が発展を続け、国土の開発developmentが必要だったころは、ダム建設にもそれなりの意義utilityがあった。しかし、いまやこの国にダムは不要unnecessaryである。そこで、政府は「これからは新規の開発はせず、施設改築や管理に重点を置く」と、この機構を民営化するときに説明した。ところが、いまでも水資源機構は、建設・調査中の事業を止めるどころか、徳山ダムなどの建設を続けて continue to construct いる。

この日本最大のダムは、岐阜県藤橋村の揖斐川《いびがわ》上流にあるが、いまでも着々と工事が進んでいるから、完成予定とされる2007年には、本当にでき上がってしまうだろう。

徳山ダムは、1976年に事業認可 project permit され、2000年に本体の着工に入った。このとき、すでに日本では水あまりが指摘され、時代の流れ trend は「脱ダム」に向かっていた。しかも、事業費は1985年の算定では2540億円とされていたのに、2003年8月、事業者の水資源開発公団は突然、事業費がさらに1010億円必要だと発表した。約4割もの大幅アップである。開発公団の当時の説明によると、「環境対策やダム・道路の設計変更が重なったから」だというが、そんなことを信じる人間などいない。初めからドンブリ勘定 sloppy accounting で予算 budget を組んでいただけである。

日本のダム建設は、ダム水系の流域にある自治体にも、費用負担 cost burden の義務がある。だから、この増額が発表されたとき、愛知、岐阜、三重の3県と名古屋市は、いっせいに反発した。また、ダム建設に反対する住民が起こした裁判 trial では、同水系の都市用水の供給能力 water supply potential は、需要予測 demand forecast を6割も上まわっていることがわかっていた。

ふつう、ここまでムダがわかれば、こんな工事は中止だろう。しかし、政府は国の負担を644億円増やし、自治体側の負担を抑えることで話をまとめ、公団を独立行政法人化したのである。

徳山ダムの工事を受注 receive したのは、倒産した青木建設、同じく倒産した東海地方最大のゼネコンと言われた大日本土木、それに旧住友銀行から「債権放棄」debt waiver《デット ウエイバー》を受けて生き延びている熊谷組だった。これらを私は「ゾンビ企業」corporate zombiesと呼んできたが、彼らの「政・官・ヤクザ」との癒着cozy tiesが、いまだに工事を続行させていると言えるだろう。この癒着で、いったいいくらのカネが、これまで政治家や官僚に賄賂bribeとして流れたのだろうか？ 徳山ダム問題は、一時は大手メディアも取り上げたので関心を呼んだが、いつの間にか報道されなくなり、国民の意識concernから消えてしまった。もはや誰も指摘しなくなったが、ダムができればこうした癒着構造もダムの底深く沈められてしまうだろう。

官僚たちが骨抜きにした独立行政法人改革

そもそも「独立行政法人」というのは、その名のとおり、行政から独立get independentして公共事業を行う機関である。これは、英語では単に「エージェンシー」agencyといい、この行政管理の改革手法はスウェーデンSwedenで最初に導入され、1980年代末のイギリスU.K.でサッチャー政権によって推進されて大成功big successをおさめた。サッチャーMargaret H. Thatcherは、このエージェンシー化によって公共部門public sectorに市場原理market mechanismを導入し、行政サービスの質quality of serviceの向上と効率化efficiencyを図ろうとした。こうすれば、それぞれのエージェンシーは、その業務に関して責任responsibilityを持ち、赤字red inkを出さなくなるからである。

こういう海外で行われた政策にすぐ飛びつくのが、竹中をはじめとする海外かぶれのエコノミストである。彼らは、日本が海外諸国とシステムも文化も違うことを無視 ignore し、ただ、功名心 ambition のためにそれを実行しようとするから、たちまち官僚たちに足下をすくわれる。

イギリスでも、スウェーデンでも、そして私の母国カナダでも、民営化改革がはじまると、真っ先に公務員の給料カットとリストラが行われた。カナダは 1990 年代のはじめ、先進国中では財政赤字 financial deficit が最悪だったが、1994 年の改革では連邦政府公務員の 15%のクビが切られた。

つまり、エージェンシー化するなら、ここで行われるのは、真っ先に給料カットかリストラだ。民間の原理 principles を導入するのだから、これは当然である。ところが、日本の官僚たちは、この新しい制度を見事に骨抜き emasculated にし、新しい「役人天国」officials' paradise をつくり上げてしまったのだから、敬服するしかない。

独立行政法人は、民間と同じように、「目標管理」management by objective と「事後評価」ex-post evaluation を導入 bring in し、不採算事業 unprofitable venture の廃止や見直しを行うと言われた。しかし、日本では、この評価 evaluation は、基本的には所管省庁の委員会（＝官）が行うことになったのだから、まさにペテンである。官僚が官僚のクビを切るわけがない。というのは、そのどちらも官僚たちの仕事だからだ。つまり、結局は「官僚による官僚のためのビジネス」business by the bureaucrats for the bureaucrats が続いていくにすぎない。

2005 年には、小泉改革の最初の成果 fruit とされた「道路公団改革」により、道路関係 4 公団の資産 asset と債務 debt を引き継ぐ日本高速道路保有・債務返済機構が発足した。しかし、道路公団改革では「もうムダな高速道路はつくらない」とされたにもかかわらず、2006年1月13日、国交省は「高速道路整備計画のうち、事業主の決まっていない未開通区間の19路線すべてを建設する方針である」と発表した。なんのことはない、結局、9342キロを全部つくることが決まったのだ。

そして、2006年度中には、さらに、年金資金運用基金（旧年金福祉事業団）を改組する年金積立金管理運用独立行政法人と、住宅金融公庫を廃止し住宅ローン証券化を支援する独立行政法人が発足する。

これらが、「茶番」foul playでなくしてなんであろう。日本が小さな政府になりつつあるというのは、小泉政権と大手メディアがつくり上げたフィクションなのだ。

都市再生機構という名で生き残った住宅公団

小泉政権と官僚たちが改革をもてあそんでいる例はまだある。2004年7月に独立行政法人となった都市再生機構がそうだ。この法人agencyは、元をたどれば1955年に設立された日本住宅公団であり、1981年に住宅・都市整備公団、1999年に都市基盤整備公団と、これまで2度も「看板の付け替え」changing the nameplatesを行ってきた。そして、2004年が3回目の看板の付け替えだったが、その中身はいまもほとんど変わっていない。本来なら、民営化の促進で、事業自体を整理trimして縮小downsizeするか、あるいは解散dissolveすべきだったのに、小泉政権による都市再生政策で息を吹き返して breathe life into しまったからだ。

もちろん、分譲住宅事業からは撤退 withdrawing し、賃貸住宅事業やニュータウン事業も縮小した。しかし、新しく制定 establish された都市再生機構法によって、不良債権化した土地を買い取り、それを民間企業に売却するという事業をはじめたのである。これは、「土地有効利用事業」という名の「民間事業《プライベートビジネス》」だが、その中身はとても民間事業とは呼べない。

というのは、この事業が、もともとは税金 tax money を使った事業だったからである。この土地有効利用事業は、金融破綻が続いた1998年に国の総合経済対策 economic package の一環としてはじまり、まず3300億円の税金が計上された。この税金を原資 base にして、当時の住宅・都市整備公団は、土地の売却申し込みを受けつけ、民間の土地を買い上げることになった。

その手はじめは、1999年1月に取得したレナウン（当時）本社の土地だった。この土地は、ほかに買い手 buyer がいたにもかかわらず買い上げられ、明け渡しまで2年の猶予 moratorium が設けられた。これは、民間なら考えられない優遇措置 warm treatment だったから、レナウンは本社ビルをそのまま使い続けることができた。

しかもレナウンは、この売却資金のおかげで社債 corporate bond の償還 redemption まで行ってしまった。そしてその後は、三菱製紙、日産自動車、三菱重工業、大成建設、中央三井信託など、そうそうたる大企業が、この事業の恩恵 benefit を受けてきた。つまり、これは、税金を使ったゾンビ企業の救済措置 bailout だった。だから、これらの企業が安定し、金融危機が去れば、本来なら不必要になるはずの事業だった。

それがどうだろう。この事業はいまも続き、そのうえ独立行政法人になってしまったのである。都市再生機構には、もはや救済すべき大手企業はない。そのため、企業がいらなくなった土地を買い上げるだけの単なる土地収用ビジネスをしているのである。

日本では、1度できてしまったものは、いつまでたっても終わらない。「はじめに」で述べた戦艦大和の例を持ち出すまでもなく、時代環境がいくら変わろうと、それは続けられていくのだ。

ハゲタカファンドと東京に進出した山口組

いま、東京の青山通り周辺を歩けば、都市再生機構が取得し、そのまま放置されている広大な空地 wide vacancy が目に飛び込んでくる。なんでこんな都会のど真ん中 heart of the metropolis に、こんな広い土地が？——と驚く。これが、かつて「超過密都市」super-congested city とまで言われた東京の姿だろうかと、思わず目を疑うくらいの広さだ。

しかし、驚くのはそればかりではない。この広大な空地の周辺では、時代が逆戻りした turn the clock back と思えるような「地上げ」が行われ、「ミニバブル」というような状況になっていることだ。関係者 informed source の話を聞くと、その原因はいずれ都市再生機構が持つ空地は開発 develop される。そうなれば、「周囲の土地も都市再生機構が買い取るだろう」という思惑が広がったせいだという。

政治絡みの開発計画 development project と、それに群がったゼネコン general constructors、そして、金を貸す銀行 banks、汚い仕事 dirty business を引き受けるヤクザ gangsters などによって、バブル期までの「土建国家ニッポン」は運営されてきた。しかし、それはバブルの崩壊 collapse of the bubble によって行き詰まり、大量の不良債権《バッドローンズ》 bad loans が生まれた結果、すでに過去の話 thing of the past になったはずだった。ところが、この青山通り周辺では、またしても当時と同じことが起こり、再び土建国家の足音が聞こえてくるのだ。

ただ、昔と違うことが1つだけある。それは、こうした「ミニバブル」の背後 behind に、アメリカ発の「ハゲタカファンド」vulture fund の名前が出てきたことだ。なんと、青山通り沿いのある一等地を地上げしたのは、投資ファンドのサーベラス US investment fund Cerberus Group で、サーベラスはそれによって巨額の利益を得たという話が聞こえてきたからだ。サーベラスはこれまで、UFJ が持っていた国際興業向け債権約5000億円を半額で買い取ったり、昭和地所を傘下 under control におさめたり、西武鉄道の持ち株会社・西武ホールディングスの株を引き受けるなどのビジネスを展開してきた。そして、いまでは、ほかのハゲタカファンドと同じように、都内の土地取引ビジネスにも進出しているのだという。

これを伝えたのは毎日新聞（2006年1月12日付）だったが、この報道によると、青山の地上げの背後には暴力団関係者も暗躍していたというので、正直私は驚いた。というのは、これは、昔の日本の大手メディアでは考えられないことだからである。

もちろん、これに対してサーベラス側はニューヨークの連邦地裁に提訴し、1億ドル（約115億円）の損害賠償を求めた。サーベラス側の主張は「中傷にすぎない。違法取引の根拠がない」というものだが、その真偽 true or not はともかく、こうした話が出ること自体、いまの東京がミニバブルになっていることを物語っている。

ハゲタカファンドとヤクザの組み合わせ combination は、かつての土建国家では考えられないことだったが、ここ数年の日本では珍しくなくなっている。それは、日本に進出してくる投資ファンドが日本人の専門家を雇い、日本の状況に精通するようになったからだ。私は、CIA の筋から、日本進出のハゲタカファンドがヤクザと組んで不良債権ビジネスを行っていることを、それこそ何度も聞いている。不良債権ビジネスは、この国ではヤクザなしでは成立しないからだ。そして、それとともに、いまではヤクザの世界 underworld も大きく様変わりしている。

これまでは、東京で山口組の名を聞くことは珍しかった。しかし、2005 年の後半からは、ひんぱんに耳にするようになった。

山口組は、2005 年 7 月 29 日、神戸市の総本部で渡辺芳則《わたなべよしのり》前組長の引退 retirement に伴う「代替わり」boss change を行い、6 代目組長に、名古屋に拠点 base を置く弘道会出身の篠田建市《しのだけんいち》（司忍《つかさしのぶ》）組長を選んでいる。関西以外の組織の親分が山口組の組長になるのは史上はじめてのことだったが、この新組長が最初にしたことが、なんと「東京進出」getting into the Tokyo market だった。

篠田組長は、6 代目に就任 assume するやいなや、関東二十日会のメンバーで銀座や渋谷などに縄張り patch を持つ国粋会と兄弟分の盃を交わしたのである。つまり、これは、山口組が東京に直系の縄張りを持つことを意味していたから、関東二十日会に所属するほかの組の親分たちはびっくり仰天した。関東二十日会は、稲川会、住吉会などが主要メンバーで、これまでは山口組の東京進出を防ぐ防波堤 breakwater になっていた。そして、この世界では長い間、「山口組は東京には縄張りをつくらない」という不文律 unwritten rule があったからだ。

しかし、国粋会の山口組への寝返り switch sides で、これはあっさりと破られてしまったのである。

都市再生機構の話がハゲタカファンドに波及し、こうしてヤクザにまで行き着く。なんでだろうと思われる読者もいると思うが、私が言いたいのは、このように日本経済はなにも変わっていないということである。小さな政府も、民営化もマヤカシにすぎず、実際にはメンバーが入れ替わっただけで、土建国家は続いているのだ。

Chapter1 で書いた「マンション偽装事件」condominium-fraud incident も、その構造自体 structure itself は同じである。マンション建設も、結局は土地から出発してカネを生み出すビジネスであり、その背後 behind the scenes には、アンダーワールドの人間たちが暗躍している。これがピラミッド social pyramid の底辺 bottom なら、その上に不動産屋、建設会社、設計屋などがいて、さらに銀行などの金融機関、民営化した旧官僚組織が乗っかっている。そして、このピラミッドの頂点 top には政治家と官僚が居座って、改革と称してインチキをやっているのである。

ヤクザのほうがよほど市場経済を知っている

「小さな政府」などとタワゴト pure nonsense を言っている小泉・竹中が、本当に学ぶべきなのは、日本の民間経済 private economy

のリアルな姿だろう。はっきり言えば、東京に進出した山口組のほうが、彼らよりよほど市場原理主義者である。

というのは、6代目組長になった弘道会の篠田建市組長は、従来の山口組ならけっして選ばれなかった組長だからである。下馬評では according to rumor、渡辺前組長の体調の悪化もあって、出身母体の山健組幹部から新組長が選ばれるという見方 aspect が有力だった。伝統的な禅譲《ぜんじよう》 orderly succession で決まるだろうと言われていた。しかし、そういった下馬評を覆《くつがえ》したのは、やはり、実績 performance だった。弘道会は、組員数3300人、名古屋では最大の組織であり、最近は中部国際空港、愛知万博などで好景気 booming の名古屋経済を背景にして着々と利権 rights を築き、勢力を拡大 expanding of power してきたからだ。つまり、ヤクザの世界も「成果主義」performance-based system になり、「年功序列」seniority system が廃《すた》れたということである。

事実、新体制になった山口組では、座布団のいちばん後ろから「100人抜き」をした幹部 group boss も生まれている。「兄貴分」も「弟分」もいまは昔、ヤクザの世界も完全な競争社会 rat race に生まれ変わっているのだ。だから、ハゲタカファンドとも手を組むし、表の世界で企業による M&A が行われているように、統合・再編 integration and reorganization もどんどん行われている。これは、日本の官僚たちがやる「看板の付け替え」ではなく、本当の改革である。「シノギ」competition というのは、それほど厳しいもの severe と、日本の官僚たちは知るべきなのである。

しかも、最近では博士号 PhD や MBA をもつヤクザや、ロースクール出身のヤクザもいるから、ゾンビだらけの日本政府より、ヤクザのほうがよほどマシ better ではないかと、私には思える。

警察庁によると、暴対法が施行された 1992 年当時の暴力団員は準構成員を含めて 9 万 600 人。その後、7 万 9300 人まで減少したが、1996 年からは増加に転じ、2004 年末現在では、日本にはヤクザが 8 万 7000 人いるという。つまり、日本経済の低迷《スランプ》 slump とともに、ヤクザの世界でも厳しいリストラ massive pay-offs が行われ、最近、やっと回復 recovery してきたということである。しかし、日本の官僚組織《ビュアラクラシー》 bureaucracy は、この間まったくリストラされず、お気楽 easily に生き続けてきた。そして、これからも生き続けるだろう。リストラされるといっても、それは下級役人 petty officials だけで、幹部は安泰である。しかも、看板を付け替えて民間を装った「見えない役所」が、彼らの天下りをこれからも受け入れてくれるはずだ。

話を都市再生機構にもどすと、都市再生機構は 2005 年 9 月末までに、10 坪単位の小さな区画 lot から広大な工場用地 factory space にいたるまで、じつに 121 地区(約 124 ヘクタール)を取得している。そして、その取得額の合計は、なんと 4910 億円に達している。

前記したように、この事業は金融危機 financial crisis の緊急対策 emergency countermeasure ではじまっているのに、これでは単なる不動産屋 real-estate agent であり、バブル期の「土地転がし」となんら変わらない。本当にこんなことでいいのだろうか？ しかも、原資 capital は、国民のお金、つまり税金である。

小泉・竹中コンビがそれほど民営化好きというなら、都市再生機構は即刻解散させて、税金を本来の持ち主である国民に返すべきであろう。

マルクスもケインズもハイエクも仰天の理想国家

息を吹き返した「ヤクザ」gangsters、ニセ民間事業として肥大化した「見えない役所」invisible public offices 、暗躍する「ハゲタカファンド」vulture funds などが、いままた国民の税金に群がっている。そして、2006年2月のこの時点で、小泉首相は、「日本橋再開発事業」にいたく乗り気 willing であるということが伝えられている。これは、首都高速道路を移転させて、昔の景観 city scape を取り戻そうということで提唱されたものだが、もし、それをするとなると、数千億円の予算 budget が必要と言われている。そんなことをするなら、増税項目の1つでもなくすのが、「小さな政府」がすべきことなのではないか？

小泉・竹中コンビの小さな政府政策は、最近は「新自由主義」neoliberalism《ネオリベラリズム》 などと言われだしている。しかし、実現する可能性 realizable possibility などほとんどない彼らの政策を、「新自由主義」などと呼んだら、それこそハイエク Friedrich August von Hayek は怒りだすだろう。ミルトン・フリードマン Milton Friedman は卒倒してしまうに違いない。

日本経済が繁栄 prosperity を謳歌していたころ、アメリカのリビジョニスト revisionist（日本異質論者）たちは日本のシステムを分析して、日本を異質 different in kind の資本主義国と結論づけた。いや、資本主義 capitalism《キャピタリズム》 というより、その体制はむしろ社会主義 socialism《ソーシアリズム》 であるとした。そして、あるジョークが生まれた。このジョークを最近出た本が紹介しているので、以下それを引用してみたい。

マルクスとケインズがあの世で出会い、そして激しい議論を始めた。

相反する思想を持った二人、やはり意見は合わなかったが、たった一つだけ結論の一致をみた話題があった。それは、

「自分の理想を体現した国家はどこだろうか？」

という問いであった。二人とも、

「日本」

と答えたのである。

(『世界の日本人ジョーク集』早坂隆　中公新書ラクレ)

はたして日本は、いまもこの2人の偉大な経済学者の理想 ideals を体現しているだろうか？

私なら、この2人の議論 argument のなかに、ハイエクを加え、再度こう質問させる。「日本は、本当にあなたがたの理想を体現していますか？ よく見てごらんなさい」と。

経済学者として、社会主義経済学 economics of socialism やケインズ経済学 Keynes' economics に対する徹底した批判を展開したハイエクは、著書『隷従《れいじゅう》への道』(東京創元社 1992 "The Road to Serfdom" 1944) で、社会主義やケインズ主義を生み出すにいたったそもそもの思想的基盤を問題にしている。ハイエクの結論 conclusion は、それは「計画主義的思考」、すなわち社会をなんらかの計画に基づいてコントロールしようという合理的思考 rational thinking だった。しかし、いまの日本のトップにそんな思考があるだろうか？

ハイエクの言葉を聞いて、マルクス Karl Marx とケインズ John

Maynard Keynes は日本を観察し直すことにした。そして、しばらくして2人はこう言った。
「いまのこの国にはそもそも計画主義的思考というものがない。これは私たちの理想国家の姿ではない」
こうして、今度は3人とも意見が一致したのだった。

「小さな政府のために大増税する」という矛盾

このように、いまの日本の改革は支離滅裂《しりめつれつ》だから、「小さな政府」などできようがない。前記したように、小泉政権は、2005年の暮れからさかんに公務員 public officials の削減 reduction を言い出したが、それならなぜ増税 tax hike を急ぐのだろうか？ これまでの民営化政策によって、小さな政府ができているなら、なぜ、それほどまでに増税をしなければならないのか？
「民間にできることは民間で」というのが、小泉の口癖 favorite phrase である。とすれば、国民の税金を使ってやる事業は当然縮小されるか整理されるので、税金負担は減るはずである。
ところが、公務員の削減案とセットで出されたのは、大増税案だった。2005年12月15日、自民・公明両党 LDP and New Komeito は、2006年度の与党税制改正大綱を決定したが、それによると、国・地方を合わせた増税規模は、なんと2兆円である。
所得税・個人住民税の定率減税は2006年には半減され、2007年には全廃される。また、タバコや第3のビールの税率 tax rate も上げられ、年収700万円の夫婦に子供2人のモデル世帯で、2005年に比べて8万2000円も負担させられるのだ（Chapter 1【図表1】

参照)。そして、いずれは、消費税も確実に値上げされる。

アメリカの共和党 Republican Party の政策は、伝統的に小さな政府である。これは、ハイエクの思想を取り込んでいる。だから、2005年12月1日、ブッシュ政権 Bush administration の大統領諮問委員会 President Advisory Council は、これまで検討されてきた連邦レベルの消費税導入を再び見送った。その理由は、「消費税を導入することは大きな政府《ビッグガバメント》につながりかねない」というものだった。

1980年代のレーガン時代も、小さな政府が追求された。レーガン税制は、全体としては富裕層 wealthy class に有利な税制改革だったが、基本的には「減税」tax reduction だった。1986年の税制改革では、低所得層 lower-income class の勤労所得税額控除が拡大され、課税最低限 lowest taxable limit も引き上げられた。そして、このときも、連邦レベルでの消費税導入案は退けられている。

しかし、この日本では、アメリカ一辺倒 devotion-to-US の首相と、アメリカの代理人 US agent と言われる大臣によって、「小さな政府にするために大増税をやる」という、アクロバットのような政策 policy が進められているのだ。彼らは消費税のアップには反対しているが、財務省と結託 integrated した政権であるから、それは表向きのこと。つまりポーズだ。その証拠に、反対の理由 main objection は「時期が早い」too early というだけで、やらないとは言っていないのである。

いったい、これのどこが「新自由主義」neoliberalism なのだろうか？アメリカがお手本 text のはずの政権が、アメリカと逆のことをやるというのは、もはや滑稽をとおり越している。こんな矛盾したことをやった国は、歴史上ありえなかった。

つまり、彼らが言う小さな政府というのはウソなのである。本当は、さらに大きな政府ができつつあるのだ。しかも、それは始末の悪いことに、表面上はわからない「見えない大きな政府」invisible big government である。

もしこのまま、小泉内閣が計画する「大増税」と「小さな政府政策」(マヤカシ)が進めば、国民は際限なく貧乏 never-ending poor になるだけだろう。結局トクをするのは、財務省を中心とする官僚たちだけである。

だから、彼らが言う小さな政府という言葉に騙されてはいけない。それは、国民を欺く fraud upon the public ための手段でしかない。財政破綻の危機が迫ると、このように、国家は泥棒に変身してしまう turn into a thief のである。

小さな政府というのは公務員の数だけの話ではない

日本国政府は、このようにこれまでも「大きな政府」であり、今後も大きな政府であり続けようとしている。大手メディアやエコノミストは、政府発表の統計 figures を基にして、「日本は諸外国に比べて十分に小さな政府である」などと言うことがあるが、これはウソ八百 obvious lie である。なぜなら、彼らの主張の根拠 basis は、たとえば「人口に対する公務員数」だったりするからだ。これだと、確かに日本の公務員の数は少ない。しかし、公務員の数が多ければ大きな政府であり、少なければ小さな政府などということはありえない。「大きな政府・小さな政府」というのは、公務員数の話ではなく、公的部門 public sector の規模と構造 scale and structure の問題だからだ。

つまり、公的部門の規模がどれくらいかと考えれば、日本には、前記したような「見えない役所」があり、民間会社といえども準政府部門 quasi-governmental sector と考えられる組織がある。そのうえ、天下り golden parachuting があとを絶たない。だから、こうしたことを全部含めれば、もしかしたら、旧ソ連以上の大きな政府かもしれないのだ。要するに、公的部門 public sector（パブリック・セクター）でどれくらいの人間が食べているのかと考えればわかりやすい。

さらに、構造的なことでいえば、日本のシステムは規制 regulation がまだまだ多い。規制緩和 deregulation は十分に進んでいない。だからこの点でも、日本は大きな政府なのである。したがって、小泉・竹中コンビが「公務員の削減」をいくら言っても、それだけで小さな政府が誕生するなどということはありえない。ここのところを多くの国民が誤解 misunderstand している。

1990 年代、日本は「内需拡大」domestic demand expansion をアメリカから突きつけられ、それを公共事業 public works で達成しようとして泥沼 morass にはまった。これは、「業」と癒着した日本の「政・官」が内需拡大を自分たちの都合のいいように解釈した結果だったが、結局は公的部門が拡大するだけで、最終的には民間経済を圧迫してしまった。

民間部門を拡大し、それを活性化 vitalize していくのが、「新自由主義」であり、小さな政府の役割なら、日本はいまだにそうなっていないのである。結局、いまも消費 consumption が回復しないのは、民間部門を公的部門が圧迫しているからにすぎない。

なぜ、これを誰も言い出さないのか。そして「民のできることは民に」などと言っている首相は、この先なにをやりたいのだろうか？

これまで銀行がやってきたことを思い出せ！

「金融不安は完全に解消し、金融秩序は回復した。これからは郵政民営化だ」

と、小泉・竹中コンビは、2005年9月の総選挙に圧勝した後、宣言 declare した。そして、郵政民営化法案 postal privatization bill はあっけなく成立した。しかし、日本の金融問題 financial issues は本当に終わったのだろうか？

確かに、日本の大手金融機関は2005年9月の中間決算 for the half-year ending September で、空前の利益 profits を計上した。大手銀行・金融6グループ合計の税引き後利益 after tax profits は、なんと1兆7293億円に達した。これは、前年同期の利益《プロフィッツ》の約22倍にあたり、あのバブル期をはるかに超えた利益の計上だった。東京三菱 UFJ・FG の利益は7117億円にも上り、「世界のトヨタ」の5705億円をしのいで日本一になった。

しかし、ここで忘れてならないことがある。それは、日本の金融機関 banking institution はいまのところ、民間部門ではないということだ。だから、これをもって、「金融不安が解消した」「民間経済が回復した」などと言うのは、健忘症の人々しか口に出せない言葉である。なぜなら、日本の銀行には、これまでに何度も国民の税金が投入されてきたからである。日本の金融機関は、このお金を国民 people（＝国家 government）に返す義務 duty があるのに、いまだに返していない。

とすれば、経営者は国家（＝国民）であり、これは立派な準政府部門であるから、銀行員は準公務員であろう。これをもってしても、日本は「小さな政府」ではなく、いまだに社会主義国家 socialism state である。

日本政府が個別銀行救済のために「金融機能安定法」をつくり、公的資金の銀行への投入 injection of public funds into banks を決めたのは、1998 年 3 月だった。その後、1999 年 3 月には「早期健全化法」、2003 年 5 月には「預金保険法」、2003 年 9 月には「組織再編成促進特措法」と、次々に法令の制定、改定を行い、これまで銀行 24 行に対して、約 12 兆 3869 億円の税金が投入された。

そしてこの間、銀行がやってきたのは、貸し渋り reluctance to lend money、貸しはがし forcible withdrawal of money、強引回収 shotgun collection である。さらに、竹中平蔵のプログラムにそっての統合と合併。その結果としての支店の統廃合 elimination and consolidation とリストラ personnel downsizing、各種手数料 commissions の大幅値上げである。これで、銀行はなんとか生き延びて、2005 年 3 月期決算で、やっと黒字転換 returning to the black し、2005 年 9 月の中間決算での史上最高益につながったのである。

ところが、公的資金は一部しか返還されず、2005 年 9 月の残高 amount outstanding で約 8 兆 9140 億円。つまり、この 7 年間で 28% しか返っていないのである。こんな準公的部門を抱えている国のどこが小さな政府なのか、本当に不思議だ。もし、銀行が本当の民間金融機関ならば、金利競争も起こり、国民は各銀行によって違う金融サービスを受けられるはずである。それが、いまだにほぼゼロ金利 zero interest で、預金 deposit を引き出すだけで損をしてしまう。日本人は本当に忘れやすく forgetful、我慢強い very patient が、こんな異常な状態 extraordinary status にある資本主義国家など、この地上に日本だけしかないのを忘れてほしくない。

銀行は日本政府とグルの盗賊集団

1998年の金融危機からしばらくの間、日本のメディアには銀行を批判する記事 negative articles があふれた。それは、不良債権がいっこうに減らないこと、さらに、低金利政策で預金が目減りしていること erosion of deposit など、さまざまな原因があった。

しかし、現在はどうだろうか？

日本の金融は再編 reorganize され、業績 performance も改善されたが、預金者へのサービスはいっこうに改善 improve されず、経営者の責任 responsibility of management も不問に付されたままだ。手数料を引き下げるとか、支店をあげて地道なサービス活動をやっているなどという話は聞こえてこない。そればかりか、業績回復をいいことに、給料とボーナスのアップがはじまっている。これでは、お役所よりひどいのではなかろうか。

もし、低金利政策 low-interest policy がなかったら、1990年代をとおして、日本国民が受け取っていたはずの金利は100兆円を超えるだろう。これに、ATM や金融商品 financial instruments の手数料で失ったお金を加えたら、日本国民の損失 loss は計りしれないものがある。

それなのに、2005年9月の好決算を受けても、銀行は金利をすえ置き、手数料もそのままである。現在、預金者が100万円を預けて１年後に受け取れる利息はたった８円である。だから、ATMで１回でも預金を引き出せば、預金は目減りする。これでは、金融機関ではなく、泥棒である。

しかも、小泉・竹中コンビは、いまだに超低金利政策に大賛成である。一方でデフレの克服 overcoming deflation を言い、日銀が量的緩和政策 quantitative easing policy の解除と金利引き上げ raising of interest rate を匂わせると、「まだデフレだ」と言って、ストップをかけ続けている。

もちろん、現状で日本の財政が破綻 collapse しないのは、ゼロ金利政策によって利子負担 interest cover が軽いからである。しかし、これを逆に言えば、本来、国民が受け取るはずの金利が、政府と銀行を助けているということになる。だから、これは見えない増税による収奪の構造と言ってもいい。これだけでも、この国は十分に大きい国家であり、さらに増税するというのだから、現在の政府は本物の泥棒ではないか。

そして、銀行は、泥棒政府とグルの盗賊集団 robber band と言うしかない。

日本国民はクレプトクラシーの下で暮らしている

このように、小泉政権というのは、「政・官」なる泥棒と盗賊と化した金融機関のスクラムで、国家財政の運営を行っている。だから、これは民主主義 democracy による国家ではなく、「泥棒国家《クレプトクラシー》」kleptocracy であると、私は断じてきた。

そこで、クレプトクラシーについてさらに説明しておくと、クレプトクラシー「kleptocracy」とデモクラシー「democracy」に付く「cracy」というのは、もともと「統治《ガバーン》」govern という意味の言葉である。したがって「democracy」の場合は「demo」が「大衆《パブリック》」public を表わすので、その大衆の代表者 representative が国民を統治して政治を行う「政治形態」a form of government ということになる。が、これに対してクレプトクラシーでは統治を行うのがクレプト、つまり、「泥棒たち」thieves だから、国家が泥棒たちに乗っ取られてしまい、国民であるあなたがひどい目にあわされていると理解してもらえればいいだろう。

ところが、2005 年 9 月の総選挙で、日本国民はこの泥棒たちに喜んで投票 vote した。そして、小泉という無能の首相をますます増長させてしまった。これは、人間は貧しくなればなるほどものを考えなくなるという心理 sentiment を、彼らに利用されたからだ。

小泉は別として、政権の中枢部は、選挙前から選挙民 voters を分析していた。そして、大衆が政治の争点 campaign issue などにほとんど興味がなく、メディアが流す情報にリテラシーなく飛びつくことを理解していた。実際、あの選挙で小泉自民党に投票した人々は、都市部の「負け組」losers 層が多く、情報は大手新聞やテレビで仕入れる人々だった。それも、20 代や 30 代の若者が多かったというから、私は彼らに本当に同情 sympathize する。最初は腹が立ったが、よくよく考えれば彼らに責任はないからだ。いったい、誰が彼らに本当のことを伝えてきたというのだろうか？

いま、日本の若者たちは、社会階層 social hierarchy のなかでどんどん下流化 sinking to the bottom し、情報社会 information society に翻弄《ほんろう》されて生きている。こうした世界ではいくら情報があろうと、なにが真実truthかは努力しなければわからない。だから、本人が「私は改革者だ」と言えば、それを疑わない。なぜなら、まわりもみんなそう言っているからだ。さらに「民営化だ」「小さな政府だ」と言えば、そうなると信じ込む。なぜなら、まわりもみんなそう言っているからだ。

日本の学校では、日本は民主主義国democratic stateであり、日本国民は世界でももっともリベラルな憲法constitutionによって守られ、国家は国民の代表者によって運営されていると教えている。そして、この国には言論の自由freedom of speechがあり、メディアは国民に真実を伝えていると教えている。しかし、教師たちは本当にそう信じて子供たちにそれを教えているのだろうか？

日本のように、多様性diversityのない一律の教育のもとで育てられた子供たちはかわいそうだ。なぜなら、この時代にもっとも大切な「リテラシー」literacyが育たないからである。自分の頭で物事を判断judgeできるようにするのが、本当の教育ではないのか？それを子供のころからフィクションを詰め込まれてしまっては、悪い大人たちに利用されるだけだ。とくに情報社会となったいまは、リテラシーを持たないと、そのときどきにもっとも多く流される情報を真実と思い込んでしまう。

多くのクレプトクラシー国家において、そこの国民が「自分たちは泥棒国家の下で暮らしている」(We're living in a kleptocratic state)と認識recognizeできるわけがない。それは、北朝鮮North Koreaの例を見れば明らかだ。クレプトクラシーの下では、国民は自分たちを取り巻く現実が、もっとも多く流されている情報のとおりだと思い込んでいる。そして、その思い込んでいることすら自覚できない。

残念なことに、いまの日本国民は、若者たちばかりか大人まで、この状態に置かれている。そして、このクレプトクラシー国家は、恐ろしいことに、いまよりもっと「大きな政府」big government になろうと改革を進めているのだ。

Chapter 5

A Guide to Hell
地獄への案内人

織田信長、ガリレオ……小泉首相の頭の中身は？

2006年が明けて、小泉純一郎首相がまずしたことは、なんと織田信長の舞台 stage を観に行くことだった。1月2日、彼は、新橋演舞場で『信長』を観劇した後、信長役の歌舞伎役者・市川海老蔵と握手して記念撮影 ceremonial photograph に収まり、「政局運営のヒントになったか」と記者団から質問されて、こう答えた。

「戦いに終わりはない。いつの時代もなにかと人は戦わなきゃいけない宿命だと思う」

なぜ、彼はこんなことしか言えないのだろうか？ 本気で自分は戦っていると思っているのだろうか？ 彼は、常に権力の座 center of power にある自分を意識して、そこからしか話をしない。記者団の質問も愚劣 stupid だが、首相ではない1人の人間として、彼がも

新橋演舞場で『信長』を観劇後、信長役の市川海老蔵と記念撮影した小泉首相。
（写真／時事通信社）

のを語ったのを私は見たことがない。

私はこれまで、小泉が自分を歴史上の人物 historical hero になぞらえるたびに、この人物の精神のあり方 mental balance に強い疑念 doubt を抱いてきた。

小泉はこれまで、ことあるごとに、自分を歴史上の人物に置き換えてきた。戦国の武将 feudal warlord・織田信長は彼のもっとも好きな人物 his favorite hero らしく、彼の口から何度も登場している。そして、信長が武将としての才能 talent を発揮した「桶狭《おけはざ》間《ま》の戦い」を絶賛し、「誰が明智光秀になるのか？」などいうことまで言いだしている。明智光秀といえば、信長を裏切った人物 betrayer である。とすれば、彼は、自分を中心として展開される権力闘争 power struggle に満足しているということなのだろう。

ところが、この首相は、織田信長だけでは満足できない。郵政解散のときはガリレオ Galileo Galilei になり、さらに、さまざまな歴史上の人物を持ち出しては、自分を正当化 justify した。

すでに指摘があるが、ガリレオは「地動説」Copernican《コーパニカン》 Theory《セオリー》 を唱えたわけではない。唱えたのはコペルニクス Copernicus である。ガリレオは宗教裁判で「それでも地球は回っている」と言ったにすぎない。だから、小泉のたとえ metaphor は、その出発からして間違っていた。

ただ、小泉が自分をガリレオとしたのは、郵政解散が地動説（＝絶対の真理 absolute truth）であり、それに反対する者 opponent（抵抗勢力 anti-Koizumi group）を切り捨てたかったからだろう。しかし、それでも、首相 prime minister という権力にある彼が自分をガリレオというのは、どう考えても間違っていた。なぜなら、では、ローマ法王 Pope はどこに行ってしまったのかという話になるからだ。言うまでもなく、権力 power を持つ小泉がローマ法王でなければおかしいのだ。とすれば、ガリレオは郵政民営化 postal privatization に反対した側であり、地動説というのは「郵政民営化反対」でなければならなかった。いったい、彼の頭の中身はどうなっていたのだろう？

しかし、小泉は自分のたとえが間違っているなどとは、夢にも思わなかったようだ。さらに、日本の大手メディア mass media も、この矛盾 contradiction には気がつかなかった。それで、郵政民営化は本当に地動説になってしまい、ローマ法王が派遣した弾圧者が、ぞくぞく選挙に当選 win a seat してまった。その結果、ニセモノの地動説が日本中に広まることになってしまったのである。

しかし、小泉はこうした間違いをさらにくり返した。なんと次に、小泉がなろうとしたのは、幕末の長州藩士・吉田《よしだ》松陰《しょういん》だったからだ。

吉田松陰のように後継者を育て歴史に名を残したい？

小泉が自分を吉田松陰にたとえたのは、2005 年 12 月、首相官邸に、山口県出身の直木賞作家・古川薫氏を昼食 luncheon に招いたときである。このときの小泉は上機嫌 in high spirits で、「長州の反幕府的な生き方、突破力は、自分の生き方につうじるものがある」「吉田松陰がいたから高杉晋作《たかすぎしんさく》が出た」「若い人を登用し、養成したことが長州藩の力になった」などと語ったという。

その後、例の記者会見で、「高杉晋作の晋は安倍晋三の晋でしょ」と言ったので、後継者レース race of successor に注目している大手メディアの記者たちは驚いた。なぜなら、これは、小泉が自分の後継者 successor に安倍晋三を考えていると取れたからだ。

それはともかく、安倍晋三が高杉晋作とすれば、小泉は吉田松陰ということになる。そして、安倍晋三を育てているのが小泉だから、自分は吉田松陰に匹敵 equal する人物であるというのが、彼の言いたかったことなのだろう。

日本人の多くは、吉田松陰を尊敬 respect している。あの幕末期 end of Edo period に世界情勢 world situation に通じ、松下村塾で多くの優秀な人材 talent を育てた。高杉晋作ばかりか、伊藤博文《いとうひろぶみ》も山県有朋《やまがたありとも》も松陰の弟子 disciples である。だから、もし彼がいなければ、明治という時代 Meiji Period ができなかったからだ。

ただし、ここでも大事な点は、松陰がいた長州藩は、当時の絶対権力・徳川幕府 Tokugawa Shogunate の抵抗勢力であったということだ。とすれば、なぜ、権力側にある小泉が、長州藩の偉人に自分をたとえられるのか？　またしても、小泉のたとえは間違っていたことになる。

しかし、彼にとってはそんなことはどうでもいいのだろう。歴史的なたとえ historical metaphor がいくら間違っていようと、彼は自分が抵抗勢力といつも戦っている always fighting against political enemies

と言いたいだけなのだ。すでにそんなものはほぼ一掃 sweep out されてしまったが、彼はまだ戦っていると言いたかったのだ。

ないものをあるかのように見せる。これが、「小泉劇場」の基本構図 basic picture である。この構図に、これまで日本国民は何度騙されてきただろう？「私に抵抗するものすべてが抵抗勢力だ」と権力者 powers-that-be が言えば、それは独裁 dictatorship を意味するしかない。が、小泉はそんな自分の矛盾に気がつかず、誰かに吹き込まれたとおり、「改革者《リフォーマー》」reformer を演じてきた。そして、自分は、織田信長、吉田松陰のような歴史上の偉人《ヒーロー》の1人だと、いつのまにか信じ込んでしまったのである。

私が、小泉改革がマヤカシ like wax fruit だというのは、この点にもある。なぜなら、いまや小泉はほぼ独裁的な権力を持っている。とすれば、いくらでも国民のためになる改革 reform for the people ができるのに、それをやろうとしないからだ。2005年の総選挙圧勝後は、本当の改革をする環境 environment は整った。しかし、彼は相変わらず、官僚 bureaucrats と側近 aides に「丸投げ」throw everything して、その成果 results を問うこともしない。つまり、彼は自分がなにをやっているのかまったくわかっていないのである（Koizumi doesn't know what he is doing.）。

小泉は無能なうえに国民を愛していない

「王様は裸だ」（emperor who had no clothes on）というたとえ話があるが、これは誰かが誤りを指摘しないかぎり、本人はそれに気がつかないということだ。しかし、現在の日本では、それを言い出す識者 intellectuals、メディア media はほとんどない。とくに大手新聞、テレビ局は、絶対といっていいほど「小泉は裸だ」とは言わない。言わなければ国民もそれに気がつかず、日本は行く末 future を誤り続けてしまうだけだろう。

だからここで、私はハッキリ言っておきたい。小泉純一郎は、日本の政治史上 in the political history、最低 worst の部類に属する首相であると。どこが最低かといえば、以下の3点があげられる。

まず、彼が無能 incompetent であるということ。政治家としてあるべき教養 general culture も知識 knowledge も持ち合わせていないばかりか、判断力 judgment もないこと。そして次は、彼には人間としての健全な精神 sound mind がないこと。上記したように、自分を歴史上の人物に重ねて悦に入《い》るのだから、「精神鑑定」psychiatric examination が必要かもしれない。

そして、最後は、これがもっとも重要な点だが、彼には国民に対する愛情 affection が決定的に欠けているということだ。

これは東洋 East だろうと西洋 West だろうと、リーダーには必ず求められた資質 quality だ。民を愛する。そして、民のことを第一に考える。これが、王たる者の最大の資質であり、日本の天皇も、中国の皇帝も、ヨーロッパのキングたちも、「名君」ruler of virtue と言われた権力者には必ずこれがあった。ヨーロッパのキングたちは民のことを「マイピープル my people」と呼び、そう呼んだときは必ず民衆のことを第一に考えた。中国の皇帝たちは、「天命」divine decree によってその座についたが、それは民衆を愛することによって天から授かったもの gift from Heaven だった。日本でも、里のカマドから立ち上る煙を見て、民の暮らしぶりをいつも考えていた仁徳天皇の伝説が伝えられている。

しかし、小泉にはそんなところがどこにもない。

そして驚くべきことに、日ごろ彼に接して、こうした小泉の正体 true identity を知っているはずの大手新聞の記者が、このことをまったく書かない。テレビはもっとひどく、コメンテーターは政治抗争 political struggle の話はしても、宰相 leader としての小泉自身の資質に触れるような発言はいっさいしない。

私はいまのアメリカは嫌いだが、アメリカのメディア、ジャーナリズムにはまだ信頼 trust すべきところがある。それは、ブッシュ大統領 President Bush を敢然と批判 criticize するからである。「アホでマヌケでバカ」とまで書く大手メディアが存在している。マイケル・ムーア Michael Moore のように権力に真っ向から立ち向かう stand up with confidence 人間もいる。彼らは権力に取り込まれることを恥 dishonor とし、国民の側に立って報道するという姿勢を捨てていない。この立場 position に立てば、自分たちのリーダーが無能とわかれば、どうしてもそれを伝えなければ、メディアとしての使命 mission が果たせないことになる。

しかし、日本ではそうした大手メディアは存在せず、それをやるのは一部の週刊誌か弱小の暴露メディアだけである。それなのに、これらのメディアを国民が信用していないから、悲劇 tragedy が続いている。

人格も資質も政治家にふさわしくない男が首相！

大手メディアがやらないから、私は日本の一部メディアとともに、この問題を追及 press the issue してきた。これまでに小泉の人格 character と資質 quality を疑う情報は数多く出たが、その最初にあげなければならないのが、「留学疑惑」と「レイプ疑惑」だろう。

小泉純一郎はその学歴 school record でさえ、いまだにハッキリしないのだ。いちおう「慶応大学卒業、ロンドン大学留学」となっていて、自身のウェブサイトにも紹介されているが、週刊誌で疑惑 suspicion が報道されたとき、私が直接ロンドン大学の記録係に問い合わせたところ、「そういう学生の在籍記録 enrolled record はありません」との答が返ってきた。それで、それを小泉事務所にぶつけると、「ロンドン大学の広報部に聞いてください」と言うので、もう1度ロンドン大学の広報部に連絡すると、広報担当者はハッキリと「いました」と言うのである。まるで狐につままれたような話で、いまだによくわからない。

そして、「レイプ疑惑」というのが、このロンドン大学留学が、慶応大学在学中に起こしたレイプ事件の追及を逃れるためのカモフラージュ camouflage だったという話である。これも被害者 victim を名乗る当事者はいないし、小泉も否定 deny したので、それっきりになったが、いまだに噂 rumor は根強い。

小泉家は3代続いた政治一家で、この家系が女系一家であることは、ノンフィクション作家の佐野眞一氏の『小泉純一郎——血脈の王朝』(文藝春秋 2004) や松田賢弥氏の『無情の宰相・小泉純一郎』(講談社 2004) に詳しく描かれている。これらの貴重な取材でわかることは、彼が女性や子供をほとんど「人間扱い」treat as a human しておらず、一種の冷酷さ cold-bloodedness をもって接しているということだ。

彼は三男がお腹にいるにもかかわらず妻と離婚 get divorced し、その三男にこれまで1度も会っていない。1度も会おうとしないどころか、実母の葬儀では弔問を拒んだというから、その冷酷さは異常 unusual だ。また、小泉が離婚した理由は「妻の一家が創価学会員だったから」と伝えられているが、その学会嫌いの彼が政権維持 stay in power のために学会と手を組んでいるのだから、生き方そのものにも一貫性 consistency がない。

小泉に国民に対する愛情がないのは、このように人間としての情 human empathy を本来持ち合わせていないからだろう。

そしてさらに、彼を育てた小泉家にも問題がある。彼の祖父・小泉又次郎が全身に刺青 tattoo を彫っていた沖仲仕《おきなかし》の親分であったというのは有名な話 widely known であるし、小泉家と暴力団の稲川会との長いつき合い long-term relationship もよく知られている。私は関東のヤクザ組織の親分たちを取材したことがあるが、彼らは「日本ではヤクザとつながらなければ政治家なんてできない」と口をそろえた。また、稲川会の幹部も小泉家との関係を認め、「そうでなければ横須賀では政治をやれない」と、私に語ったことがある。

小泉が初当選したときに選挙対策本部長を務めた人物は、写真誌『FRIDAY』の取材で、自分が稲川会の幹部であったことを告白している。さらに、写真誌の取材によれば、小泉の弟が地元の産業廃棄物業者からカネを受け取っていたという疑惑も出ているし、姉の信子も長い間、神奈川県内のタクシー会社から利益供与 supply of profit を受けていた。

したがって、このような背景 background を持つ小泉が改革者になることは、根本からしておかしいのである。なぜなら、小泉は旧来の日本の政治家 old-type politician にすぎず、改革者になるにはあまりにもしがらみ strings が多いからだ。さらに、その性格と資質からいって、彼が政治家であることもおかしい。ガリレオもびっくりの「天動説」Ptolemaic Theory が、日本全体を覆い尽くしているとしか言いようがない。

「よほど頭が悪いのか。冷酷でわがままで、あまのじゃく」

Chapter 2 でも紹介したが、小泉政権によって見事にはめられ、1 度は永田町から追放 kick out された鈴木宗男・衆議院議員はこう話す。

「簡単に言えばパフォーマンスでしょう。つくられたイメージが 1 人歩きをしているだけです」

鈴木氏によれば、小泉はあくまでも自分に与えられた役割 role を演じているだけ。「小泉劇場」というショーの PR マンにすぎず、本当に政権を動かしている handling the government のは、秘書官 secretary の飯島勲だという。あるいは、「女帝」と陰で呼ばれている姉の信子の操り人形《パペット》 puppet として、小泉は行動しているという。

「政治がワイドショーのようになってしまったんです。だから、ドラマや映画のように悪役と善役に分かれて、なにもかもが黒白で決着がついてしまうんですよ」

2003 年の暮れから 2004 年のはじめにかけて、彼が巻き込まれた田中眞紀子とのトラブルは、元をたどれば外務省利権をめぐる派閥争い factional struggle だったが、「善対悪」good vs. evil の構図としてメディアを舞台に演じられた。当然、悪役は鈴木氏だった。小泉劇場の PR 活動にとって、当時の彼は格好の標的 easy target だった。だから、徹底的に攻撃されたあげく、単純な斡旋収賄罪《あつせんしゆうわいざい》 bribery chargeで逮捕arrestされてしまった。これは、まさに権力の乱用abuseによる政敵追放kick out a political opponentだった。そして、本当は小泉政権の「生みの親」である田中眞紀子も、小泉人気を維持するために容赦なくunmercifully生《い》け贄《にえ》victimにされた。

現在、ポスト小泉レースが行われているが、かつて「田中眞紀子首相待望論」まであったことを思えば、日本の大手メディアにはなんの定見guiding philosophyもないことがよくわかる。

田中眞紀子は、かつて小泉の側Koizumi's sideにいただけに、小泉純一郎という男の正体をよく知っている。ただ、ともに権力の内部insideにいたときは、それを語ることが自分にとってもマイナスだったから言わなかっただけにすぎない。その証拠に、追放後は、小泉について本当のことを語るようになった。たとえば、2005年4月13日の『寺島尚正ラジオパンチ！』(文化放送）にゲスト出演した彼女は、小泉をこう斬っていた。

「(郵政民営化法案の強行に対して）あの方の資質が非常によく表れている。よほど頭が悪いのか。冷酷でわがままで、あまのじゃく」

小泉の冷酷さは、権力闘争のなかで感覚がマヒしている男たちにはわからなくとも、女性にはハッキリとわかるのだろう。小泉チルドレンとしてたくさんの女性議員female lawmakersが誕生したが、彼女たちもいずれ小泉の正体real Koizumiを知って後悔regretするときがくるに違いないと思う。

猪口邦子、片山さつき、佐藤ゆかりなどは、日本女性を代表する知性intelligenceと行動力energyを持っているから、今後、彼女たちがどんな選択choicesをするのか、私には非常に興味がある。また、小泉との蜜月 honeymoon をメディアにもてはやされた小池百合子にしても、小泉の正体は十分承知しているだろう。田中眞紀子の例から彼女がなにを学習したかも、私には非常に興味がある。

いずれにしても、私自身は、小泉純一郎に直接取材したことはないので、自分の目で確かめた小泉の実像を書くことはできない。しかし、関係者の話を聞いただけでも、これほどまでにひどいのである。だから、私は彼を「地獄への案内人」a guide to hell と呼ぶようになった。彼について行けば、日本国民は確実に地獄に落ちる。

加藤紘一が明かした小泉「ワンフレーズ」の真相

「9.11総選挙」で自民党 LDP が圧勝 clear-cut victory してから、日本の大手メディアから小泉批判が消えてしまった。それればかりか、海外メディアも小泉を称賛 praise する記事ばかり書くようになった。

しかし、このあまりにも異常 extraordinary な状況のなかで、真実は少しずつであるが明らかになっている。

イラク戦争に反対の意向を表明 display opposition to Iraq War したことで外務省を追われた元レバノン大使の天木直人氏は、小泉政権に反対すると追放されるということを身をもって証明した人間の1人だ。彼は、反小泉 anti-Koizumi を貫くため、総選挙 general election のときにわざわざ小泉の地元・横須賀から立候補 run for したが、あえなく落選 lose した。小泉批判票に期待したが、そのあまりの少なさに驚いたと言う。しかし、いまでも「小泉政権は史上最悪の政権」と話し、独自の活動を続けている。

私は映画をつくるため、彼にも会いに行ったが、彼の小泉に対する見方 views はこうである。

「小泉さんに外交戦略などありませんよ。彼が興味があるのは、なにをすれば人気が出るかだけでしょう。北朝鮮にいっぱいカネをつぎ込めば、拉致被害者が帰ってくる。それでやってみたら、ああいうことになったんです。しかし、拉致問題自体には興味がないので、以後なにも進展していないのです。

ふり返ってみれば、米ソが対立した冷戦期には、日米同盟を重視する外交には一定の合理性がありました。しかし、いまは真剣に日本の針路を再検討すべき時代になっているのに、対米追随はむしろ深まっています。議論を尽くしたうえでの選択ならまだわかりますが、正面からの議論さえ行われていない。“アメリカの政策に異を唱えるべきだ”と言って左遷された幹部を私は見てきました。

私が入省したのは、1969 年ですが、その当時はまだ自由闊達に議論する雰囲気が残っていて、自分の意見を言う大使もいました。それがいまでは、大使会議なんて本省幹部の言うことをただ拝聴するだけの場になり下がっています」

加藤紘一・衆議院議員は、2000 年の「加藤の乱」の失敗以後、2002 年には事務所代表による政治資金の流用疑惑で議員辞職 resignation from the Diet するなど、すでに過去の人 person of yesterday と思われている。しかし、かつては小泉純一郎・山崎拓とともに「YKK」と呼ばれた将来の首相候補 prospective candidate for prime minister の 1 人だった。私は、日本でジャーナリスト活動をはじめたころ、加藤氏に日本の政治をレクチャーしてもらったことがある。

そんな彼が『新しき日本のかたち』(ダイヤモンド社 2005) という本を出したので、読んでみると、そこには小泉の正体がハッキリと書かれていた。小泉の口癖は「あまり政治家は勉強や、議論をしてはいけない」で、「人の話を一生懸命聞いたりすると、結論を迷う。そうするとメッセージが非常に暖昧になる。それよりも自分が一番初めに感じた直感で行動を進めていくのが正しいんだ」というのだから驚いた。これが小泉のモットーであり、だからYKKの3人が会っても、政策的な議論debateはほとんど加藤・山崎のYK間で行われ、小泉はコップ酒を飲みながら、「時たまワンフレーズ的にズバッと意見を言う」だけだったというのだ。

つまり、小泉がワンフレーズでものを言うのは、田中眞紀子が言ったように、「よほど頭が悪い」thick headせいなのだ。それしか彼には言えないのである。

さらに、加藤紘一氏は本を出版した後の週刊誌のインタビューで、YKKをつくったとき、山崎拓が乗り気ではなかったreluctant to joinという話を明かしている。彼が山崎拓に小泉の名を告げると、山崎は珍しく英語を使って「うーん、彼は変わっているし、エキセントリックだからなあ」と言ったというのだ。

このエキセントリックeccentricというひと言が、小泉の性格characterをすべて表しているのは言うまでもないだろう。

慶大同級生・栗本慎一郎が明かした小泉の正体

大手メディアが小泉批判を止めてしまったなかで、小泉の正体を知るうえで出色の記事が週刊誌に載った。それは、『週刊現代』(2005年12月23日号)の「パンツをはいた純一郎」という記事で、小泉の慶応時代のクラスメイトであり、同じ自民党議員だった経済人類学者の栗本慎一郎氏が、小泉について語ったものである。

この記事 article は日本国民なら絶対に読んでおくべきもの must read だが、まったく話題にならなかった。そこで、その要点 summary を、以下整理して書き留めておきたい。

■同級生・小泉純一郎

栗本氏と小泉は同じドイツ語のクラスを取っていた。しかも、“クリモト”と“コイズミ”だから席もほとんど隣。2年間同じクラスで、栗本氏は小泉と接してきた。

「当時の慶応はいまより入試がやさしく、東大志望からの“落ち武者組”と“やっと慶応合格組”とが明確に分かれていましたが、小泉は「やっとこさ組」だったのでしょう」「彼は単位が足りなくて3年に上がれず、そのままロンドンに留学したからです。もっとも、私らは誰も気づきませんでした。クラス委員の私にも届けがなかったし、彼は2年の後半は大学に来ていなかったので、誰もいなくなったことに気づかなかったくらいです」「小泉は簡単に言うと影が薄かった」「しかも、みんなから浮いているのではなく、沈んでいるんです。友人から無視されるような存在でした」「彼は一対一では誰とも話ができない“コミュニケーション不能症”です。人間と普通に話すことができないのです」

■家庭教師

1995年、栗本氏は衆議院議員として自民党に入党し、押しかけで小泉の家庭教師 tutor をやった。それは小泉が政治経済 politics and economics をなにもわかっていないからだった。しかし、小泉は栗本氏の話を理解できず、栗本氏は懇意にしている某教授に応援を頼んだ。
「小泉は通常の意味で、とにかく頭が悪かった」「彼の場合、ただわかんないだけ。理解力ゼロなんです」「後で某教授に「どうですか」と聞いたら、「ダメだねえ」と言って困っていました」「小泉は採点しようがないぐらいバカだというのが正しい評価です」

■性格の悪さ

「小泉は頭も悪いが性格も悪い」「普通、性格が悪いというのは、相手が嫌がることをわかって意地悪するやつのことをいうわけですが、彼の場合は、理由がわからないでやるんです。だから、結果として、性格が悪い。彼はよく「非情」だと言われますが、それは正確じゃない。彼は自分がやっていることの社会的意味がわかっていない」「本当は情そのものがわからないという「欠情」です」

■郵政民営化

「なぜ郵政事業をこれほどまで犠牲を出しつつ民営化しなければならないのか、何度小泉の演説を聴いても単純すぎてさっぱり理解できない。民間のできることは全部民間でと言うのなら、道路公団についてなぜあんなに適当にやるのかわからない。彼は郵政民営化について、中身はせいぜい5分しか話すことができないのです。何十年とそればっかり考えてきて、5分しか話せないんですよ」「小泉の発言は明確だと言われますが、真相は長いことを喋れないから、話が短くて明確そうに聞こえるだけです」

■不良債権処理

1998年7月、小泉は自民党総裁選 election for the presidency of the LDP に立候補した。当時は、不良債権処理 disposal of bad loans をめぐって政府内が大揺れしていたときで、栗本氏は小泉のメディアへの対応役をしていた。

「私は小泉に不良債権の処理について何度もメモを渡しました。ところが、ほかのことなら何でも私の言うとおりに発言する小泉が、「栗本、それはいいから」と言って絶対イエスと言わなかったのです」「小泉は誰かから「不良債権早期処理だけはダメだ」とクギを刺されていたんだと思います」「国際金融資本サイドは自分たちの都合のいいタイミングまで、不良債権処理を延ばそうとした。そのシナリオのなかで、小泉のもらった役割があったのです」

■靖国神社

「靖国神社に対して、彼は何も考えていないですよ。私はかつて国会議員として「靖国神社に参拝する会」に入っていた。そこで、小泉に「一緒に行こうぜ」と誘ったのですが、彼は来ない。靖国参拝に反対というわけでもない。ではなぜ行かないのかいえば「面倒くさいから」だったのです」

このように、小泉はボロクソ trash である。栗本慎一郎氏は、よほど腹に据えかねたのかもしれないが、それより、小泉政権のあまりのひどさを国民に訴えたかった appeal to the people ために、あえて証言をしたのだろう。彼は小泉純一郎を「自意識の劇場を演じている」と嘆き、小泉の経済政策 economic policy を一手に引き受ける竹中平蔵を「ご主人さまはアメリカ」と断じている。

谷垣禎一大臣の悲観論に腹を立ててはみたものの

自分が無能 incompetent（理解力ゼロ）だと自覚できない小泉の日本国民に対する罪 crime も重いが、もっと罪が重いのは彼の取り巻き連中 inner circle だろう。この人々が、小泉の無能ぶりを利用して、いまの日本をミスリードしているからだ。小泉を「地獄への案内役」としたら、彼らは「地獄のプロデューサー」ではないだろうか？

秘書官の飯島勲や竹中平蔵などはもちろんのこと、この国の最高のエリート top elite とされる財務省官僚たち senior Finance Ministry officials は、小泉よりはるかに頭がいい。したがって、いくら小泉が「理由なき性格の悪さ」を持っていても、彼を利用できる useful for many occasions かぎりは権力の座から引きずり下ろさない。おそらくこれが、この悪夢 nightmare の政権が 5 年間も続いてしまった最大の理由かもしれない。

ともかく、小泉の無能をいちばんよく知っているのが、財務省の官僚たちである。この財務官僚に信任 trust が厚く、彼らの代弁者 spokesman と言われている政治家の代表が、谷垣禎一・財務大臣と与謝野馨・経済財政担当大臣である。

私は、2005 年 7 月 21 日、有力企業の社長たちが集まる朝食会で、谷垣大臣が日本の現状 status quo について説明するのを聞きに出かけた。彼は財務省がつくったペーパーを基にして、わかりやすく日本の財政状況を述べ、「今後は高齢化社会になって、さらに国の負担が増える。これを乗り切っていくためには、増税が必要で、福祉も削減していかなければならない」ということを強調 emphasize した。要するに朝から、谷垣大臣は、「日本の暗い未来」Japan's dark future を訴えたのである。

あまりの悲観論 pessimism に、私は聞いているうちに、だんだん腹が立ってきた。彼が言ったことは、2000 年もの歴史を持つ国 the country that has a history of 2000 years が今後はおとなしく衰えていく gradually decline ということを意味していたからだ。それで、私は声を荒げて質問した。

「なんで国が衰退することを前提に話すのですか？ あなたの言っていることは『蟻地獄』ではないか。税金を引き上げて福祉を減らす。これでは国が衰退する。しかし、そんなことをしなくても、簡単に高度成長を取り戻せるはずではないですか。税金を引き上げる前に、政府が持っている資産をどんどん売ればいいんです」

が、この質問は無視 ignore され、私は自分が周囲から浮いてしまったように感じた。その状況 situation に出席者 attendances の１人が、「そんなに大臣を責めても仕方ないよ。彼は財務省の PR 担当でしかないからね、怒ってもムダですよ」と、私に耳打ち whisper してくれた。

しかし、国が滅びること the country is overthrown を前提で話しをする人間が大臣 minister をやる資格 qualification があるのだろうか？ なにより、彼には国に対する愛情 affcction が欠けていると思った。ちなみに、谷垣禎一は加藤紘一が「加藤の乱」と呼ばれる政変 coup を起こそうとしたとき、それを泣いて止めた人間だ。

つまり、小泉もそうなら、この政権には日本を真剣に愛している人たちが参画 join していない。そして、この谷垣大臣以上に愛国心 patriotism がないと言えるのが、「ご主人さまはアメリカ」(his master is the U.S.A.) の竹中平蔵である。彼は谷垣のように悲観論は言わず、自分が進める改革をすればよくなるとくり返し話すが、それがまったく的外れ missing the point だから、国民にとっては小泉以上に罪が重い。

だから、彼こそが「地獄への案内人」かもしれない。

海外に出ることによって本物の日本人になれる

私はこれまでたくさんの日本人に接してきたので、日本をダメにする人間がどういうタイプなのか見抜けるようになった。このタイプはいくつかあるが、その最悪のタイプ worst type が竹中平蔵だ。

彼は、アメリカに留学 study abroad している。つまり、欧米文化 Western culture に接し、そこで学んでいる。これはたいていの場合、本人にとっても国にとってもいい結果をもたらす。なぜなら、国を出て異文化 different culture に接することによって、自分の国、あるいは自分自身の本当の姿が見えるからだ。日本には「井の中の蛙《かわず》大海を知らず」という諺《ことわざ》があるが、まさにそのとおりで、これと同じ意味の諺は英語にもあり、"a big fish in a little pond" がこれに当たる。

ともかく、狭い自分の世界に閉じこもっていては withdraw into one's own world、自分が何者であるかもわからなくなってしまう。だから、1度は外の世界 outside を知って自分の姿を確認することで、はじめてアイデンティティ identity が確立するわけだ。もちろん、これはどの国の人間にも言えることで、カナダ人はカナダ国外 outside Canada に出てはじめて本物のカナダ人 real Canadian になり、日本人もまた、本物の日本人 real Japanese になれる。そして、その結果として自国に対する愛国心と自国の文化に対する愛着が芽生えるのだ。

しかし、なぜかそうならないタイプの人間もいる。それは、この海外体験 overseas exposure が、彼らに逆の結果をもたらしてしまうからだ。とくに日本人の場合、欧米文化は明治以来 after the Meiji Restoration キャッチアップしなければならいものだったから、その思い込み assumption によって、欧米文化のすべてがよく見えてしまうらしい。すると、欧米文化は日本文化を映す一種の鏡の作用 mirror of reflection をするので、ここに映る日本像が醜く感じられるようになる。つまり、日本の悪い面 negative side ばかりが意識されてしまうのだ。

もちろん、これは日本ばかりとはかぎらない。どこの国であろうと、いい面と悪い面の２つの側面 both good and bad を持っているが、いい面より悪い面のほうが意識されやすいということである。その結果、彼らは日本は欧米の文明と比べるとあまりに異質 different in kind であり、さらに遅れていると考えるようになる。ここに、日本が「世界でも特殊な国」「外国人にはとうてい理解できない国」という間違った固定観念 common stereotype の出発点がある。

しかし、これは、多文化主義 multiculturalism、文化相対主義 cultural relativism に立てば、ありえない考え方だ。文化に遅れているも進んでいるもないからである。しかし、日本の知識人のほとんどは、なぜかこうした考え方になり、日本が異質で遅れていると信じ込み、日本を嫌悪 hate するようになるのだ。

確かに、日本には明らかに、欧米とは違う面がある。民主主義

democracy も資本主義 capitalism もすべて欧米の産物であるから、それを構成する論理 logic や戦略 strategy は日本にはない。さらに、社会は論理より情緒的なもの emotion に支配され、人脈 personal connection や系列 keiretsu でものが動く。争いごと dispute を嫌い、本質的な対立 conflict を避けるために、妥協 compromise ばかりをくり返すなど、欧米文化を知った者にとっては日本社会がイヤでたまらなくなる。こうなると、彼らは本当に日本を愛さなくなる。自分がそこに生まれ、そこで育ったにもかかわらず、その文化と社会を破壊 break したい願望 desire にとりつかれる。この典型的な例が、竹中平蔵だ。

とくに、欧米で差別 discriminate されて帰国した日本人ほどこの傾向 tendency が強くなる。欧米の白人社会 white community には、明らかな東洋人に対する差別 racial discrimination があり、さらに、外国人 foreigners には目に見えない内輪の掟《おきて》 inner rule や人脈 human network も存在する。だから、一般の日本人が考えるほどその社会は甘くなく、実力 ability だけでは突破できない壁 wall に跳ね返されることもある。ただ、それでもその壁を乗り越えられる人間は、このような心理状態 mentality にはならない。が、この壁によって跳ね返された人間は、自分が受けた屈辱体験 humbling experience を、今度は同じ日本人に対して与えたくなるようだ。だから、彼らは、帰国すると出国前とはまるで違う人間になって帰ってくる。これは、明らかなコンプレックス inferiority complex の裏返しで、これこそ、国家と国民に対する最悪の行動なのである。

これまで竹中が唱えてきた改革の裏側には、こうしたコンプレックスに基づく、危険な自国破壊願望が隠されている。

「日本を愛する人」と「愛するふりをする人」の違い

欧米を知った日本人が取りうるスタンスは2つある。前記したように、日本と欧米の違いを知ったうえで日本を軽蔑 look down し、否定 deny するか、それゆえに日本を肯定 affirm するかの2つである。否定してしまえば、日本が愛せなくなる。だから、彼らの口癖 favorite phrase は「アメリカでは」「ヨーロッパでは」となり、改革と言うとすべてそのモデル model は欧米に存在し、「レーガンの政策はこうだった」「サッチャーの改革はこうだった」ということになってしまう。「日本の常識は世界の非常識」などと言う人々も、同じメンタリティを持っている。

ただ、ここまでいかなくとも、日本の知識人で国際派と呼ぶような人々の多くは、日本を否定したうえでなにかを訴えるというメンタリティを持っている。したがって、彼らの結論 conclusion は、いまでも「日本は欧米の基準に合わせるべきだ」という極めて陳腐《ちんぷ》なものとなる。つまり、コピーキャット copycat（物まね猫）になることこそが、日本がやるべきこと should be doing だと言うのである。私は、このことがどうしても理解できない。

彼らの多くは、クラシック classical music を聞き、オペラ opera やバレエ ballet を愛し、ワイン wine に精通していて、ディナーというとフランス料理 French を食べる。あるいは、アメリカのとても文化とは言い難い娯楽映画 pop movie やポップ音楽 pop music を喜んで受け入れ、それに精通していることを自慢 show off する人間もいる。そして、私のような日本語が話せる白人にも英語で話しかけ

approach me in English、日本の否定的な面 negative side ばかりを語るのだ。

彼らは本気で、日本は息が詰まる重苦しい社会だと信じているらしい。しかし、それは単なる文化の違いにすぎず、私は1人の個人としては、この国の文化や社会のほうが欧米社会よりよほど自由で暮らしやすい free and comfortable と思っている。だから、この本を読んで誤解しないでほしいのは、私が日本の問題点を積極的に攻撃、暴露するのは、それがジャーナリストとしての使命だからで、日本を愛していないからではない。

しかし、海外体験を持ち、そのなかで苦しみながらも日本を肯定できる人は、日本を愛し、欧米基準 Western standards の優れたところは認めても、「それに合わせろ」などというバカげたことは言い出さない。また、日本人が欧米人より劣っているとは考えない。ただ、欧米のいい面は認め、日本をどう改革すればいいかを提言する。これが本当の国際人であり、本物の日本人である。グローバル化 globalization が進んだ現在、もっとも必要とされるのがこうした人材 human resources だが、日本ではこうした人材が極端に少ない。つまり、本当に「日本を愛する人」が少なく、帰国組のなかには「日本を愛するふりをする人」ばかりが目立つ。

そして、さらに悪いことは、一般の日本人 ordinary Japanese がこの両者の区別がつかず、ナショナリズムに翻弄《ほんろう》 fuel されて、盲信的 blindly に日本を愛してしまうことだ。海外に出て自国と自分を確認しなかった人々にとっては、自国と他国、自分と他者 oneself and the others を分けているものがわからない。だから、いたずらに内に立てこもって、妄信的に日本を愛してしまう。こうなると、日本は完全なる「異質な国」alien country であり、けっして外国には理解されないコミュニケーション不能の国になってしまう。「日本は神の国」と言い出した森喜朗前首相などは、完全にこのタイプである。もちろん、小泉もまたこのタイプだ。彼には留学経験があるといっても、それはインチキ留学だから、本物の留学体験を持つ竹中を盾にして hide behind、その偽善 hypocrisy を隠しているだけであろう。そして、竹中は小泉の権力を利用しているだけだから、「日本を愛する」という観点 viewpoint で見れば、この政権はあまりにも歪《ゆが》んでいる。

ともかく、日本のナショナリストの多くは、じつは、もっとも気が弱く、世界から馬鹿にされるのがイヤで声高に叫んでいる bawling out だけだ。だから、よけいに始末が悪い。なぜなら、海外に出た日本人に前記した2つのタイプがあることすら理解 recognize できないからである。

つまり、彼らの敵 enemy は、じつは外国ではなく、本当は日本人で外の世界を知ってしまった人々である。だから、彼らはただ英語を話せるだけの日本人でも、「売国奴」traitor 扱いしてしまう。本当の「売国奴」と、「日本を愛する人間」の区別 discrimination がつかない。じつは、英語を話せる人間の方が、よほど愛国者 patriot であることは多い。

郵政民営化反対派には、じつは本物の「日本を愛する人」も多くいた。もちろん、妄信的な愛国者もいた。しかし、一般の日本人はその区別がつかないばかりか、小泉・竹中コンビのような、じつは「日本を愛していない」人々の口車に乗せられて taken in by their fast-talk しまった。

竹中平蔵は、本当に「売国奴」なのか？

欧米にコンプレックスを抱き続けている人間というのは、欧米側から見れば、もっとも利用しやすい人間 useful person である。なぜなら、彼らは自国を欧米よりも劣っていると考えているからだ。しかも、故国 home country を愛していない。

こんな人間が、その国のトップにいれば、欧米側はいとも簡単にコントロールできる。圧力 pressure をかけたり、脅かしたり threat する必要もない。そんなことをしなくても、欧米のものならなんでも喜んで受け入れてくれる accept everything からだ。

欧米諸国 Western Powers は、16 世紀以来、4 世紀以上にわたって植民地 colonies を経営してきた。だから、植民地人 colonial subjects がどんなメンタリティの基に行動するか、熟知している。が、悲しいかな、利用される側の植民地人は、自分の行動 behavior が自国民になにをもたらすのか気がつかない。気がつかないままに、喜んで宗主国 colonial master の命令にそって行動する。竹中平蔵がやっていることは、まさにこれだ。つまり、現在の日本の宗主国であるアメリカにとって、竹中ほどいい生徒《グッドピュピル》 good pupil はいない。その成績は、常に「A」だ（アメリカでの成績は ABCDF 評価で、A がトップで F が落第)。

彼がハーバード大学でフェローとしてどんな評価 evaluation を得ていたのか知らないが、彼はいまでも「A」をもらうために行動し、改革を進めている。「A」をくれるのは、日本国民ではなく、アメリカ政府 U.S. government だ。

ジャーナリストの徳本栄一郎氏が『文藝春秋』(2005年12月号)に書いた「竹中平蔵が総理大臣になる日」には、竹中がアメリカ側からどのような評価を受けているかが詳しく書かれている。この論文によれば、第1期ブッシュ政権で経済諮問委員会委員長を務めたグレン・ハバード Glen Hubbard(現コロンビア大学ビジネススクール学長)は、「竹中は傑出したエコノミストであり、改革実行に有能さを発揮した。彼が直面した課題には、経済の知識だけでなく、官僚機構を改革できる人間が必要だった」と述べている。また、竹中がハーバード大学大学院を卒業後に籍を置いた国際経済研究所(IIE=Institute for International Economics)のフレッド・バーグステン国際所長 Fred Bergsten も、同じくこう述べている。

「ワシントンの竹中評は A プラスと言える。彼は日本の改革に正しい考えを持っているだけでなく、極めて巧みに実行に移した。当初は失敗も犯したが、すぐに政策を政治的現実に変えるコツを学んだと思われる」

つまり、竹中は、アメリカでは「A」ではなく、その上の「A⁺」(エイプラス)評価の超優秀な生徒なのである。

2005年8月2日、参議院郵政民営化に関する特別委員会で、民主党の櫻井充参議院議員は、2004年のアメリカの『対日年次要望書』(Annual Reform Recommendations from the Government of the United States to the Government of Japan)の内容を取り上げ、竹中がアメリカ側の要望にそって郵政民営化 postal privatization を進めていることを厳しく批判した。しかし、竹中は、こう答えている。

「アメリカはどういう意図で言っておられるか私は知りませんが、

かつ、これはもう私たち、これはもう国のためにやっております」
「郵政の問題につきまして外国の方から直接要望を受けた事は一度もございません。（中略）これは個別のアイテムについて、保険はこうしてくれ、株はこうしてくれと、そのような要望に関して、外国の方から私が具体的な要望をいただいた事、そのような場を設けた事は一度もございません」

（参議院郵政民営化に関する特別委員会議事録より）

じつはこの1年ほど前の2004年10月19日、竹中は衆議院予算委員会で、やはり同じように、『対日年次要望書』のことを質問され、「存じております」と答弁 answer しているから、この答弁は明らかに矛盾 contradictory していた。

さらに、徳本栄一郎氏の「竹中平蔵が総理大臣になる日」論文は、アメリカ側が書簡 letter によって、竹中に郵政民営化を促進 promote するよう要望していた事実を明かしている。書簡の主は、ロバート・ゼーリック前米通商代表部（USTR=United States Trade Representative）代表 Robert Zoellick（現国務副長官）で、その日付は、2004年10月4日。第2次小泉政権の内閣改造 reshuffle of the Cabinet で、竹中が郵政民営化担当大臣に就任 assume した直後のことだった。以下は、徳本氏の論文からの引用である。

英文2枚の文面はまず、竹中の大臣就任への祝辞で始まり、金融担当大臣時代の功績を称えている。その上で、郵政民営化には、郵政公社と民間業界の平等な競争が重要で、彼の強いリーダーシップが役立つと続ける。

その上で書簡は、5つの具体的要望を列記している。

① 2007年の民営化以降、郵貯と簡保に、保険業法、銀行法と同様の規制、義務、監督を課す。②完全に平等な競争条件が実現するまで、簡保、郵貯の新商品、商品見直しは認めない。③新しい郵貯、簡保は相互扶助による利益を得てはならない。④民営化の過程でいかなる新たな得点も郵便局に与えない。⑤民営化の過程では透明性を維持し、関係団体に意見を表明する機会を与え、決定要因とする。文面の末尾は手書きで、「あなたと仕事をするのを楽しみにしている」と結んでいる。これを読む限り、「郵政の問題につきまして外国の方から直接要望を受けた事は一度もございません」という竹中の答弁は明らかに矛盾する。

(徳本栄一郎「竹中平蔵が総理大臣になる日」より)

このようにどこから考えても竹中の行動は、日本国民の利益benefitを考えてのものではない。ただ、徳本氏は論文の最後に、「これを以て、彼が米国の手先、代理人だと断言できるのか。筆者の結論はイエスであり、ノーだ。竹中が米国政府、経済界から逐一指令を受け政策を作っているかと聞かれれば、答えは否である。むしろ、80年代にハーバードや国際経済研究所で学ぶなか、次第に彼らと同じ経済哲学、政策に染まっていったと見るのが妥当だ」と述べている。

この徳本論文は注目を浴び、2005年12月のテレビ朝日『サンデープロジェクト』に竹中がゲスト出演した際に、田原総一朗が取り上げた。そして、竹中に、アメリカの要望で動いているのかという質問をぶつけた。ところが、竹中は「それは幻想です」とだけ答え、なんとそれで話は終わってしまったのである。まるで、この2人が示し合わせたような展開だった。

ともあれ、すでに私が指摘 point out したように、竹中のなかにはアメリカ留学で身につけてしまった「日本破壊願望」があり、彼は植民地人間の典型的なタイプ typical type である。このメンタリティは消しがたい。彼は自分が「売国奴」traitor とは思っていないかもしれないが、結果的には立派な「売国奴」である。

郵政民営化をめぐって国会で竹中と論戦 Diet debate した民主党 DPJ の五十嵐文彦前議員は、「もっとも頭のいい政治家だが詐術を駆使する」と、彼を評している。

竹中の変節とエコノミスト植草一秀の逮捕劇

竹中平蔵は、かつては「ハードランディング hard-landing」論者だった。金融危機 financial crisis が起こり、不良債権処理が緊急の課題 urgent problem だったころ、彼は確かに「早急な解決のために公的資金を一気に投入せよ」と主張 insist した。しかし、政権の中枢に入ると、いつの間にか「ソフトランディング soft-landing」論者となり、彼のプログラムにそって日本の不良債権処理は、これまでゆるやかに行われてきた。その過程で、リップルウッド Ripple Wood Holdings によって長銀が買収 buy out されて新生銀行となり、投入された日本国民の税金はドルとなってアメリカに持っていかれた。また、ハゲタカファンド vulture fund が次々に上陸し、日本国内の優良資産 prime assets を買い漁《あさ》って、莫大な利益を上げた。

私はかつて、「ハゲタカファンドを敵視してはいけない。彼らは日本ができない不良債権処理をやってくれている」と主張したが、この過程を見ていて、その裏 behind the scene でなにが行われてきたのかを考えると、自身の主張が間違っていたと思っている。というのは、この過程で儲けたのは常にアメリカだったからだ。つまり、アメリカの金融ビジネスにとって、ハードランディングは歓迎できないこと not welcome だった。ソフトランディングによるゆるやかな処理 disposal のほうが、彼らの利益 profit が膨らむからである。

つまり、竹中のソフトランディング路線への転換 conversion は、アメリカに莫大な利益をもたらしたのだ。だから、彼は「アメリカの手先」running dog of the U.S.「アメリカ代理人」U.S. agent と言われるようになり、結果的にまさしくそのとおりの行動 behavior をくり返してきた。

そして不思議なことに、竹中は改革を唱えながら、この国の根本問題である巨額な財政赤字 huge financial deficit については、ほとんど発言しないできた。日本を蝕《むしば》む最大の病理について、常に発言 statement を避けてきているのだ。

経済学者の植草一秀氏は、早くから竹中平蔵の暴走に鋭い批判を展開してきた。まさに「反・竹中」エコノミストの１人だったが、2004 年 4 月、不可解な事件 inexplicable case によって逮捕されてしまった。

彼は、日本政府の借金依存体質 dependence on borrowing が続けば、最後には借金逃れのために、ハイパーインフレ hyper-inflation を起こすだろうと指摘していた。無差別に紙幣 bill を印刷して市場 market に流通させ、借金をチャラにしてしまうに違いないということを言い続けてきた。ハイパーインフレになれば、貨幣価値 money value は急落し、物価 prices は極端に高騰 skyrocket する。結果的に、借金はどんどん目減りする。しかし、この政策 policy は国民を地獄に導くものであり、アルゼンチンの例は対岸の火事 fire on the other side of the river ではないということを主張していた。

植草氏が逮捕された事件は、本人の信用を失墜《しっつい》させるには格好の事件 loss of credibility from the scandal だった。彼は、女子中学生のスカートの中を盗み見した嫌疑 suspicion of secretly watching the inside of a junior high girl's skirt をかけられた。女子中学生を尾行したうえ、手鏡で覗《のぞ》いたとされた。

しかし、被害者 victim とされる女子中学生は被害届けを出していないし、最初は携帯カメラで盗撮したと言われたが、その携帯には映像が写っていなかった。が、検察側は強引に刑事告訴 criminal complaint し、彼は名誉 honor と職 job を失ってしまった。

私は植草氏に会って話を聞いたが、「逮捕される数日前から尾行がついているように感じていた」そうで、逮捕後は「いくら無罪を主張しても取り合ってくれなかった」と嘆き、「捜査の裏に意図的なものが感じられた」と言うのだった。

ミサワホームの産業再生機構入りの裏側になにが？

2004 年 12 月 28 日、住宅会社のミサワホームの産業再生機構入りが決まり、最終的にはトヨタ自動車に売却されることになった。

しかし、このプロセスに不満を持ったミサワホームの創業者 founder の三澤千代治氏は、2005 年 8 月に、竹中平蔵を「国務大臣としての職務を逸脱した一私企業への圧力であり、職権乱用にあたる」として、公務員職権乱用罪（刑法193条、最高懲役2年）に基づいて刑事告発した。ところが、現職の大臣の刑事告発は極めて異例 extremely rare にもかかわらず、日本の大手メディアはこの件をまったく報道 play up しなかった。

じつは、竹中大臣、トヨタの奥田碩会長（日本経団連会長）、産業再生機構とミサワホームをめぐるトラブルは、これ以前からずっと続いていて、大手メディアが報じなかったから一般には知られていなかっただけにすぎない。そこで、その経緯を記しておくと、その発端 beginning は、バブル崩壊後にミサワホームがメーンバンクの UFJ 銀行の“飛ばし”を押し付けられたことにあった。その結果、ミサワホームは経営が悪化 declining company してしまい、自力更生が困難な状況に追い込まれたのである。

産業再生機構入りする前のミサワホームは、最終的には UFJ 銀行から1000億円の優先株 preferred stocks の買い取りによる資金提供 financial assistance を受けることになり、社長に UFJ の水谷和生氏を受け入れた。この過程で、三澤氏は私財 private fortune をすべて差し出し、社長を退任し、再出発を目指すことになった。ただし、こうした過程で、竹中の実兄でミサワホーム東京社長の竹中宣雄氏が、「弟が再生機構を利用するようにと言っている」と、三澤社長に打診。三澤氏がそれを断ってきたという経緯があった。さらに、三澤社長は竹中大臣の仲介 mediation で奥田氏に会い、トヨタの支援を勧められて、これを断っていた。トヨタは住宅部門のトヨタホームが不振 slump で、ミサワを欲しがっていたからだ。

こうした動きに危機感を持った三澤氏や OB たちは、2004年の秋になると、自主再建 independent reconstruction を目指して「ミサワファンド」を結成し、独自で資金集めに入った。しかし、11月27日、読売新聞が「ミサワホームの産業再生機構活用へ」と報じたので、この記事により、実質的に産業再生機構入りとトヨタへの売却が決まってしまった。なぜなら、「再生機構入り＝実質、倒産」だから、営業キャンセルが続出したからだった。

読売新聞の記事は、奥田氏の「再生機構に行ってもらったほうがいい」という発言に基づいていたので、自主再建を目指す側は「これは意図的なもの」と受け止めた。そして、同日、あわてて会見し、「外資からも融資を受け、3000億円調達のメドがついている。再生機構活用の必要はない」と、ファンド設立による自主再建スキームを明かしたが、結果的に流れは変えようがなかった。

こうして再生機構入りが決まったが、年が明けてからしばらくたった2005年3月28日、ミサワの自主再建を目指した告発人3人が、突如、斉藤淳・産業再生機構社長を公務員職権乱用罪で刑事告発した。しかし、これもまったく報道されず、前記した8月の三澤氏本人の竹中告発へとつながっていったのだ。

外国人記者クラブで三澤千代治元社長が述べたこと

日本外国人記者クラブFCCJは、2005年6月23日、三澤千代治氏を招き、記者ブリーフィングを行った。この時点ではまだ、三澤氏本人の竹中告発前だったが、状況statusは同じだった。そこで、このとき、三澤元社長が述べたことを以下そのまま掲載する。これは、一般の読者には説明explanationを加えなければわかりづらいかもしれないが、要旨summaryをあえてそのまま掲載することで、なにが問題だったのかを知ってもらいたいからだ。また、三澤氏の主張が正しいかどうかも、読者の判断 judgment に任せたいからである。

ただ、小泉・竹中コンビによって日本が改革されていく渦中で、このようなことが起こっている。そして、それがはたして日本と日本国民のためになっているかを考えるためには、この事件は重要な一例であるのは確かだと、私は思う。

■三澤千代治ミサワホーム社長の冒頭発言から

私と水谷社長とは意見が合わないということで、私は名誉会長も辞任いたしました。私は、会社が買収されるということを危険に感じたものですから、ミサワホームの OB の社員でミサワファンドをつくりました。調達した金額は 3000 億円です。今日もお越しいただいておりますが、小竹弁護士、勝谷公認会計士と相談して、会社の借り入れのうち、UFJ の分、優先株、それから借り入れを、全額引き取るという交渉を銀行といたしました。銀行は、申し込みののち 3 日後に、検討することもなく、申し込みを断ってきました。

ミサワファンドは、250 名の社員、OB の会社でありますが、代表者は、ミサワホームでいちばん古い社員だった山沢専務、それから技術系の加藤専務、2 名が代表となっています。

ミサワファンドができたことによって、トヨタ自動車さんはあわてまして、第 4 回目の買収を仕かけてまいりました。これは、大がかりなものでありまして、竹中大臣に奥田会長がまず相談し、竹中大臣は金融大臣の伊藤達也に相談し、五味長官を伴っております。金融庁は、さっそく UFJ に指示をいたしまして、UFJ の意向として今回の買収を進めることになったわけです。この買収に中央青山監査法人も関係しております。なにを考えているかと申しますと、産業再生機構にミサワホームを入れて、産業再生機構に入れるほど悪い会社なのでトヨタ自動車が面倒を見る、スポンサーになるというシナリオです。

まず、どういう方法であったかと言いますと、中間決算が会社のほうは11月に終わっておったわけでありますが、経団連会長、奥田会長が、「ミサワホームは産業再生機構に行けばいい」という発言をいたしました。奥田会長の意向を受けて、銀行、それから監査法人、会社は決算で100億円の純利益予想をしていたものを、5億5000万円に18日後、変更しています。決算が18日で100億が5億5000万円になるというのは、極めて異例なことであるということを、中央監査法人も言っております。どういう方法で産業再生機構に入れるかということを奥田会長は考えまして、パーティの後、記者団の方に、朝日、毎日、読売、日経、産経さんの記者団のところで、「ミサワホームは再生機構に行けばいい」という話を、ひと言、話をしました。これを読売新聞だけが取り上げまして、こういう記事が11月27日に一面記事で、「ミサワホーム、産業再生機構に」と書いたわけです。

驚いたのは、私はもちろん驚きましたけど、いちばん驚いたのは同席していた朝日新聞、日経新聞です。私は、朝5時に叩き起されまして、朝日新聞が、「あれは記事じゃない」と。「記事ではないものが、どうして読売新聞で記事になったんだろう」ということを言っていました。朝、会社に9時に来ましたら、日経新聞さんが来ておりまして、「あれは記事じゃない。これは読売新聞さんと奥田さんがなにか約束してたんでしょう」という話でございます。

マスコミの責任は非常に重いと思うのですが、いったん読売新聞の一面記事に出ますと、世の中の流れができまして、地方紙にはたくさん掲載されましたし、ミサワホームが再生機構に行くということは、既成事実のように言われたことになります。

私は、中央青山監査法人の上野理事長とは長いおつき合いでありますので、この問題について、18日間で読売新聞に出たので決算を変更したというのはおかしいのではないかということを、担当の黒田公認会計士のほうに、つい最近話をいたしました。中央青山監査法人はUFJの監査法人でもありますし、トヨタ自動車の監査法人でもあります。ミサワホームの監査法人でもあるわけですが、「ミサワホームが不利なことを、なぜ行うのですか」ということで、強く抗議をいたしました結果、翌日、理事長は辞任いたしました。

産業再生機構に入ったことにつきまして、私が非常にいま強く思っておりますのは、そんなに借りが多くないということです。産業再生機構に入る条件といたしまして、「10年たっても返済ができない場合」ということが明記されております。ところが、私どもの会社は8年8カ月で返済できるというキャッシュフローであったわけです。産業再生機構では「過大な債務」という表現になっておりまして、法律上は第22条にそのようなことが書かれております。

会社は、それから銀行は、あるいはトヨタ自動車さんは、なんとかミサワホームの会社が、キャッシュフローは良好であるので、資産の査定をやって債務超過にしたいということが進みました。債務超過にするための資産査定が、役員会を行わないまま、会社の重要な資料がUFJに持ち出され、UFJから産業再生機構に渡ったわけです。

役員会にかけないこと自体法律違反ですが、それよりも、評価の中身が極めてデタラメに近いものであります。例えば､知的財産権。先ほど申し上げましたように、私ども、技術を携える会社ですから4万件ありまして、これを特色とした会社でありますが、知的財産権の評価がゼロという評価になっております。北海道、それから長崎で私どもが分譲している分譲地の評価を3分の1で行いました。

明確な数字じゃないんですが、東京都にある20万坪という大きな、これは素地でありますが、50億円の評価のものを、およそ1億円で売却しております。それで債務超過になった結果、再生機構に入ったわけですが、とにかく現在、役員会で、総会でトヨタ自動車に株式を渡すことになっておりますけれども、現在、株は400円しておりますけれど、有利発行の200円であります。

これも、過去1度もない数字を使っての買収ということになりました。

■三澤社長と記者との質疑応答から
――会社の状況および告訴の内容について

正確な数字があれば、私の知るかぎり提供したいと思います。それから、訴えるという問題につきましては、すでに立件も起こっておりまして、いくつか申し上げます。まずは、刑事に対して、株主代表訴訟が起こっております。それから環境建設株式会社（注・三澤氏が筆頭株主の私的企業）を倒産させたことにつきまして、株主代表訴訟が起こっているわけです。それから、ゴルフ場4カ所、民事再生を申請いたしましたが、ゴルフ場の会員が怒りまして、保証金の返還訴訟と、それから、「この民事再生は詐欺である」という訴えが昨日行われました。それから、今後私どもは検討いたしまして、株式の証券取引等監視委員会のほうに申請、あるいは国会において議論していただくというつもりでおります。

——経営責任について

会社の過去の私の経営のミスにつきましては、先ほど申し上げましたように、バブル時代に金融機関からいろいろご紹介いただいた不動産、それから飛ばしを引き受けたということが問題だと思います。それから、私自身が購入した土地が値下がりしたということもあるわけでありますけども。

非常に大きな、1500億円もする金額を銀行から押しつけられたということについて、銀行のほうも、私には経営責任がないと言っているわけです。ないけれども、道義的には、ありますね。

みなさんのお手元の資料のなかに、私が退任したときの責任問題も入っていると思います。読んでみていただきたいと思います。

——なぜ日本のメディアは報道しないのか？

ミサワホームの株主、複数の方々が、環境建設を潰したということによって、会社に莫大な損害を与えたので、刑事的な責任があるという訴訟であります。水谷社長ほか、役員4名全員が対象になっております。関西の株主さんが10名ほどまとまって株主代表訴訟をするわけですが、東京へ出てきて記者会見いたしまして、「奥田さんの発言は風評被害である」と。「取り消し、白紙撤回してほしい」という発表がありました。今日と同じくらいの記者の方が集まっていただきましたが、一切これは新聞に出ない、テレビでも報道されない。記者の方は原稿を書いたのだと思うんですが、どこかで記事にならないということで、私がみなさんに話をしておりますことは、一般には知られないままになっているわけです。それで、今回、月末に株主総会がありますので、そこで、この内容の話を会社側にしてみたいと思っております。

――なぜ、自殺者が出たのか？

自殺は、私どもの社員の、金融を担当していた子会社の役員、岩城という者でありますが、これは、UFJ 銀行さんがミサワホームに飛ばしをやっていたわけです。その、飛ばしをやった 18 件の案件を、一覧表にまとめたのです。これは銀行に対して極めて不都合な書類をつくった本人であります。私が命じてつくってほしいと頼んでおいたものですから、つくったわけです。その書類があるということで、おそらく銀行も、いろんな関係者も来られたんだと思うんですね。あるいは相当ひどい目に遭ったのだと思います。それは、本当に気の毒なことなんですが、退職する 3 日前に、これは国分寺だと思いましたが、電車に飛び込んだということになっております。これは､毎日新聞がこういうかたちで報道されております。『サンデー毎日』です。

――告訴の背景

これは、巧妙にトヨタさんは立ち回りましたから、直接の関係者ではないことになっているわけです。ただ、事態を調べていきますと、トヨタさんが最初だということになるのだと思います。ただ、奥田会長は、たびたびマスコミで「ミサワは再生機構に行く」という話をして流れをつくったわけですから、責任は当然あると思います。

今回は、関係者が多くて、トヨタ自動車の奥田会長、それから竹中大臣、それから竹中大臣のお兄さんの竹中社長。それから、UFJ銀行の引退した役員の方々ですね、それから現在の役員。それから水谷社長。再生機構。それから金融庁。さらに、中央青山監査法人。もう、関係者がたくさんあって、非常に森の中に問題があるようでわかりにくいんですね。これ、日本語では、「藪の中」と言うんです。「藪の中にいる」。それで、今回、誰がいちばん悪かったかということは、私、申しますと、「藪の中」というのを「竹の中」と言い直しているんですよ。竹の中です。

——最後に訴えたいことは？

私が最後に申し上げたいのは、成熟した資本主義のなかで会社が買収される、M&Aがあるのは当然のことだと思うのですね。それでいいと私は思っておるわけです。ただ、その場合には、友好的な買収、あるいは、堂々と敵対的な買収。どちらもいいと思うんですね。今回の場合には非常に不明瞭に政治家であるとか金融機関であるとか、あるいは行政が絡んで、わからないかたちで買収してしまう。トヨタ自動車がミサワホームを助けたというかたちで、いちばん悪いことをしている人たちが、いいことをしたという結果に終わらせるのは、私は承服できないわけです。

社員がやる気になるのがいちばんいいことだと思うのですが、今回、ミサワファンドというファンドができて、社員が自主再建をするということが明確になったわけでありますし、それを申し込んだのにわざわざ断った銀行は、おかしいわけです。

また、それを再生機構に持ち込んだトヨタの奥田会長はおかしいわけです。もう少し仕事はフェアにやってもらえれば、当然、ミサワファンドは再生したと思っています。

アンフェアな出来事であるということを、みなさんにご理解していただきたかったわけです。再生機構を使ったということは、再生機構は国民の税金でやっているところでありますから、国民の税金を使ってM&Aをするというような話は、極めておかしな話だと思います。

日本を本当に運営しているのは経済財政諮問会議

現在、日本政府の権力の中枢 center of power は、首相・小泉純一郎を中心とした閣議 cabinet council にあるのではない。彼が内閣府に設置した経済財政諮問会議にあると考えるのが妥当だ。なぜなら、ここで改革の大筋 rough scheme が決まるからである。小泉以前の政府では、数ある諮問機関のなかでもっとも権威があったのは、政府税調だった。しかし、現在はなんといっても経済財政諮問会議だという。もちろん、この諮問会議の議長 chairman は首相の小泉であり、そのほかに10人のメンバーがいるが、ここをほぼ仕切っているとされるのが、竹中平蔵である。そして、彼は、この民間メンバーとは極めて良好な関係 friendly relations を築いていると言われている。

では、その民間メンバーとは誰か？

最初に名をあげなければいけないのは、やはり、日本を代表する世界企業・トヨタの会長である奥田碩・日本経団連会長だろう。そして、牛尾治朗・元経済同友会代表幹事（ウシオ電機会長）、本間正明・大阪大学大学院教授、吉川洋・東大大学院教授、この４人である。彼らは、民間メンバーだけの「四人会」と称する内輪の会議 inner meeting をつくり、竹中平蔵が経済財政政策担当相だったころは、会議にはほとんど出席していた。そして、竹中と４人の民間メンバーが諮問会議の議論をリードして、「骨太の方針」など、小泉内閣の改革案 reform policy をまとめてきたと言われている。しかし、大手新聞の担当記者によれば、「改革案をまとめる議論を本当にリードしてきたのは、竹中よりは、むしろ彼の恩師である本間正明のほうでしょう」と言う。

本間教授は、イギリス留学から帰国した後、十数年前、大阪大学教授のまま、旧大蔵省の財政金融研究所の特別研究官に就任してから中央に足がかり toehold in the central government をつかみ、加藤寛・前政府税調会長（現千葉商科大学学長）の引きや、大田弘子・前内閣府政策統括官らの人脈 human network に乗って、いまの地位 position を築いたという。そして、現在は、諮問会議のメンバーばかりか、政府税調、産業構造審議会（経産省の諮問機関）など有力諮問機関の委員も歴任しているので、彼がまさに、日本国の経済政策 economic policy の真の運営者 true managcr と言っていいのだ。そして、竹中は、この本間教授とタッグを組んでいるとされ、頭の悪い小泉 born idiot Koizumi ではこの２人の政策を理解できるわけがないという。

実際、「民営化」privatization の切り札とされた「独立行政法人改革」

「小泉改革の総仕上げに向けて全力で取り組む」と熱弁をふるう竹中大臣。
（写真／時事通信社）

reform of independent agency や「市場原理主義」market mechanism の受け売りの「骨太の方針」などは、サッチャー時代のイギリスに留学した本間教授らしい政策である。

いずれにせよ、この経済財政諮問会議の人脈によって、日本は運営されている。

2006年1月17日、竹中総務・郵政民営化担当大臣は、2007年10月にスタートする民営化の準備企画会社（持ち株会社の前身になる会社）「日本郵政」の社外取締役 outside board members 5人を発表した。この5人のなかには、もちろん、奥田碩・日本経団連会長も牛尾治朗・ウシオ電機会長も入っていた。

小泉はゴルバチョフ以下の「地獄への案内人」

2005年12月27日、竹中大臣の担当省庁である総務省から、11月の消費者物価 consumer price の総合指数（2000年＝100）が98.0であると発表された。これは、前年同月比で0.1%の上昇で、2003年10月以来の出来事だった。つまり、日本はデフレ deflation を脱却 breaking away しつつあることが、この数字によって裏付けられた。もちろん、この傾向は、2005年8月の「踊り場脱却宣言」

や、9月中間決算の好調な企業業績corporate performanceの発表以来、市場関係者にはわかっていたことである。

また、世界経済 global economy はすでにインフレに入っていて、アメリカの FRB は FF レート（federal funds rate）を 4.35％まで引き上げていたし、EU も政策金利上昇に動いていた。だから、日銀の福井俊彦総裁は、量的緩和政策 quantitative easing policy の解除を示唆する発言をくり返すようになった。そして、その実施時期 timing について、「消費者物価指数が安定的にプラスと確認できた後」と言ってきた。

ところが、この発言に対して、小泉・竹中をはじめとする政府側は猛然と噛みついたのである。

「まだ早い。物価がゼロ以上ないと。まだデフレ状況だ」

小泉はこう言って、日銀をまず牽制《けんせい》 warn against した。さらに、竹中は、イングランド銀行の例を引き合いに出して、「日銀は政策ツールの選択において独立性を保つべきだと思う」と言いながら、「政策目標の設定は政府の特権であるべきだ」（『Newsweek 日本版』2005 年 12 月 21 日号）と、日銀をほぼ恫喝《どうかつ》 intimidate した。総務大臣の竹中が、担当外の経済政策について言うのもおかしいが、彼ははなからそんなことは省みない。

さらに、谷垣禎一財務大臣も「まだ、デフレが進行していると認識している」と言い、安倍晋三官房長官も「政府と日銀が一体となって政策を進めるべきだ」と追従 follow up した。そして、中川秀直自民党政調会長にいたっては、「政策目標について日銀に独立性なんてない。それがわからないなら日銀法の改正も視野に入れる」と発言したのだから、驚かされた。

これらの発言の意図 intention of these statements は、金利が上昇すれば国債が下落する。すると、利払い費 interest payment がかさんで予算が執行できないばかりか、財政破綻が現実化 realize してしまうから、それだけはやめてほしいということである。もちろん、これは財務省の本音 real intention でもあろう。

しかし、これでは日本は「統制経済」controlled economy をやっているということになってしまう。イギリスやアメリカのコピーの「新自由主義」、あるいは「市場原理主義」に基づき改革をやっているはずの国が、なぜ、こんなことをやるのか？ 金利は自由主義経済の基礎 bottom line である。この機能を政府が徹底的に管理し、しかも、増税、福祉カットに突き進む。こんなバカげた支離滅裂な経済政策が、日本では「改革」と称されているのだ。

これでは、本当に国が壊れ、国民は地獄に落とされてしまうだろう。そのときになって、小泉以下がみな人間の顔をしたゾンビたち zombies であり、「地獄への案内人」であったと気がついても、それはもう手遅れである。

かつて私は、小泉首相をルーズベルト Franklin Delano Roosevelt（1882～1945）か、フーバー Herbert Hoover（1874～1964）か、どちらなのかという記事を書いたことがある。これは、彼が就任した当時、外国人ジャーナリスト同士で話題になったからだった。しかし、そもそもこのたとえは完全 perfectly に間違っていた。なぜなら、小泉は改革者ではなかったからだ。

その後、私は小泉を、今度はゴルバチョフ Gorbachev にたとえた。それは、旧ソ連の共産党独裁政権 communist dictatorship がロシアン・マフィアと癒着 corrupt し、国民の富 national welfare を一部の独占階級にバラまいていた点において、日本の「政・官・業・ヤクザ」の“鉄の四角形” iron square と同じと考えられたので、そこに改革（ペレストロイカ）を唱えながら登場したゴルバチョフが小泉とダブって見えたからだった。しかし、ゴルバチョフは旧制度の枠組み flame of old system を壊せず、しかも、小手先の改革 superficial reform に終始したから、ロシア社会はどん底 bottom にまで落ちてしまった。

が、このたとえさえも、いまとなれば完全に間違っていたと言うしかない。小泉はゴルバチョフ以下だ。なぜなら、まだ、ゴルバチョフにはロシア国民に対する愛情 affection があったからだ。しかし、小泉ばかりか、竹中以下の取り巻きに、国民に対する愛情があるだろうか？　ないとすれば、いまの日本政府は、国民のためではなく not for the people、ただ国民への支配 for ruling the people を続けるためにだけ存在している。

Chapter 6

The Yokota Shogunate
横田幕府

アメリカの『年次改革要望書』が改革のテキスト

もはや一部では言い尽くされているが、アメリカが毎年日本に突きつけてくる『年次改革要望書』というのがある。いちおう日本語ではこう短く訳されているが、正式な英文では次のように長い。

Annual Reform Recommendations from the Government of the United States to the Government of Japan under the US-Japan Regulatory Reform and Competition Policy Initiative

だから、これを訳すと、「日米規制改革および競争政策イニシアティブに基づくアメリカ政府から日本政府への毎年の改革への要望」となるが、recommendations《リコメンデーションズ》（要望）とは書いてあっても、それはorders《オーダーズ》（命令）あるいはcommands《カマンズ》（指令）と思って間違いない。

とはいえ、これは秘密文書confidential documentでもなんでもなく、アメリカ大使館 Embassy of the United States Japan のウェブサイト Website（ホームページ）にアクセスすれば、日本語訳 Japanese translation も掲載されているので、日本国民なら誰でも読める。

→ http://japan.usembassy.gov/tj-main.html

だから、本書の読者にもぜひ読んでほしいのだが、ここに書かれていることは、この 10 年をふり返ればほぼすべてが実現 realize している。郵政民営化 postal privatization にしてもアメリカの長年の要求 request であったし、マンション耐震強度偽装事件で問題になった建築検査の緩和（建築基準法の改正）と検査の民営化 privatization も、じつはここに書かれていた。ホリエモンが得意になってやった会社買収 takeover も、アメリカによる証券市場 stock market の規制緩和要求と会社法改正や独禁法改正の要求があったからこそ、実行できたのである。

たとえば、ここ数年の主なものだけをあげても、次のように、図式化することができる。

1996 年「人材派遣の自由化」要求
→ 1999 年 労働基準法改正
1997 年「外国スーパーマーケットの日本出店」要求
→ 1998 年大型店立地法施行
2000 年「外国企業の日本参入」と「企業合併の簡素化」要求
→ 2003 年 商法改正
→ 2005 年 新会社法の施行

つまり、アメリカの『年次改革要望書』というのは、日本の改革のテキスト text なのである。Chapter 5 でも紹介したように、現在では、竹中平蔵・改革大好き大臣の「愛読書」favorite book「座右の銘」good words to live by などと言い換えてもいいだろう。

ということは、日本では独自の政治など行われておらず、日本の政治家 politicians と官僚 officials は、アメリカの政策を忠実に実行するただの下僕 servants にすぎないということになる。一見独立国 independent state に見えるこの国は、じつはアメリカの「属国」tributary state、「植民地」colony ということになる。

では、いったいなぜこんなことになってしまったのだろうか？

それは、もっとも簡単に言えば、日本が太平洋戦争 Pacific War でアメリカに負けたからだろう。そして、さらに言えば、戦後アメリカに占領 occupy され植民地となったからだろう。こう言うと、日本はサンフランシスコ平和条約 Peace Treaty signed in San Francisco で主権 sovereignty を回復したではないかと、必ず反論される。しかし、主権回復は上辺《うわべ》だけの話だ。日本はその後もずっと、アメリカのコントロール下 under American control にあり、その状態 status からいまも抜け出せていないのだ。

ただ、世界にアメリカの属国あるいは植民地と言われる国は数多くあるから、これはなにも日本だけの話ではない。しかし、日本はこれらの国々と、大きく違う面 different face を持っている。それは、不思議なことに、この異常な状態を国民自身がハッキリと認識 recognize していないことである。

不思議なことに、一般の日本人 ordinary Japanese の多くは、自分たちの政府 government が自分たちのためではなく、アメリカのために政治 politics for the United States を行っていることを知らないのだ。つまり、「本当の日本」real Japan を知らないのである。

これは、逆に言えば、アメリカの占領政策 occupation policy が実に見事だったということになる。しかし、日本人自身にもその責任 responsibility はあるだろう。とくに、日本の政治家や官僚など、この国の支配層 ruling elite が、この事実を巧妙に隠してきた点が大きい。だから、この国では、これまで本当の改革、つまり、国民の側にたった改革 reform for the people は1度も行われず、いまでも行われていない。

ふつうなら、この状態はとても耐えられるものではない。アメリカの完全なる下僕 perfect servant として生きることなど、プライドのある人々にとっては許容 accept できることではない。これは個人だろうと、国家だろうと同じだ。個人 individuals も国家 states も、自分で選んだ道を歩きたいはずだ。ところが、なぜか日本の支配層の人々は、この状態を甘んじて受け入れてきたのである。

だから、彼らは自分たちの醜い姿 ugly figure を国民の前にさらすことを、極力避け続けて continue to avoid きた。本当はアメリカの下僕《サーバント》なのに、それを国民に隠して、「みなさんのために政治を行っています」というポーズを取ってきた。しかも、メディアまでもこの状態を受け入れ、日本が置かれているリアルな姿を報道 play up してこなかった。

その結果、1990年代に経済が失速 going downhill すると日本の政治は迷走に迷走を続け、小泉政権になってからの日本は、国家としてはもっともグロテスクな状態を呈するまでになってしまった。彼らはアメリカの要求を「改革」reform という言葉にすり替え wag the dog、さもそれを行っているふり pretending to do it をして、国民生活を破壊 destroy している。郵政民営化は、それが最悪のかたちで現れた異常な現象であろう。

また、このマヤカシの改革は、「改革利権」right of reform まで生み出して、竹中のような人物が政権の中枢 center of power で暗躍している。言うまでもないが、このおかげでもっともソンをしているのが、ほかならぬ日本国民である。いったい、なぜ、日本はここまでひどくなってしまったのだろうか？

「政・官・業・ヤクザ」の連合体はアメリカが基をつくった

そこで、ここで日米関係 U.S.-Japan relation の歴史をさかのぼってみると、日本の支配層が国民に対して泥棒 thieves になってしまった原因 reason がおぼろげながら見えてくる。それはなんと言ってもまず、彼らがみなアメリカによって育てられた brought up by America からだ。

たとえば、これは言い古された話だが、自民党 LDP（Liberal Democratic Party）はアメリカの CIA の資金提供 CIA-funded の下につくられた。また、日本のヤクザや右翼も、なんらかのかたちでアメリカの資金提供を受けてきた。さらに、1960 年の安保闘争に参加した学生たちにも、アメリカは資金を提供 provide している。これらはすべて、アメリカが共産主義勢力 communist powcrs と戦うためであり、つまり、冷戦 Cold War がもたらした結果であった。

第 2 次大戦後、日本を占領したアメリカは、まず、日本を 2 度と戦争ができない国 country without war potential にしようと考えた。それで、この国から工業力 industrial power を奪い、農業国としての復興計画 rehabilitation plan が立てられた。それは、理想的な民主主義《デモクラシー》 democracy をこの国に根付かせることでもあった。だから、アメリカは日本に対して悪いことばかりをしたのではなく、農地改革 agrarian land reform を行い、財閥解体 disposition of financial clique を行い、飢えた人々に食料を配り、街では GI たちがガムやチョコレートをばらまいた。これで、過酷 cruel な占領政策が行われ、あるいは天皇 Emperor まで処刑されてしまうのではと考えた日本人は、逆にアメリカに感謝するまでになった。

しかし、これは 1950 年までのことである。ソ連との対立 conflict がはじまり、朝鮮戦争 Korean War（1950 ～ 1953）が起こると、アメリカの占領政策は大転換 reversion（逆コース）を余儀なくされた。日本を共産主義の拡大 expanding of communism に対抗する防波堤 breakwater にするために、日本の再工業化を許し、さらに戦犯 war criminals の追放《パージ》 purge も解き、右翼やヤクザも利用して、日本国内の労働運動と共産主義勢力を弾圧 clamp down した。これは、ナチス Nazis が使った手段と同じで、ナチスも共産主義者《コミュニスト》を潰すためには、警察でも軍隊でもない「ブラウン・シャツ」brown shirt（突撃隊 Sturmabteilung）という民間組織を利用した。

つまり、このときにできた枠組み framework が、それ以後の日本ではずっと維持されてきたのだ。「政・官・業」の連合体 coalition が日本の特徴とされ、そのコンボイ・システム convoy system（護送船団方式）が日本発展の原動力とされたが、じつは、その大元 origin はアメリカがつくったのである。これに、ヤクザが加わったのも、アメリカがその種をまいたからだ。

ナチスの体制は国家社会主義 national socialism だったが、日本も同じような体制にならざるを得なかったのである。

アメリカという国は、世界中に親米政権 pro-U.S. regime をつくらなければ気がすまない国で、そのためにはなんでもする。たとえその勢力がどんなルーツ、イデオロギーを持っていようと、「親米」pro-U.S. なら援助 support することをいとわない。これは、最近のベネズエラ Venezuela の反米大統領チャベス Hugo Chavez Frias を潰すための反チャベス派 anti- Chavez group への肩入れを見ても、ウクライナ Ukraine でユーシェンコ Viktor Yushchenko を当選させるために「オレンジ革命」Orange Revolution を演出 fix したことを見ても、いまも変わらぬアメリカの体質だ。だから、日本でも右翼 right- wings を復活させ、自民党を育て、ヤクザ gangsters にまで肩入れしたのである。そして、それでも足りないとなると、対抗勢力 opponent の左翼 left-wings にも秘密資金 secret fund を渡して政治的ムーブメントを起こさせ、最終的に、日本が親米でまとまる戦略 strategy を取ってきた。

日本では、これがじつに見事に行われ、1960 年の安保闘争を皮切りに、すべてに成功してきた。その結果、日本経済はどんどん発展 develop した。その工業力は世界を席巻《せっけん》 widespread し、ついにアメリカに次ぐ大国 the second power となったが、もちろん、その背景には冷戦という世界構造が欠かせなかった。

「アメリカに言われてやりました。ごめんなさい」

米ソ対立の冷戦、つまり、世界の 2 極構造 bipolar structure は 20 世紀後半の世界のリアルな姿である。しかし、この極東の島国 Far

Eastern island nationでは、人々はそれを直接肌で感じることなく生きてきた。だから、アメリカによって自分たちの国の政治がコントロールされていることも、感じ取ることができなかった。

アメリカはかつて「日独機関車論」を唱えて、ソ連と戦うアメリカの2つのターボエンジン turbo enginesの1つになることを日本に要求した。これを日本がドイツ Germanyのように拒否 refuseしていれば、今日のような日本はなかっただろう。ドイツはじょじょにアメリカの影響 influenceから逃れ、冷戦終結以後はヨーロッパ国家 European nationの位置に戻っていった。

しかし、日本は、1985年のプラザ合意 Plaza Accordで、アメリカの財政赤字 financial deficitのツケを円高 strong yenによって支払ったため、ますますアメリカの言いなりになる道を選んでしまった。こうしてバブルが発生し、それも崩壊すると、日本は国家目標 national strategyさえ失って、「失われた10年」the lost decadeをさまようことになったのである。

1990年の冷戦終結は、アメリカ自身にも大きな変化 big changeをもたらした。それはソ連という敵 enemyがいなくなったことで、次になにをしていいかわからなくなったからだ。しかし、彼らはいとも簡単に次の敵を見出した。それは、彼ら自身が育てた日本であり、アメリカはこの時点で、日本経済を新たな脅威 threatとする戦略に転換 convertした。だから、冷戦中は見過ごされてきた日本の「政・官・業・ヤクザ」の連合体による国家社会主義体制 national socialism systemは、アメリカの敵となった。

しかし、日本はこのアメリカの戦略転換を見抜けなかった。その結果、アメリカから突きつけられた内需拡大 expanding of domestic demandの要求を、「政・官・業・ヤクザ」連合は公共事業public worksによる内需拡大にすり替えたのである。

だから、1990年代をとおして、日本全土にわたって大規模な開発事業big development worksが行われ、その結果、「政・官・業」はますます強化されていったのだ。開発事業といえば、必ずその背後にはヤクザが絡むので、彼らもまた潤った。日本の「失われた10年」で、まったく傷つかなかったのは、こうした人々であり、一般国民はいつもおカネを巻き上げられる側だった。

もちろん、アメリカの要求がいつも理不尽irrationalだとは限らなかった。グローバル経済globalizationが進行するなかで、日本にとってメリットになるはずの要求も多かった。しかし、冷戦中に力をつけた日本の権力構造は、自分たちがアメリカの言いなりということが許せなかった。それで、なんとか裏をかこうfoiling American trapとはしたが、いつも間違った選択wrong choiceばかりくり返した。これは、不良債権処理disposal of bad loansが典型的な例typical caseだろう。不良債権などすぐに処理すればよかったのに、なまじ抵抗backlashして引き延ばしたために、ハゲタカファンドの餌食easy preyになってしまったからだ。

こうして失敗failuresをくり返したので、彼らはもはや国民に本当のことが言えないのだ。しかも、自分たちはかつてアメリカによって育てられたのだから、その秘密を国民に知られることも怖いのだろう。「みんなアメリカに命令されてやりました。そうして、失敗しました。どうか許してください。これからは本当のことを話し、みなさんとともに違う日本をつくります」

そう言ってしまえば、日本国民は目を覚まし、日本は立ち直るのに、彼らはいまだにそれをしない。だから、日本はいまも無責任体質のままである。「仕方なかった」(We had no choice.) というウソで、すべてをすまそうとする。しかし、そのツケがまわりまわって政府の大借金 huge debt となり、今後は増税国家になるのだから、これまで一生懸命働いてきた一般の日本人はどうしたらいいのだろうか？

永田町を10分で爆撃できるアメリカ軍

アメリカの言いなりの日本政府 Japanese government をなんと表現すればいいのだろうか？ 私は、あるときから、日本政府を「横田幕府」Yokota Shogunate と呼ぶことにした。それは、在日アメリカ軍 USFJ（US Forces Japan）の横田基地が、アメリカによる日本の占領支配の拠点 strongpoint だからである。世界の主要国で、他国の軍事基地 military base が首都 capital にこれほど近いところにある国などない。これがなにを意味するかと言えば、もし、日本で反米政権 anti-U.S. government ができれば、横田基地から飛び立った戦闘爆撃機 attack bomber が、約10分後には永田町を爆撃 air raid できるということだ。

現在、日本の自衛隊 SDF（Self-Defense Forces）と在日アメリカ軍がする軍事統合計画 military integration が進められているが、これが計画案(2005年10月29日に2＋2でまとめられた「米軍再編」realignment of U.S. forces in Japan に関する日米両政府の合意）どおりに実施されれば、横田基地には、航空自衛隊航空総司令部が移転 move into し、アメリカ空軍 USAF の完全なコントロール下に置かれることになる。また、神奈川県のキャンプ座間《ざま》には、アメリカ陸軍第1軍団司令部が改編された「統合作戦司令部」が移転してきて、陸上自衛隊もその指揮下 under control に入る。

つまり、日本は軍事的にも手足を縛られることになり、日本政府の選択の範囲はほとんどなくなってしまう。だから、これはまさに「横田幕府」と呼ぶしかないのだ。もちろん、この幕府はワシントン D.C. からの指令 commands from Washington D.C. で動く。

一般の日本人はほとんど知らないが、アメリカ軍人はプライベートで日本に来る際、たとえパスポートを忘れたとしても、日本に入国できる。成田空港の税関 customs は、彼らをチェックしない。これは韓国 South Korea でも同じで、インチョン空港にはアメリカ軍人専用の通関がある。

このような状態にあるのに、日本が独立国家で、しかも民主主義国だと子供に教えている教師も、日本のメディアも、あまりにも無責任 irresponsible で、世界のリアルな姿も日本の歴史もなにも理解していないと言うしかない。

Chapter 2 で書いたように、「日本政府が機能不全 dysfunction に陥っている本当の原因 cause は、内部にあるのではなく、アメリカによる支配 American control のせいです。これを解消しないかぎり、日本は絶対によくなりません」と私に真剣に語った中丸薫女史のほうが、よほど世界の一体化《インテグレート》を理解し、日本の行く末を案じている。

このように、いまの日本政府は「横田幕府」だから、今後の日本がどうなるかは、およその見当がついて figure out しまう。もちろん、それには、1つの条件 condition がある。それは、小泉・竹中コンビのように、今後も日本の権力の体質 character of the power が変わらないという条件だ。

もちろん、2006年9月、小泉首相が退陣 resign した後は、どんな新政権ができるかはわからない。日本のメディアはそれに関心 concern のほぼすべてを集中しているが、じつはそんなことはたいした問題ではない。自民党がこの国の政権政党 ruling party であり続けるなら、小泉継承政権 Koizumi-followers regime しかできないからだ。つまり、いまの後継者レースに名前があがっている候補者たち candidates が日本を変えることなどありえないし、彼らのうち誰が首相 prime minister になっても、日本の今後は、ほぼ「想定の範囲内」within prediction で語れるからだ。なぜなら、アメリカの『年次改革要望書』という貴重なテキストがあるからである。

では、いったいどんな未来になるのだろうか？ それを知るためには、ここで、アメリカの『年次改革要望書』に話を戻さなければならない。

簡保にあるお金はアメリカの保険会社のものになる

まず、郵政民営化だが、これは、反対派が主張 insist したように「アメリカにすべて持っていかれる」のは、ほぼ間違いない can be little doubt だろう。

アメリカが『年次改革要望書』で郵政民営化に触れたのは、じつは10年も前のことだった。1995年11月の『年次改革要望書』の《郵政省のような政府機関が、民間保険会社と直接競合する保険業務に携わることを禁止する》という記述が最初で、これは、郵政3事業の1つである「簡易保険」を廃止しろということを意味していた。政府が直接行う保険government operated insuranceがあっては、アメリカの保険会社が日本市場に進出しても勝負にならない。だから、これを止めさせようというのが、アメリカの狙いpurposeだった。

というのも、当時からアメリカの保険業界は新しい市場を開拓cultivate a new marketすることを目指して、さかんにワシントンでロビーイングを続けていたからだ。保険というのは、加入者獲得競争だから、成熟市場mature marketでは伸びる余地がない。また、発展途上国developing countriesでは高額な保険料を払う国民がいない。そこで、アメリカの保険業界が目をつけたのが、日本市場だった。日本はアメリカに言われるままに、まず保険業法を改正amendした。

その結果、日本の生命保険会社の多くは、日本が金融危機に陥った1998年から次々に経営managementを悪化させ、その後、外資foreign businessに買収されるところが相次いだ。いま、その主だったものをあげてみても、次のようになる。

・協栄生命→プルデンシャル（Prudential Insurance Company of America、米）
・東邦生命→GE（General Electric Group、米）→AIG（AIG Life、American International Group、米）
・平和生命→エトナ（Aetna Insurance Company、米）→マスミューチュアル（MassMutual Life Insurance Company、米）
・千代田生命→AIG（AIG Life、American International Group、米）
・オリコ生命→プルデンシャル（Prudential Corporation、英）
・第百生命→マニュライフ（Manulife Financial Corporation、加）

・日産生命→アルテミス（Artemis Group、仏）
・ニコス生命→クレディ・スイス（Credit Swisse、スイス）

こうなると、次に残るのは、日本一の巨大な保険金資産を持つ簡保である。だから、アメリカは2004年10月の『年次改革要望書』では、郵政民営化への要求を強化 strengthen し、民営化会社には、《政府保証があるかのような認識が国民に生じないよう、十分な方策を取るように》と書いてきた。これは、民営化した郵政会社が、民間の会社 private companies と完全に同じ競争 competition をすることを意味していた。つまり、英語で言えば「イコールフッティング」equal footing である。この「イコールフッティング」という言葉を好んで使っていたのが、竹中大臣だったのは言うまでもない。

では、イコールフッティングになると、どうなるのか？ おそらく、最終的には、簡保の約120兆円にのぼる資産 asset は、アメリカの保険会社のものとなるだろう。金融の世界においては、資本力 capital が大きいほうが必ず勝つ。これは、1世紀も前に、ドイツの経済学者ヒルファーディング Rudolf Hilferding（1877～1941）が『金融資本論』で述べているとおりだ。

金融資本 financial capital は大きくなるためには、必ずほかの資本を買収する。つまり、資本力で他社の株を握り、その会社を支配する。これをくり返して大きくなる。ホリエモンがやっていたのもこのゲームだった。

しかし、金融資本を野放しにすると、彼らは産業資本 industrial capital、つまり製造業 manufacturing などを手に入れてしまうから、最後は産業が衰退 decline してしまう。モノづくり国家日本は、この危険性をよくよく考えるべきだろう。いまのアメリカは、産業資本がほとんどなくなってしまい、金融資本が幅を利かせるいびつな資本主義国家になっている。こうした国家の戦略を、なぜ日本人は見抜けないのだろうか？

簡保がこうなら、では、もう一方の郵貯はどうなるのだろうか？

結論 conclusion から言ってしまえば、これもすべてアメリカに持っていかれるだろう。

今後、国債を売るしかなくなる日本郵政株式会社

日本政府が、ここ数年、借金生活 living on credit を続けられたのは、郵政公社が国債 national bond を引き受けてきたからである。これによって、なんとか政府は財政破綻 financial breakdown をごまかすことができたのである。しかし、それを財務省も大手メディアもまったく言わない。

2003 年 4 月、郵政公社が発足したとき、郵貯は 73 兆 8441 億円、簡保は 45 兆 8278 億円の国債を持っていた。これだけでも十分に大きな額だが、その後、この額は大幅に増えている。

私の手元にある資料によると、2005 年 3 月現在で、郵貯は 112 兆 6280 億円、簡保は 57 兆 5292 億円の国債を保有しているから、これを前記した 2003 年 4 月の保有額と比べれば、2 つ合わせて約 50 兆円も国債の保有額を増やしているのである。これは、この間に発行 issue された新規国債 89 兆 2259 億円のうち、なんと約 55 %にも達するから、まさに日本政府はこのお金で生き延びてきたことになる。

ところが、この間、郵政公社の資産 asset は減少し続けてきた。つまり、郵貯離れ departure of postal savings はすでに起こっていて、民営化しなくとも官から民へとカネは流れていたのだ。郵政公社ができたとき、郵貯と簡保を合わせて 415 兆 5253 億円あった資産は、2005 年 3 月に 387 兆 8884 億円と、約 28 兆円も減少 reduce しているからだ。

この結果、郵政公社の資産に占める国債比率 national bond ratio は急上昇し、簡保と郵貯を合わせた比率は、2003 年 4 月には 28.8 %だったにもかかわらず、2005 年 6 月には 40.9%にまで達してしまった。

これは、民間金融機関なら常識はずれのことで、普通、ポートフォリオに単一の銘柄 single issue を半分近く組むなどという運用の仕方 fund management はありえない。だから、郵政公社を引き継いで 2006 年 1 月 23 日に発足 start up した日本郵政株式会社は、いずれは国債を売ろうとするだろう。そうなると、国債の市場価格 market value は当然下落するので、これは国債を大量に保有しているほかの金融機関の資産の劣化 asset shrinking を引き起こしてしまう。これでは、日本の金融界は、再び不良債権 bad loans による金融危機に陥る可能性まである。もちろん、政府だって困る。

しかし、新会社を率いることになった西川善文社長は、すでに国債に頼る資金運用から脱却 outgrow しようとしている。その証拠に、民間並みの金融商品 financial instrument も郵便局の窓口に投入している。しかし、これは政府保証 government guarantee のあるうちは民業の圧迫であり、日本の金融機関同士の生存競争 survival の激化 fiercer competition を意味している。このように、郵貯だけを見ても、郵政民営化がなにをやろうとしたのか意味不明だ。

ところが、これでトクをできるのがアメリカなのだ。日本の金融機関は資金運用能力が著しく低く、投資のプロのアメリカの金融機関にはとてもかなわない。とすれば、郵貯の国民資産も、いずれはアメリカの金融機関に持っていかれてしまうだろう。

だから、現在、郵政にある日本国民の資産を守るために、日本政府がするべきことは、もはや民営化が決まった郵政株式会社を守るなどというバカなことをせず、その代わりになる国民資本 national capital による金融機関を一刻もはやく育てることだろう。アメリカの金融資本 financial capital と対抗できるだけの大きな体力 potential を持ち、運営能力を持つ金融機関が、日本には絶対に必要なのは言うまでもない。

もしこれができなければ、日本は本当にアメリカの金融植民地になり、財政破綻とともに、IMF による日本の金融機関の解体・再編 scrap and reorganization が行われ、アジア金融危機でほとんどの銀行がデフォールトした韓国のように、外資系の金融機関が幅を利かす国になる。

郵政民営化の危険性 risk が指摘された国会の答弁で、小泉首相は次のように述べたことがある。

「アメリカが日本の市場に注目していることは、ああ日本も捨てたもんじゃないなと。それだけ魅力のある国になったかと歓迎すべきだ」

彼は、『資本論』や『金融経済論』を読んだことがあるのだろうか？ 少なくとも、慶応大学の経済学部に通っていたのではなかろうか？

次にアメリカが狙うのは日本の健康保険

『年次改革要望書』を取り上げ、その批判 criticism を展開してきたのは、ノンフィクション作家の関岡英之氏である。その彼が、『文藝春秋』（2005 年 12 月号）に書いた「奪われる日本」には、郵政民営化以後の日本の姿が描かれている。この論文によれば、アメリカの次の狙い next target は、日本の健康保険 health insurance であるという。これは重要な指摘なので、以下、ポイントを引用 quote させていただく。

郵政民営化法案が成立した今、事情を知る者は次なる主戦場を凝視している。それは公務員数の削減でも、政府系金融機関の統廃合でもない。それらは真の葛藤から国民の注意をそらす当て馬に過ぎないのだ。この国には米国の手垢にまみれていない、もうひとつの官営保険が存在することを忘れてはならない。それは健康保険である。国民生活に与える衝撃は、簡易保険の比ではない。「民にできることは民にやらせろ」という主張がまかり通れば、健康保険も例外ではいられない。すでに第三分野（医療・疾病・傷害保険）は外資系保険会社にとって、日本の保険市場を席巻する橋頭堡になっている。

〈中略〉

しかし米国がなぜ日本に混合診療の解禁を熱心に要求しているかといえば、厚生労働省が認めていない薬や治療法を使う「自由診療」については、製薬会社や病院などが値段を自由に決められるため、収益性が高いからである。保険が利く「保険診療」のほうは、診療報酬の単価や薬の価格を政府が統制しており、高騰しないよう抑制されているのだ。

混合診療が日本で解禁されれば、日本で未承認の米国の「世界最先端」の新薬や治療法がどっと参入してくるだろうが、それは米国側が自由に価格を設定できるため、日本の医療費の水準とはまったく異なる価格で提供されるようになる。

〈中略〉

日本は国民皆保険といって、すべての国民が公的保険でカバーされている。大企業に勤める人は会社ごとにある健康保険組合、中小企業に勤める人は国が直接運営する政府管掌健康保険、自営業者や退職者などは各市町村が運営する国民健康保険など、働き口によって手続きが分かれてはいるが、すべての国民が公的保険に加入できるようになっている。このため、誰でも保険証1枚あれば、どこの医療機関でも費用のことはあまり気にせずに安心して診察を受けることができる。これは、ひとの命にかかわる医療は、貧富の格差にかかわらず、すべての国民が平等にアクセスできなければならない、という価値観に基づいた制度である。ただしこれは高負担・高福祉、つまり「大きな政府」を前提としている。

（「奪われる日本」文藝春秋 2005年12月号より）

もし、こうした事態になれば、日本国民はどうなるのだろうか？小泉・竹中コンビは口先 just saying では「小さな政府」small government と言いながら、じつは「大きな政府」をつくっているので、国民の健康生活はまったく保証されないようになるだろう。日本の医療制度 health care system は、いまのところ、WHO から世界第1

位の評価 rating を得ている。これを、世界第 15 位の評価のアメリカ並みにしてしまえば、金持ちしか最新の医療サービスを受けることができなくなり、多くの国民は病院に行くのも財布と相談しなければならなくなる。

その結果、今後は平均寿命 average length of life も短くなり、少子化 depopulation もますます進み、乳児死亡率も上昇する。事実、アメリカは、平均寿命、乳児死亡率とも、先進国で最悪である。

カナダと日本の医療サービスを比較してみると

私の母国カナダの医療保険制度は州によって若干異なるが、アメリカよりは日本の制度に近い。つまり、国民皆保険であり、原則として政府が医療費 medical cost のすべてを負担している。カナダでは、基本的に健康保険料は徴収されず、医者にかかるのもほとんどのケースが無料 free である。

では、そのお金はどこから出ているかというと、すべて税金であり、このためにカナダでは所得税 income tax が高い。しかも、ほかの先進国と同じく年々医療費が増加し続けているので、各州政府は突然、所得税を引き上げることもある。

カナダには私立病院がなく、すべてが公的病院で、患者 patient は最初にかかりつけの医師 personal physician を決める必要がある。というのは、医療費抑制策として専門治療を紹介制にしているからである。したがって、どんな病気であろうと、患者はまずかかりつけの医師の診察 examination を受け、それから専門医 medical specialist を紹介してもらわなければ、循環器科、消化器科、整形外科、耳鼻科などの専門診察を受けられないシステムになっている。

そして、この専門医の診察は、日本とは比べものにならないほど不便 inconvenient で、何日間も待たされるのが当たり前になっている。がん患者で約5週間。緊急性のない外科で約9週間、眼科だと28週間という調査もあるから、この点では日本の医療制度 medical care system のほうがはるかに優れている。

したがって、金持ちのカナダ人たちは、アメリカの民間保険会社と契約をして、病気になるとアメリカに行って治療を受ける人間が多い。たとえば、10年ほど前、ケベック州の知事はがんの治療のために、自国の病院でなくアメリカのがん専門病院に入院している。

また、カナダの病院には、外来患者数の抑制が義務付けられている regulation requires ところが多く、外来専門の病院では、毎年受診患者の上限が定められている。これはたとえば、ある病院で年間受診患者が3000人を上まわったら、3000人までは国から医療費が全額負担 all-cost paid されるが、それ以上は、医療費の半額しか支払われなくなるというものだ。つまり、これも医療費抑制策の1つである。

だから、この問題をカバーするため、民間の医療保険 private health insurance もあるが、大企業なら州政府の健康保険がカバーしない医療費（処方箋、歯科治療など）をカバーする民間保険を会社が手当てしてくれるので、多くのカナダ人は医療費を心配することなく病院に行けるようになっている。このように、ある程度までの医療サービスは、国民にとって必要であり、これは市場原理 market mechanism とは相容れないものである。

しかし、アメリカは医療サービスも完全な競争原理 element of

competition にしてしまったから、保険がカバーしない医薬品は驚くほど高い。そこで、安いカナダの医薬品を買うために、アメリカの庶民はバスツアーを組んで、わざわざカナダまで出かけている。ミネソタ州やミシガン州などでは、ひっきりなしにバスツアーが組まれている。このようなアメリカの医療制度まで日本に導入 bring in されたら、日本の社会の根本が揺らいでしまうだろう。医療もカネ次第 all about money という世の中など、日本人の誰も望んでいないはずである。したがって、ある程度の混合診療はやむをえないとしても、日本がアメリカの言うままに、自由診療 medical treatment at one's own expense の拡大を図れば、最悪の社会が訪れるだろう。

世界がもし全部アメリカになったら

『世界がもし全部アメリカになったら』(勝谷誠彦・文 藤波俊彦・絵 アスコム 2005) という非常に興味深い本がある。日本がこのままどんどんアメリカ化 Americanization するとしたら、この本に入っている情報は、基本的な統計とイラストで表現されているだけに、とても参考になる helpful to know だろう。

たとえば、世界の人間がみんなアメリカと同じようになれば、世界人口の65%がデブになる。世界がみんなアメリカになれば、2日に1度戦争が起こる。人類がみなアメリカ人並みに車を乗りまわせば、世界のガソリンは6年でなくなる。人類全体がアメリカ人と同じぐらい牛肉を食べたら、ユーラシア大陸より大きい牧場が必要となる——など、ジョークとしても面白いが、その裏には深い意味 profound meaning が隠されているのが、理解できると思う。

つまり、アメリカ化は、世界を幸せにはしない。それは、逆に人類を不幸に導くということなのである。現在でも、世界ではアメリカ主導 America-initiative によるパワーゲームが続いている。その一方で、アメリカはソフトパワーでも世界を動かしていこうとしている。これがアメリカ化とすれば、アメリカは単なる傲慢《ごうまん》 arrogant なリーダーにすぎず、世界が国際協調 international collaboration と国際分業 international division of labor で相互に繁栄する道を模索して動いているなかで、とんだアナクロニズム anachronism（時代錯誤）をやっているとしか言いようがない。対テロ戦争 war against terrorism などというのも、アメリカが勝手にやっているアナクロニズムで、自作自演のシナリオにすぎない。

要するに、アメリカが主導するアングロサクソン Anglo-Saxon のグローバルスタンダードは、どう見ても限界がある。その限界が見えている人々にとっては、もはやアメリカはジョークの対象でしかないのだ。

日本人は、このアメリカになんと半世紀以上にわたって洗脳 brain-washing されてきたから、いまだにその洗脳が解けず、いまのアメリカを見誤ってしまっている。そこで、この本に書かれていないネタを2つ追加しておくと、まず、アメリカ人がペットに使うエサ代で、世界でもっとも貧しい人々約20億人が毎日食事ができるということがある。世界の貧困問題 problems of poverty は深刻だが、それはアメリカ人をはじめ先進国の人間がライフスタイルを少しだけ変えれば解決できる solvable 問題なのだ。

そして次は、アメリカ人の半数以上が、進化論 evolution theory を信じていないということだ。つまり、いまだに人間はサルから進化したものでなく、神がつくったものと信じているわけで、彼らは「世の末」が近いという終末論 eschatology の虜《とりこ》になっている。これはじつに深刻な問題で、アメリカ人が食べるだけ食べ、使えるだけガソリンを使い、大義 cause なきイラク戦争 Iraq War まで起こした根本原因になっている。

人間は「知的設計者」によってつくられた

私は無神論者 atheist の家庭に育ったので、キリスト教が教える神 God は信じていない。キリスト教 Christianity は大昔のカルトにすぎないとも思っている。神が天地を創造 creation of the world した。そして、すべての生物をつくり、最後に、人間をつくった。その神の子、イエス・キリスト Jesus Christ がこの地上に降臨し、処女のマリア Virgin Mary から生まれた。イエスは十字架にはりつけになって死んだが復活 Resurrection をとげ、天国へと帰っていったというのは、ただのつくり話 fabrications で、この 21 世紀にそんなことを信じていたらジャーナリストなどやっていられない。ジャーナリストにかぎらず、政治家も官僚も学者も一般の人々もみな、ただ真実のみを追求 pursue only what is true し、それに基づいてこの世界を語らなければ、人類は道を誤る stray from the path だけだろう。

ただし、キリスト教の教えには、人類が共有 share すべき価値観がある。それは、貧しいものを助け、人はみな平等につくられていると説くところである。

しかし、多くのアメリカ人は、キリスト教原理主義者たち Christian fundamentalists に洗脳され、「アメリカは神に祝福された唯一の国

God blessed country。われわれは神に選ばれた子 chosen people」だと信じているのだ。しかも、ダーウィン Charles Darwin（1809～1882）の進化論をめぐってはいまだに論争 dispute が続き、裁判 trial まで起こっているのである。

アメリカでは、有名な「スコープス裁判」Scopes Trial というのがあって、1925 年にテネシー州の裁判所が「聖書で教えられている天地創造 creationism を否定する説を学校で教える」ことは違法だとして、進化論の教育を禁じたということがあった。以来、全米各地でこうした裁判は続いたが、その後の科学技術の発達、世界大戦などの 20 世紀の歴史のなかで埋没してきた。しかも、連邦最高裁 Supreme Court は、1987 年に「公教育で天地創造を教えることは違憲」という見解 judgment を出し、この論争は終息 calm down したはずだった。

ところが、数年ほど前から、また息を吹き返し、「神が人間をつくった」説は、「ID 論」ID theory という新しいかたちで、裁判まで起こっているのである。2005 年にペンシルベニア州の田舎町で起こった裁判は、ついに連邦裁判にまで発展している。これは、「2007 年から ID 論を教える」と決めた教育委員会と父兄や学者が激しく対立してはじまった。

「ID 論」というのは、「自然界は複雑である。進化論で説明できるほど自然淘汰 natural selection は単純ではない。だから、われわれ人間の誕生には知的設計者（intelligent《インテリジェント》 designer《デザイナー》）が介在している」というもので、これを広める運動 movement をしている人々は、「学校では進化論とともに ID 論も教えるべきだ。それが教育における free inquiry（なんでも自由に質問できること）だ」と主張している。

しかし、ID = intelligent designer などと言葉を置き換えても、それは神《ガッド》のことで､彼らが進化論を葬り去りたいのは明確だ。つまり、アメリカを神の国にしたいのである。この ID 論争は、もちろん、全米中を巻き込み､『ニューヨーク・タイムズ』などは１面トップで、テレビのネットワークも連日特集を組んで報道した。

そして、2005 年 8 月にはホワイトハウスにも持ち込まれ、ブッシュ大統領はこう言った。

「理科の時間に進化論と ID 論を組み合わせて教えることはいいことだ。生徒たちになにが論争 controversy なのか理解できるよう、両方が教えられるべきだ。異なった学派の考え方をしめすこと approach も教育の一環だと思う」

世界の終末はキリスト生誕の地・中東で起こる

ブッシュ政権 Bush administration になってからのアメリカは、もはや過去のアメリカではない。それは、グロテスクな帝国《エンパイア》だ。ローマの末期 the last days of Roman Empire のように、権力をもてあそぶ皇帝が国民にパンとサーカスを与えて、世界を自分のものにしようとしている。

いまのアメリカを支配しているのは、宗教右派《リリジヤスライト》 religious right のキリスト教原理主義者とネオコン neoconservative だ。かつてのアメリカは、コカコーラがペプシコーラに代わるように、共和党 Republicans と民主党 Democrats が政権交代したが、そこには「自由」freedom と「民主主義」democracy という共通の価値観 common values があった。共和党はもともと右寄り right-of-center ではあったが、極右 ultraright ではなかった。共和党政権でもっとも右と言われたリチャード・ニクソン Richard Milhous Nixon の時代でも、ここまでひどくはなかった。それが、いまは「いまのアメリカは民主主義の危機的な状況にある」とゴア前副大統領 Al Gore が嘆き、「アメリカは独裁体制《デイクテイターシップ》の入り口にいる」と『ニューヨーク・タイムズ』が書く国に成り下がってしまった。

キリスト教原理主義者《ファンダメンタリスト》たちは、世界の終末 the end of the world はキリスト教誕生の地であるパレスチナ Palestine で起こると信じている節がある。そして、その終末はもうすぐやってくるので、石油はいまのうちにジャブジャブ使ってもいい。食料も食べるだけ食べていいと考え、実際、1日4食食べる人間もいる。

イラク戦争は石油利権確保のための戦争 oil-driven war であったのはもはや明確 naked だが、その根底には、こんなとんでもない考え方もあったのだ。

ちなみに、キリスト教原理主義者たちは、「プロ・ライフ」pro-life（妊娠中絶反対派）だから、子供をたくさん生む。したがって、移民の影響もあるが、アメリカでは少子化 depopulation は進んでいない。しかし、国際協調派でもあるリベラル・インテリ層は少子化で子供は減り続けている。

だから、この状況に彼らは悲鳴をあげ、アメリカのニューイングランド諸州は、「こうなったらカナダと合併 integrate して、合衆国の連邦 federation を離脱しよう」とまで言いはじめているのだ。

アメリカはこれまで、京都議定書、国際裁判所協定、地雷禁止条約など、重要な国際協定 international agreement からもどんどん離脱 break away している。こんな自分勝手の国に日本政府は唯々諾々《いいだくだく》と従って、インチキ改革 fake reform をやり続けているのだから、世界の終末は中東ではなく、日本で起こってもおかしくないだろう。

アメリカはすでに中国にシフトしている

対米依存 reliance upon the U.S.、アメリカの言いなりしかできない政治家や官僚たちは別として、日本国民はもういまのアメリカのバカバカしさに気づいたほうがいいと思う。

それは、日本人が考えているほど、アメリカ人は日本のことなど考えていないからだ。これは一般のアメリカ国民だけの話ではない。アメリカを動かしている有識者 intellectuals においても顕著で、アメリカ国内での日本のプレゼンス presence はどんどん低下 decline しているのである。

『朝日新聞』(2005 年 8 月 27 日)に、次のような記事がある。

■「中国最重要」米で急増　有識者に外務省が調査

米国の有識者の間で、アジアの最も重要なパートナーを「日本」と考える人が大きく減り、「中国」とする人が急増している——。外務省が米国で実施した「対日世論調査」で、そんな傾向が明らかになった。同省は「国際社会での中国の台頭が影響している」(担当者)と分析している。(山本大輔)

調査は同省が 60 年から実施しているもので、今回は今年 2、3 月に政府・議会・経済界・マスコミ関係者ら 254 人を対象に電話で実施した。

調査で「アジア地域の中で最も重要なパートナー」を挙げてもらったところ、「日本」と答えた人は全体の48%で17年連続1位を維持したが、前年比17ポイント減と減少幅は過去最大だった。一方、「中国」と答えた人は38%で、その増加幅は前年比14ポイント増と、やはり過去最大を記録した。日中両国の差は前年の41ポイントから10ポイントに急激に縮小した。

中国を選んだ理由では、大半が「経済成長の可能性」を挙げた。

一方、欧州やアジアの8カ国・地域について「米国と価値観を共有しているか」を質問したところ、日本は英国、ドイツに続いて3位となり、7位の中国を引き離した。日米関係を「極めて良好」か「良好」と答えた人の割合は83%と過去最高を記録。今後の日米関係も「良くなる」「変わらない」とする回答が全体の9割を超えた。

外務省は「米有識者の対日観に大きな変化はなく、日米関係の評価に変化はない」(担当者)と説明している。

こんなアメリカに小泉・竹中コンビはとことん従ってきたのである。さらに、今後、小泉継承政権ができれば、「アメリカの言いなり」改革 reform under US's thumb は続いていく。これは、たとえは悪いかもしれないが、稼ぎのない悪い父親 bad father without any income (アメリカ) に金を与え、パチンコをさせているようなものだ。もちろん、日本は息子で、父親を店の外で待っているだけだ。

そこで、ここで私から読者に問題を出させてもらう。

[問題] 日本の政権与党は、次の4つのうちどれか?

1、自由民主党　2、公明党　3、民主党　4、共和党

答は、4、共和党 Republican Party である。もちろん、これはジョークで、大学入試や入社試験でこう答えたら○をもらえないだろう。しかし、この現実を笑って見過ごすことを、あなたはできるだろうか。

まだ、世界第2位の経済大国 the world second-largest economic giant が、本当にこれでいいのだろうか？ 中国 China に逆転されるのは目前だというのに、国家破産したうえ、アメリカの完全な植民地になって、それで日本国民は幸せと言えるのだろうか？

軍産複合体に乗っ取られてしまったアメリカ

くり返すが、現在のアメリカは、本来のアメリカではない。かつて、アイゼンハワー大統領 Dwight D. Eisenhower（1890 ～ 1969）は、有名な「告別（引退）演説」で、アメリカ人に「軍産複合体」military-industrial complex の危険性を訴えた。これは、いまのアメリカは冷戦でソ連と対抗するために仕方なく軍備を恒常的に維持しているが、やがてそれが政府を乗っ取って民主主義 democracy を破壊するかもしれないと警告するものだった。

《第2次世界大戦まで、アメリカは軍需産業というものを持ったことがなかった。というのも、アメリカでは、時間的な余裕があったために、必要に応じて（戦時に）武器をつくればよかったからだ。しかし、現在では、急に国防の備えをなすという危険を冒すわけにはいかなくなっている。だから、われわれは大規模で恒久的な軍需産業を創設することを余儀なくされている。こうした大規模な軍事組織と巨大な軍需産業との結合という現象は、アメリカ史上かつてなかったものだ。しかし、われわれは、その恐るべき意味合いを理解しておくことを怠ってはならない。

政府部内で、この軍産複合体が、意識的であれ無意識的であれ、不当な勢力を獲得しないよう、われわれは警戒していなければならない。この勢力が誤って台頭し、破滅的な力をふるう可能性は、現に存在しているし、将来も存続し続けるであろう。この軍産複合体が勢力を増して、われわれの自由や、民主主義を危険に陥れるようなことがあってはならない》

（アイゼンハワー『告別演説』訳・斉藤眞より要点を抜粋）

しかし、アイゼンハワーがこの演説をしているさなかにも、アメリカ軍とCIAが共同してキューバ侵略戦争 invasion to Cuba のプランを練り、カストロ信者と偽った「ニセ・テロリスト」たちが民間機そっくりに偽装した軍用機でキューバに乗り込むということまで画策 make a plan していた。これは、いまとなれば、「同時多発テロ」の原型 prototype ともいうべき作戦計画だった。

つまり、アイゼンハワーが心配したとおりの事態が、時をへるにしたがってどんどん進行してしまったのである。ベトナム戦争（1960 ～ 1975）からの撤退を考えたケネディ大統領 John F Kennedy（1917 ～ 1963）はテキサスで暗殺され、その後を引き継いだリンドン・ジョンソン大統領 Lyndon Johnson（1908 ～ 1973）はベトナム戦争を一気に拡大した。こうして、軍産複合体に寄生する巨大企業の重役たちが、レーガン政権、父ブッシュ政権、そして現在の子ブッシュ政権でも、陰でアメリカ政府を操っているのだ。

9.11で世界貿易センタービルは炎上崩壊した。ハイジャック機は民間機だったのか？
（写真／ロイター＝共同通信社）

1989年12月3日、ゴルバチョフ・ソ連共産党書記長と父ブッシュ大統領がマルタ島 Malta Islandで会談して冷戦は終結したが、このときに、世界は戦争から解放 releaseされるはずだった。しかし、アメリカはイラクのフセイン大統領 Saddam Husseinにわざと誤ったメッセージを送り、クウェート解放の大義 causeを得て、世界を巻き込む戦争が再び開始されてしまった。

そして、2001年9月11日、いわゆる「同時多発テロ」Nine Elevenが発生するや、子ブッシュ大統領は「テロは悪、対テロ戦争は正義の戦いである」「対テロ戦争は、21世紀型の新しい戦争だ」と演説し、いまでも世界ではえんえんと戦争が続いているのだ。

この「対テロ戦争」は、私に言わせれば、ただの幻影 illusionで、人類に脅威 threatなど迫っていない。私は最初は信じなかったが、あるとき、中丸薫女史から「絶対見るべき」と、同時多発テロのビデオを渡され、それを見てわが目を疑った。なぜなら、あの「同時多発テロ」で、ペンタゴンに突っ込んだのはハイジャックされたボーイング機ではなく、ミサイルとしか思えないからであり、さらに、世界貿易センタービルへ突っ込んだ民間機も、ハイジャック機ではないと類推できる映像が映し出されたからだ。

このビデオは、日本でも入手できる（『911 ボーイングを捜せ』公式サイト http://www.wa3w.com/911/）ので、本書の読者も是非見てほしいと思う。また、私は、このビデオに関するレポートを『週刊ポスト』（2006 年 1 月 13・20 日号）に書いている。

つまり、いまのアメリカは「戦争経済」war economy によって運営されているのであり、その経済を日本から流入するお金が支えている。こんなことが、はたして日本国民が望むことなのだろうか？小泉・竹中コンビは、アメリカから「A」評価をもらっても、日本国民から見れば「F」（落第）ではないのか。

旧ソ連とポーランドの関係とそっくり

アメリカの戦争経済をジャパンマネーが支えているとすれば、それは世界の運命 destiny of the world を日本が握っているということである。経済 economy は、いま現在の暮らしの集積だが、金融 finance というのは「未来の力」である。その未来の力は、いま、日本にあるのだ。

このことを日本人は、いまこそ自覚すべきだと思う。アメリカべったりの「横田幕府」は、この力の使い方を知らない。アメリカはなにも日本を再占領して、それで奴隷 slave のように従わせようとしているのではない。彼らは軍産複合体に乗っ取られた政府が進める「間違った国益」false national interest を追求しているにすぎない。

アメリカ独立宣言 The Declaration of Independence には、人類にとって大切な 3 つの権利が書いてある。これは、現在においても民主主義の根本精神とされるもので、その 3 つの権利とは、「生存の権利」(life)「自由の権利」(liberty)「幸福追求の権利」(pursuit of happiness) である。

"We hold these truths to be self-evident: that all men are created equal; that they are endowed by their Creator with certain unalienable rights; that among these are life, liberty and the pursuit of happiness; that, to secure these rights, governments are instituted among men, deriving just powers from the con-sent of the governed."

この3つの権利をいまのアメリカははき違え、自分たちだけが「生きる」ためには、何事からも「自由で」なければならず、「幸福」という快楽を追求できると思い込んでいる。

こんな国に、人類の未来を握っている日本が、なんの定見philosophyもなく従っていくのは、私には耐え難い。かつて太平洋戦争時の日本は、現在よりはるかに弱いカードしか持っていなかったにもかかわらず、アメリカに対抗しようとした。自分の力で、未来を切り開こうとした。しかし、いまの日本はあの当時よりはるかに強大な力を持ちながら、けっして自身で自分の未来を決めることなくアメリカに従っているのである。

私は、中曽根弘康元総理にズバリ、こう質問したことがある。

「いまの日本は、冷戦時代の旧ソ連とポーランドの関係にそっくりではないですか？」

すると、中曽根氏は、腕組みをしながら、

「そのとおりだね」

と、答えた。

Chapter 7

A Road to Revitalization
再生への道

真実追究委員会で「リアル・ジャパン」を明らかにせよ

日本を再生 revitalize するためにまずしなければならないことは、「真実追究委員会」をつくることである。「はじめに」でも書いた日産自動車の例のように、この国がどんな状態 status quo にあるのか、それをまず確定させなければ、本当の改革 reform など絶対にできないからだ。

カルロス・ゴーン社長 Carlos Ghosn が日産を再生できたのは、「リアル・ニッサン」を把握できたからだった。当時の日産社内には、そのままでは破綻 go under する状態にあったにもかかわらず、危機意識 sense of crisis もなければ、有効な対策 measures もなかった。「家が燃えているのに、みんなのんびりソファに座っていた」とゴーン社長が述べたとおりの状態だった。そこで、彼はまず、社内にトランスピアレンシー transparency（透明性）を確立することを目指し、社員にこう言った。

「みなさん、日産自動車を前のような自動車会社にしたいですか？強い会社にしたいですか？」

すると、社員たちはみな「はい」と答えたのである。そこで彼は、「では、しがらみやタブーは一切ないことにしましょう」と言い、社員に真実 truth を話すことを求めた。もちろん、これを渋る社員もいた。なぜなら、真実を話すことで責任 responsibility を追及され、社を追われるのではないかと恐れたからである。そこで、ゴーン社長は彼らと一種の取引 dealing をし、なにを話しても責任を問わないことを約束した。その結果、日産は V 字回復 V-shaped recovery をとげ、約 3 年で借金を返済 repay すると、世界でいちばん利益率 profitability の高い自動車会社 motor company になった。

だから、これと同じことを日本もしなければならない。

いま、この国は閉塞感に覆われ、国民は自分たちがどこに行こうとしているのかさえわかっていない。そればかりか一部には諦めムードまで漂っていて、「どうせ衰退するのだから、なにをしてもムダだ」という感じすらある。しかし、それならなおさら、「日本を再びあらゆる分野で世界に輝く国にしたいですか？」「暮らしやすく豊かで、しかも環境にやさしい、世界から尊敬される国にしたいですか？」と、国民に問えば、誰もが「はい」と答えるだろう。

とすれば、日産と同じく、一切のしがらみとタブー strings and taboo を捨てて、真実を明らかにする必要がある、真実追究委員会とは、これを最高の権限 supreme authority を持ってやるところで、もちろん、国会内 in the Diet に設置する。

そして、1990年からの「失われた15年」の間に、この国で責任ある地位にいた政界、官界、財界のあらゆる関係者と、それにヤクザも呼んで、証人喚問 testimony を行い、「いったい、日本の借金総額はどれくらいなのか？」「それがいつどのようにつくられ、現在、各部門がいったいどれだけ持っているのか？」を、まず確定させるしかない。これができなければ、「財政再建」financial reconstruction「プライマリーバランスの達成」achieve a primary balance surplus などといくら言ってみても、正確な処方箋などつくれないからだ。誰も本当の数字を知らなければ、いくら議論 debate してもムダである。

だが、この委員会 committee は、単なる会計監査 auditing を行うのではない。最終的には日本再生プログラムをつくる。そのために、国会議員 lawmakers や官僚 bureaucrats のトップはもちろん、企業トップからヤクザのボスまで呼び、真実を話す者には、日産がしたように責任を不問にしてもかまわない。こうすれば、もし、証人喚問にヒューザーの小嶋進社長を呼んでも、証言拒否32回などというバカげたことはなくなり、ホリエモンも真相を語るだろう。

私はこの委員会を、南アフリカがアパルトヘイト（人種差別 racial discrimination）を捨て、全人種参加による総選挙が実施された後にできた議会内委員会のようなイメージで考えている。あのときは、マンデラ Nelson Mandela が黒人代表とし大統領に就任したが、デ・クラーク元大統領も閣内に留まって国家の運営に協力した。そして、国会では過去の清算が行われ、過去の罪を告白 confess した証言者は免責された。つまり、日本の真実追究委員会が設置されたときの政権 administration が本当の改革政権になっていさえすれば、小泉・竹中コンビも当然証人として呼び、彼らに愛国心 patriotic spirit があるなら、なぜ郵政民営化 postal privatization をやったのか、その真相を語らせればいいのだ。

世界の英知を結集して日本再生プランをつくる

ともかく、日本を再生するのは、真実、つまり「リアル・ジャパン」の把握が第一である。したがって、これさえできれば、改革は半分は成功したようなものだ。だから、この真実追究委員会のメンバーは非常に大事で、これには日本人ばかりか、海外の有識者も加える必要がある。

明治維新 Meiji Restoration に日本が成功した、その理由の半分は、欧米から専門家 specialists を招いたからだった。つまり、日本人だけでなんでもできるという思い上がりは、この際一切捨てるべきだろう。明治人はその点は謙虚 humble に、世界から知恵 wisdom を借りた。しかし、残念ながら当時の日本にはお金がなかったので、やってきたのは2流、3流の欧米人 Westerners ばかりだった。それでも彼らは、日本のために尽力 make efforts し、たとえば北海道大学にわずか8カ月しかいなかったにもかかわらず、クラーク博士 William Smith Clark（1826 〜 1886）は“Boys, be ambitious!”（青年よ大志を抱け）という有名な言葉を残して、日本人を鼓舞 inspire した。この言葉は、いまでも日本人なら誰でも知っていて、私はこの国に来たとき、それこそ子供から老人にいたるまで日本人がみな「アンビシャス」ambitious という英語を知っていることに驚いたものだ。

いまの日本に欠けているのは、この「アンビシャス」の精神であろう。

Boys, be ambitious! Be ambitious not for money or for selfish aggrandizement, not for that evanescent thing which men call fame. Be ambitious for the attainment of all that a man ought to be.
（青年よ、大志を抱け。お金のためでなく、また自分本位の欲望を満たすためでなく、人が名声と呼ぶはかなく消えるもののためではないことに、大いなる大志を抱け。人間としてこうあらねばならないということ、すべてを実現しようとする、そういう大いなる大志を抱け）

このように、クラーク博士ですら日本人に残したものが大きかったとすれば、現在の日本なら、もっと大物 bigger names を招聘《しょうへい》 invite することができる。いまだに、日本の国会議員や官僚たちは、「研修旅行」という「海外物見遊山」に出かけるが、この費用 cost を削るだけで、世界のトップクラスの専門家を日本に呼ぶことができる。たとえば、ビル・クリントン前アメリカ大統領 Bill Clinton でさえ招聘できるだろう。アラン・グリーンスパン Alan Greenspan やポール・ボルッカー Paul Volcker などの FRB 議長経験者も招けるだろう。福祉先進国の北欧諸国から、元閣僚クラスの大物も呼べるだろう。もちろん、カルロス・ゴーン氏なども、日本をよく知っているだけに最良の候補である。さらに、なんなら、ソ連崩壊後にロシア経済建て直しのアドバイザーになり、市場経済化を一気に進めたジェフェリー・サックス・ハーバード大学教授 Geoffery Sachs に参加してもらってもよい。彼は、竹中平蔵が「日本のジェフェリー・サックスになりたい」と憧れてやまなかった経済学者だから、竹中の間違い mistake をズバリと指摘 point out してくれるだろう。

いずれにしても、真実追究委員会は日本の本当の病状を解明しつつ、再生プランを練る。そして、この委員会による真相究明 hunt for the truth が行われている間に、一般国民からあらゆる再生プランを応募してもらい、これも参考にする。そうして、最終的に「21世紀日本維新」の青写真 blueprint をつくってもらい、これを包括草案 package deal として国会審議 Diet session にかけて、再生日本への第一歩 first step とするのだ。

もちろん、この真実追究委員会は、現状のままの小泉政権が続いているかぎり、実現はありえないが……。

じつは、日本でも 1998 年の金融危機 financial crisis を契機 turning point として、このような委員会を国会内に設置する動きがあった。これは、「日本版ペコラ委員会」と呼ばれ、東京証券取引所や日本証券業協会、大蔵省（当時）などが研究会 workshop をつくったにもかかわらず、雲散霧消している。なぜなら、この研究会では、バブルの発生から崩壊まで from birth to collapse の株式市場 stock market の問題点 problems や改善策 improvement plan をまとめたものの、その中身がまったく中途半端だったからである。証人 witness を喚問し、徹底した調査 examination を行なえる権限がなければ、そんな研究は民間のシンクタンクでもできる。

2000 年、民主党の五十嵐文彦議員らが中心となって提案された「日本版ペコラ委員会設置法案」というものもあった。この日本版ペコラ委員会設置法案は、金融にまつわる犯罪 crime、疑惑 suspicion、失政 policy gaffe を追及していく機関を国会のなかに設置しようとする内容で、その基本をアメリカのＳ＆Ｌ（納税貯蓄組合）の破綻事件の際に威力を発揮した議会内委員会に置いていた点で優れたものだったが、自民党 LDP は相手にしなかった。

というより、当時の森内閣には、首相をはじめとしてこれを理解できる者がいなかったし、与党 ruling party としては責任を追及 finger-pointing されては困るからだった。

では、「ペコラ委員会」とはどんなものなのか？

大恐慌の教訓を生かすためにつくられた委員会

1929 年 10 月 29 日の火曜日、ウォール街の株が大暴落 dive し、これをきっかけにアメリカは大恐慌 Great Depression に突入した。1920 年代に起こった株の大暴落のなかでも、もっとも有名なのは、この前の週の 10 月 24 日に起こった「ブラック・サースデー」Black Thursday（暗黒の木曜日）だが、翌週の火曜日にも、ニューヨーク・ダウは大幅に下落したのだった。

そして、この 2 回の暴落 stock-market plunges によって、アメリカの株式市場は壊滅的なダメージを受け、それ以後、3 年間も下げ続けたのである。1932 年、株価はようやく下げ止まったが、そのときはピーク時のなんと 6 分の 1 になっていた。

いったいなぜ、こんなことが起こってしまったのか？　アメリカ政府が、この株価の大暴落と大恐慌の原因 cause を突き止めるべく発足させたのが、ペコラ委員会 Pecora Committee だった。ペコラ委員会とは、顧問 adviser として実質的に委員会をリードしたフェルディナンド・ペコラ Ferdinand Pecora にちなんだ名であり、実際には、

1929年10月24日、「暗黒の木曜日」のニューヨーク証券取引所とその周辺。（写真／共同通信社）

「証券市場調査のために設置された上院の銀行・通貨委員会の小委員会」と命名された。

しかし、この小委員会は、大恐慌によって破壊された証券、金融、経済、財政システムを従来どおり再建 reconstruct させるための、単なる「腐敗摘出」委員会ではなかった。それは、「将来にわたってアメリカ資本主義経済により強いメカニズムをつくり上げる」ことを目的 goal としていたからだった。したがって、この委員会には当時としては最高の権限が与えられた。

よく知られているように、バブルとその崩壊は、1720年のイギリスの「南海バブル事件」に端を発して、世界で何度もくり返されてきた。アメリカでも建国以来 since the foundation of the country、何度かのバブル崩壊があり、そのたびに対策 countermeasures が取られてきた。たとえば、1904年にできたアームストロング委員会 Armstrong Committee（保険改革）、1912年のプジョー委員会 Puget Committee（投資銀行による支配排除）などがそうである。しかし、それでも大恐慌が起こってしまったことは、これらがすべて失敗だったことになる。そこで、今度こそは徹底的に原因を解明 figure out し、この悲劇が将来2度と起こらないようにするための教訓 lesson を引き出そうとしたのである。

こうしてつくられたペコラ委員会は、1200ページに及ぶ審問記録hearingをまとめ、それを基に394ページの報告書reportを作成して、連邦議会Congressに提出した。この報告書は、証券取引業務、投資銀行業務、商業銀行業務、投資信託業務、プール取引、税システムなどについて、それぞれの不正取引crooked dealingの事例をあげ、徹底してメカニズム上の欠陥defectを明らかにした。つまり、資本主義capitalismの本質的欠陥を指摘し、その欠陥により市場で発生する投機エネルギーspeculation energyが暴走すると、結局は、最後に国民経済システムそのものが破壊destroyされてしまうことを警告alertしたのである。

したがって、対策とは、証券市場に発生しやすい、「信用価値」valueと「株価」priceの乖離《かいり》gapをどうやって防ぐかにあった。ライブドア事件をこの文脈でとらえれば、日本の証券市場にはこうしたストッパーが、いまだにかかっていないことが明白だろう。

アメリカでは、このペコラ委員会の成果をもとに、その後、銀行と証券の分離separation of banking and securitiesを定めたグラス・スティーガル法Glass-Steagall Act、1933年証券法Securities Act、1934年証券取引所法Securities Exchange Actなどが成立し、証券取引委員会Securities and Exchange Commission（SEC）が設立され、今日にいたっている。

そして、70年たった今日でも、この報告書がくり返し読まれ、各種の対策のテキストとされている。というのは、ここには、資本主義経済をサイエンスとして捉える確かな視点viewsがあるからだ。つまり、ペコラ委員会は、市場での事故accidentや犯罪crimeを、航空機事故調査などと同じように扱い、その原因、プロセス、結果を解明 figure out したからである。

要するに、これは市場経済の処方箋 prescription であって、これがなければ、改革などできないのである。しかし、日本では、世界でも類を見ないバブルの大崩壊があったにもかかわらず、この報告書は訳されてもいなければ、そこから学んで教訓としようという動きもなく、問題は放置されて続けてきたのである。しかも、前記したように、委員会提案があっても、その意味すらわからないのである。さらに、竹中大臣のように、欧米流の経済学理論と改革事例だけを持ち込み、本質 nitty-gritty を究めないで突っ走るから、改革はすべてマヤカシ fraud となってしまうのだ。小泉首相にいたっては、こんなことはなにも知らないから、もはや救いがたい。

たとえば、こんなジョークがある。

世界でいま、「肉不足」shortage of meat という大問題がある。それで、どうしたらいいか、ロシア人、アメリカ人、日本人に聞いたところ、それぞれこんな答が返ってきた。

ロシア人「肉ってなに？」

アメリカ人「不足ってなに？」

日本人「問題ってなに？」

日経新聞社が抱える日本型資本主義の矛盾

日本でも一部の識者 intellectuals は、ペコラ委員会について詳しく研究 research しており、それがどんなもので、資本主義経済を運営 manage していくためには、いかに欠かせないものであるか、深く認識 recognize している。たとえば、日本の金融危機の現実を身をもって体験した元長銀マンの竹内文則・富士常葉大学教授は、『日本版ペコラ委員会』（経済法令研究会 2000）という本を書き、『諸君！』（2001 年 3 月号）に「バブル検証の“東京裁判”をやれ」という論文 essay を発表している。また、国際資本市場ストラテジストの園山英明氏は、古くからペコラ委員会を研究し、日本の構造改革に本質的に欠けている資本主義の精神 spirit of capitalism について論じている。さらに、元・日経新聞の論説委員の和佐隆弘氏も、同じように世論 public opinion を喚起し、自身でもそれにのっとった行動 action をしている。

この和佐氏と日経新聞の元大阪社会部長・山本堅太郎氏は、日経新聞と現在、裁判で係争中 pending in court である。その発端は、2 人が 2005 年 9 月 29 日付で提出した一通の「株式譲渡承認請求書」にあった。これは、山本氏が日経新聞株 400 株を和佐氏に 1 株当たり 1000 円、計 40 万円で売る契約 contract を交わし、これを承認 accept してほしいという請求だった。しかし、日経新聞側は 10 月 11 日に臨時取締役会を開き、「譲渡（契約）は認められない」と決議して、2 人に通知した。そして、14 日には全部長を集めた臨時部長会で、経緯と両 OB の株譲渡の「不当性」を説明し、ほかの OB らにも 17 日付で杉田亮毅社長名の手紙を送って、「何卒両氏に事理を説き、両氏が日経人としてのあるべき行動を自発的にお取りいただけるよう、お話しいただきたく存じます」などという説得工作を開始した。

もちろん、2 人はこれを拒否 refuse した。そして、2005 年 11 月 30 日、和佐隆弘氏は山本堅太郎氏から購入 purchase した株の保有確認 confirmation of ownership と名義変更 change of name を求める訴えを東京地裁に起こしたのである。なぜなら、日経のこうした要請と、日経社内の株式の譲渡規制 cession regulation が、そもそも資本主義の原則に反するからである。つまり、もっと言えば、日経新聞は、ペコラ委員会があれば、資本主義市場に存在が許されない組織ということが言えるのである。

わずか 400 株、それも 1 株当たり 1000 円での譲渡が、なぜ、これほどまでに日経経営陣にとっての大騒動になるのか？　それは、日経の株が、言論機関としての独立性を守るために制定された「日刊新聞法」では部外者による株の所有を認めない「譲渡制限」が認められ、非公開 privately-held になっていること。したがって、その株は役員 board member と社員 company member、一部の OB ら関係者だけが持ち合い cross-shareholding、「日本経済新聞共栄会」という社内組織が担ってきた点にある。

この「日本経済新聞共栄会」の会則では、日経の株は買うときにも売るときにも 1 株 100 円でしか売買できないと決められている。しかし、この株は市場価値 market value になおせば、その 72 倍の価値（解散価格 dissolution value）を持ち、しかもほぼ毎年 17 ～ 18% の配当 dividend を出している。とすれば、この株を大量に持てば、市場価値になんら影響されることなく、会社を支配 control でき、そのうえ高配当も得られるということになる。

日経新聞では、鶴田卓彦前会長らのスキャンダルが発覚し、それを内部告発 whistle-blowing した大塚将司氏が強制退職させられるなどのトラブルがあったが、そうした原因はほぼこのいびつな持ち株制度 employee stock ownership program にあったのである。

ちなみに、現社長である杉田亮毅氏は、51 万 3000 株（2004 年末現在）を保有し、5130万円の出資で毎年900万円前後の配当を得ている。日経新聞社の資本金は25億円、株数は2500万株、株主は約4500人。社員1人は800株が上限だから、まず、これ自体が大きな不平等 inequality を生じさせ、さらに、日経社内のコンプライアンス compliance、ガバナンス governance を大きくゆがめている。

もちろん、解散価値7200円の株を発行価格 issue value の100円で売却しても契約があれば、税務当局の判断はともかく、売買自体は認められる。このため、社員は、共栄会を退会する際には発行価格で共栄会に売却する確認書を提出している。しかし、契約（確認書）がなければ、売買価格は解散価値をベースに決めることが当然で、和佐氏と山本氏の売買は成立しなければおかしいのだ。そして、これが成立してしまうと、現在の日経新聞社の経営は根本から揺らぐことになる。

このような資本市場を無視した制度は、日本の多くのメディアに共通する点である。だから、彼らがホリエモンを「市場の破壊者」として糾弾 accuse することは、まったくの自己矛盾 self-defeating contradiction であり、さらに、こうした制度を許している日本のシステムそのものが、近代資本主義 modern capitalism とはとても言えないものなのである。

だから、日本版ペコラ委員会ができなければ、いつまでたっても、日本は改革されない。

東京都のほうがアメリカより市場価値があるという不思議

日本の「失われた15年」と、インチキ改革がまかりとおる根本原因は、市場価格 market value を無視した日本の企業会計制度 corporate accounting system と資本課税制度 capital taxation にある。つまり、ペコラ委員会が解明したように、「信用価値」value と「株価」stock price の乖離が存在することだ。さらに、それを税務制度が許してしまっていることが、最大の問題である。

日本の企業会計に特徴的なのは、土地などの取得原価主義（簿価 book value）に代表されるように、市場価格（時価 current value）を無視した制度であるということであろう。企業の経営は日常的に、所得（フロー cash-flow、売上高 sales amount や利益 profit など）のほかに、純資産 net asset、自己資本 own capital、さらに含み資産 hidden asset といったストックを加えて営まれている。にもかかわらず、現行の企業会計制度では、ストックについてはまったく実態を反映していない。

つまり、日本の企業は、この欠陥会計制度の恩恵 benefit にタダ乗りして、これまで経営されてきたのである。「真実性の原則」に反する「税金のかからない含み資産」で、日本経済はまわっていたのだ。これは、資本主義の義務（時価会計による資産評価）に反する行為で、日本は資本主義のおいしいところだけをつまみ食いしていたにすぎない。

このような義務 duty の裏付けを欠く権利 rights の行使が持続するわけがない。現代会計学の財務諸表 financial statements の中心をなす貸借対照表 balance sheet を発明した複式簿記 double entry bookkeeping の思想に反するからである。

この結果、バブルが崩壊すると、日本はそのツケを一気にかぶることになった。そして、その清算 liquidation はいまだに終わっていない。

2006年のこの時点で、日本経済のこの根本問題を指摘する声はまだ少ない。経済学はサイエンスだから、「原因」cause と「結果」result を的確に分析 analyze すれば、ある程度確かな処方箋が書ける。

しかし、この日本では、経済を単なる景気循環 boom-bust cycle と捉え、まるで季節が移り変わるような捉え方をしているので、いつまでたっても改革ができないのである。本来なら、この仕事は、経済学者 economist やジャーナリスト journalist の仕事なのに、彼らはそれを放棄している。だから、支配層の人々にも国民にも「景気はいずれよくなる」という楽観論まであって、本当の問題を見ようとしないのだ。

もし、ここで日本が小泉インチキ改革しかできないなら、このまま国家破綻に突き進まなくとも、どんどん下降していくことは、1つの象徴的事例 symbolic example をあげれば、明らかだ。

1987年、あのバブル経済のピーク時 peak of the bubble economy の国民経済計算 System of National Accounting によると、日本の富(国富 national wealth)は1986年末で、2546兆円あった。これは、1985年末が2120兆円だったので、差し引きすると1年間で426兆円増えたことになる。

とすれば、当時の日本人は1年間で426兆円も富 wealth が増加する国に暮らしていたことになる。まさに、マルコ・ポーロが『東方見聞録』で描いた黄金の国ジパングが、本当に出現していたのだ。

しかし、この数字は、見せかけのトリックにすぎない。というのは、まず、このときの国民総生産 Gross National Product(GNP) の統計を見ると、日本は345兆円を生産して、232兆円を消費していただけだからである。それなのに、なぜ、426兆円もの富を生み出せたのか？

そこで、426兆円の中身を見ると、なんと370兆円が土地の値上がり益である。当時の土地バブルを覚えている方もいると思うが、土地の値上がりがはたして本当の富であろうか？　つまり、これがバブルであり、市場価格と信用価値が乖離していたのである。

当時の日本全土の土地の値段 land prices を総計すると、1686兆円である。これは、日本の25倍の国土があるアメリカ全土の土地の値段（当時のレート1ドル122円で換算）403兆円の、なんと4倍に匹敵する。つまり、日本の土地の値段で、アメリカが4つも買えてしまうことになる。さらにもっと言うと、当時の東京都全部の土地の値段の合計が540兆円だったから、東京都1つの方がアメリカより市場では価値 value があるということになる。

これは誰が考えてもおかしい。資本主義には、自由貿易 free trade や等価交換 equivalent exchange という原則があるから、これを適用すれば、東京都1つを売れば日本はアメリカを買えるのである。

原因解明さえできれば日本は必ず復活する

ここで、「それがバブルというものだ。バブルだったのだから仕方ないではないか」という考える方もいるだろう。確かに、バブルとはそういうものだが、では、近代資本主義というのは、必ずバブルを引き起こすものなのか？　そんなことはない。

あのバブルでは、土地の高騰ばかりか、株価も異常な値上がりをした。日本企業の株価（時価総額 aggregate market price）は、世界の全株式総額のなんと約40％を占めるまでに膨れ上がったのである。

そして、これもまた地価の高騰が引き起こしたものだった。というのも、日本の経済システムは戦後一貫して、地価がつくり出した信用創造 credit creation によって支えられてきたからだ。企業本来の価値が株価を決定するのが資本主義なら、日本のシステムは資本主義ではなかったのである。そして、ライブドアに見るように、いまでさえ、株価は本当の企業価値を反映 reflect していないのだ。当時の日本企業の株価は、本来の収益や会計情報に基づかず、土地の高騰によって支えられ、その結果、世界の基準 global standards からは大きく外れてしまった。

バブルのピーク時、日本企業の PER（price earning ratio ＝株価を1株当り利益で割って求める株価収益率）は、なんと64倍を示していた。1987年9月、ニューヨーク株式市場でブラックマンデー Black Monday が起こったが、このときでさえ54倍である。当時のモルガン・スタンレーの調査によると、世界平均が18.1倍、アメリカが11倍、カナダが11倍、イギリスが10倍、西ドイツが15倍、フランスが12倍である。つまり、日本の株価だけが異常に高い。PER というのは、1株当たり何倍まで買っていいかの目安になるが、これを当てはめると、日本企業は、この時点で 約半世紀先までの利益を先取りしていたことになる。つまり、本当の価値でないもので、64年先までの利益をこの時点で計上していたのだから、これらがすべて是正されなければ、日本の衰退は半世紀は続くということになる。

1988年に64年を足せば、2052年だからだ。

日本では、バブル崩壊以後、バブルの調整が行われ、やがてそれは自然に収束 naturally settle down するという楽観論があった。しかし、これは前記したように、経済を自然現象 natural phenomena と同じようにとらえる発想で、サイエンスではない。経済は、自然治癒 natural healing などしないのだ。

だから、バブルがなぜ起こり、その犯人が誰かを突き止めなければならなかった。しかし、この作業は行われず、議論はいつもすり替えられた。すなわち、バブルはアメリカによる陰謀 plot であり、バブル以後の日本経済の大不況 recession は、冷戦終結によって世界構造 global structure が変わったからだなどという解釈が蔓延 widespread した。1994年、円が史上最高の1ドル79円を記録し、「第2の敗戦」ということが言われたが、これも日本がアメリカによる金融攻撃を防げなかったからだと言われた。

しかし、これは一面の真実であって、本書中で、私もそれを訴えてはきたが、本当のもっと大きな原因は別に存在していたのである。そして、これを完全に除去 get rid of しないかぎり、日本は本当に再生 revitalize しない。

だから、私は、真実追究委員会をつくるべきだと、主張しているのだ。

そうして、この原因がわかれば、日本ほど経済のポテンシャルを持っている国はないから、必ず再生できる。アメリカのように製造業 manufacturing industry がほぼ消滅した国と違い、いまだに日本は人類のために必要なモノをつくりだす健全な製造業と、その技術 technology を持っている。

つまり、金融などというエンジニアリングに頼らないで、日本には信用創造 credit creation をできるパワーがあるのだ。

アメリカにならって年金の改正を国民に訴えろ

「先送り」postpone the problemsという言葉がある。これと、「無責任」irresponsibilityというのはほぼ同義だろう。なぜなら、これによって、真実が見えなくなってしまうからだ。私は、本書で日本がアメリカ支配under American controlから一刻も早く抜け出すことを訴えてきたが、アメリカにはまだ見習う点も多い。それは、こと財政の問題に関しては、政府は国民に対してウソはほぼつかないからである。ブッシュでさえ、民主主義の根幹ともいうべき、この問題を守ろうとはしている。つまり、「先送り」すると、さらに問題が大きくなることを知っている。

アメリカは双子の赤字twin deficitsを抱えたうえ、いまの日本と同じように年金システムの危機に直面している。しかし、日本がすでに赤字で積立金を取り崩しているのに対して、アメリカはまだ黒字surplusだから、日本ほどこの問題は切迫していない。にもかかわらず、ブッシュは2005年3月2日から、スノー財務長官ら政権幹部を総動員して、約2カ月にわたって全米各州をまわってこの問題を国民に訴えたのである。

ブッシュ政権は、公的年金の抜本改革drastic reformを、第2期政権の最重要課題high-priority issueと位置づけており、この改革が実現すると、アメリカでは70年ぶりの制度改正になる。つまり、ブッシュは、ルーズベルト大統領以来の年金改革で歴史に名を残したいという意欲があり、そのために、政治的リスクを覚悟のうえで全国遊説をやったのだ。

彼は、「現行制度は2018年に赤字に転落します。そして、2042年には破綻します。だから、いまから手を打つべきです」と、訴えたのである。

アメリカの公的年金制度は、国民全部を対象にしていない。一定以上の所得のある人間を対象にしている。ただ、積立式 funded system ではなく、世代間の仕送り方式（ pay-as-you-go basis）という点では、日本と似ている。したがって、現役世代が保険料として現在納めている社会保障税（年収の12.4%、会社員は労使折半負担）は、引退した世代への給付 benefit になっている。ということは、高齢化が進めば、現役世代の年金負担はどんどん膨らむ。

が、アメリカでは、移民が入るために、日本のように少子化による人口減 depopulation は起こっていない。それなのに、ブッシュは、現役世代が老後資金を自ら積み立てる「個人退職勘定」を新設したうえに、支払いの3分の2まで勘定へのくり入れを可能にする改革を行おうとしているのだ。

つまり、賦課式ではもう持たないから、積立式も導入し、その運用は国が用意するファンドから選ぶようにしようというのである。要するに、これも、新自由主義 neoliberalism による「公的年金にも自己責任」というわけだ。

はたしてこれがいいかどうかは別として、少なくともそこには、日本のように、バラバラな年金財政はない。日本では、年金管理が社会保険庁と国税庁でバラバラであり、国民年金はあるものの、未納者はほぼ放任状態。しかも、年金財政はほぼ破綻しているにもかかわらず、姑息な手段によってそれを隠し、給付の引き下げと負担増 burden increase を同時に行ってごまかそうとしているのだ。

団塊の世代はいったいなんのために生きてきたのか？

しかし、制度自体が賦課式であるかぎり、どうやっても現行の年金制度 pension system は行き詰まる。それは、この制度が人口増を前提とした、いわゆる「ねずみ講」だからだ。現在の少子化は、じつはここに起因するところがあり、若者は、受け取る以上の保険料支払いを迫られたうえ、就職難 job crunch も背負わされ、さらに、結婚もできない状況に追いやられている。日本の若者は暴動 riot を起こす代わりに、少子化というかたちで、「ねずみ講型社会」に逆襲しているのである。だから、自分の年金を満足と思っている就労者は、アメリカでは６割に達するのに、日本ではわずか１割しかいないという調査がある。

さらに年金問題 pension issue を考えると、私は、日本の団塊の世代 postwar baby-boomers が、もっとも貧乏くじを引かされるのではないかと思う。彼らは、まさに戦後の日本経済とともに歩み、最後の最後 at last に見捨てられる運命にあるからだ。

団塊の世代は、若いときは、大いなる夢を抱いていた。大志 ambition を持っていた。だから、彼らは学生時代には日本の戦後史でも稀有《けう》な学生運動をやった。しかし、それに挫折して会社に入ると、「モーレツサラリーマン」に変身するか、あるいは「社畜」wage slave として飼いならされ、家庭も顧みずに働かされることになった。結婚して、核家族 nuclear family、ニューファミリー new family などと言われたが、それは本当の意味での「家族」とは言いがたかった。もちろん、その間にも日本は発展し、マイカーをはじめ、あらゆる物質的な幸せは手に入った。しかし、その象徴であるマイホームは、まさに国家的な詐欺商品 fraud で、これをやっとのことで手に入れてはみたが、それで一生ローンを払い続け、今後は疲れ果てて社会をリタイアしていくのだ。しかも、彼らの子供たちはフリーターやニート、引きこもりが多く、さらに熟年離婚まで彼らを待ち構えている。

もし、これで、年金が本当にカットされたら、彼らはいったいなんのために生きてきたのだろうか？

これでは、どんな日本再生プランができようと、安心の年金制度ができないかぎり、国民はついてこないだろう。したがって、真実追究委員会が次に取り組むべきは、本当の年金制度の改正だ。これで、国民に最低限の安心を与え、そのうえで再生プランを進めていくべきだろう。

最大の論点は、歳出削減か減税かの選択

真実追究委員会が、この国の財政をどのように確定させるかはわからない。すでに、国家破産状態にあることが明らかになる可能性は大きい。しかし、そうだとしても、現在議論されている増税 tax hike は、あまりにも無謀だ。これをやったら、日本は完全な泥棒国家《クレプトクラシー》となり、経済も破壊され、2度と浮上できない never-ending surface だろう。

ともかく、日本が抱える巨大な赤字が、どの時点で限界を超え、財政が破綻するのかは誰にもわからない。しかし、これを、国民からの増税で先送りすることは最悪の選択 worst choice である。なぜ

なら、増税によって赤字を削減できても、その効果 effect は一時的なものであり、これまでの先進国の事例からいって、増税より歳出削減 cuts in expenditures のほうがはるかに効果があるからだ。

1990 年代に財政の改善に取り組んだ先進国は、イタリア、オーストラリア、デンマーク、スウェーデン、私の母国カナダなどの例があるが、イタリア以外はほとんど歳出削減によって、赤字幅を減らしている。

しかも、これらの国では歳出削減が長期的な経済の後退 long-term recession をもたらしていない。とくに、1980 年代に歳出削減に取り組んだアイルランド Ireland は、GDP の 6%にあたる財政赤字を削減すると、その後、驚異的な発展をとげている。

もちろん、歳出削減が好景気 business boom をもたらす原因になったかどうかについては、エコノミストの見解は分かれる。しかし、少なくとも、日本のように債務が巨大な国は、歳出削減が景気後退をもたらすことはありえないと見るべきだろう。なぜなら、すでに日本の巨大な赤字は、ほとんど経済を刺激 stimulate していないからだ。1990 年代をとおして取られたケインズ政策 Keynesian policy が、もはやなんの効果もなかったのはハッキリしている。

そしてさらに、歳出削減が、心理的効果を生むということが大きい。つまり、これを断固として政府が実施し、公務員のクビを切り、特殊法人から官庁まで規模を縮小 downsize するかあるいは廃止 sweep away するとなれば、それは民間部門に多大な刺激を与える。すなわち、政府が真剣に財政再建に取り組んでいる姿勢を見せれば、国民のほうもついてくるからだ。

しかし、いまのようなインチキなやり方では、誰もついてこないのは確かだろう。そうしているうちにタイムリミットとなり、IMFが来れば、歳出削減は瞬時に行われる。それは、IMFの日本改革案として、すでに有名になった「ネバダ・レポート」Nevada Economic Reportを見れば明らかだ。ここで示されていることは、次の8点である。

①公務員の総数および給料の30%カット。ボーナスはすべてカット。
②公務員の退職金 retirement pay は100%すべてカット。
③年金 pension は一律30%カット。
④国債 national bond の利払い yield は5～10年間停止。
⑤消費税 sales tax を15%引き上げて20%へ。
⑥課税最低限を年収100万円まで引き下げ。
⑦資産税 housing tax を導入し、不動産 estate に対しては公示価格 market price の5%を課税。債券・社債 bond については5～15%の課税。株式は取得金額の1%を課税。
⑧預金は一律、ペイオフ refund cap を実施するとともに、第2段階として預金額を30～40%カットする。

これでわかるように、歳出削減と増税が同時に行われ、日本はアルゼンチンと同じように大混乱に陥るだろう。日本国債は塩漬けにされ、預金もカットされる。そして、資産税も導入されるから、その「痛み」pain はもはや「激痛」である。もちろん、公務員のリストラと給料カットも大幅に実行されるから、日本経済の成長は完全に止まるだろう。つまり、IMFの改革というのは単なる数字をいじくるだけで、その国の文化や風土、伝統、社会制度などをまったく無視したものなのだ。しかし、小泉改革は、この項目を見ればわかるように、もうその助走に入っている。日本国民は騙されているだけなのである。

ケインズJohn Maynard Keynes(1883～1946)は『貨幣改革論』(The General Theory of Employment Interest and Money) のなかで、国家破産の方式には3通りあると書いている。

1つ目は、債務帳消し型
2つ目は、債務所有者に対する資本課税型
3つ目は、財政暴力出動型

このことを指摘したうえで、経済評論家の森木亮氏は、その著書『2008年IMF占領』(光文社ペーパーバックス　2005) で、つぎのように書いている。

この3つ目の「財政暴力出動型」というのは、ハイパーインフレ hyper-inflation、貨幣価値 monetary value の大幅下落を指し、日本はこの型だと考えられている。つまり、増税 tax hike によって破産を防止しようというのは、結果的に財政が破綻してしまえば、このような大混乱を引き起こす。現在の小泉政権と財務省は、この路線をひた走っているが、これが行き着くのは消費税 consumption tax の大増税しかない。プライマリーバランス primary balance (財政の基礎的収支) が毎年20兆円以上の赤字ということは、消費税率に直せば15%ということになる。また、日本国の公的債務が2005年度末で774兆円ということは、100年でこの債務を返済 repay するには、消費税を40%にしなければならないことになる。
（森木亮著『2008年IMF占領』光文社ペーパーバックスより）

政府資産をどんどん売却して借金を減らせ

Chapter 5で書いたように、私は歳出削減のために、国の資産national assetを売却することを主張している。個人でも国家でも、借金を減らそうとしたら、まずやるべきことはこれだ。そして、これはもっとも簡単な方法である。

たとえば、高速道路などすべて民間に払い下げてしまえばいい。現在、まだ高速道路をつくろうとしているのは、国民のためでなく、道路公団で働く職員のためである。経済の根幹である郵貯などの金融機関は別として、数ある特殊法人special corporations、独立行政法人independent agenciesなどもほとんどを完全民営化し、職員をどんどんリストラmassive lay-offsすべきである。国より財政難が深刻な地方自治体では、すでに行政財産売却の試行錯誤が続いている。神奈川県が1999年に、職員宿舎計約80棟を売却、268億円の収入を得て、財源不足の県財政にあてた例がある。

これにならえば、日本国政府には、まだいくらでも売却できるものがある。たとえば、大きいところでは、宇宙航空研究開発機構(JAXA)、林野庁、NHKなども売却できるだろう。

とくに、宇宙航空研究開発機構は、こんなものをなぜ日本が莫大な予算huge budgetをかけて維持しているのか、私には理解できない。しかも、日本のロケット打ち上げは、失敗続きであり、2003年11月に打ち上げられたH-IIAの6号機は、固体ロケットブース

2006年1月24日に打ち上げられたHⅡAロケット8号機は、なんとか成功したが……。　（写真／時事通信社）

ターの切り離しができず、打ち上げ10分後に指令破壊されている。さらに、1998年に日本初の惑星探査機として打ち上げられた火星探査機『のぞみ』は、打ち上げ後発生した不具合defectを修正できず、2003年12月に火星軌道orbit to the Marsへの投入を断念している。そして、さらに驚くべきことに、2003年5月に鹿児島宇宙センターから打ち上げられた探査機『はやぶさ』が向かった先は、小惑星miniplanetの「イトカワ」だった。その目的は、惑星表面の岩石試料を採取して地球に持ち帰るというのだから、バカげている。すでに、中国が有人宇宙飛行manned flightをしている現在、小惑星の石など持ち帰ってなにになるのか？

さらに、日本はアメリカにそそのかされて、スペースシャトルに2人の宇宙飛行士を送り出している。この費用は、アメリカが進める国際宇宙ステーション計画（ISS計画）全体のなんと6分の1、約6500億円である。ISS計画には、15カ国が参加しているが、その最大の出資国はもちろんアメリカで、これに続き日本がNo.2なのである。しかも、この費用にあった見返りreturnsはほとんどない。宇宙から日本人飛行士が日本のお茶の間のテレビに、「宇宙からコンニチハ」と言うぐらいのただのショーである。

これは言い古されたことだが、これと同じくバカげているのが、日本の国連分担金 financial contributions to the U.N. で、これもアメリカの要請で、全分担金のなんと 20% も拠出している。企業なら倒産状態の日本がこんな多額の負担を出し、それに比べてわずか 2% 程度しか負担していない中国に安保理 Security Council の常任理事国入りを反対され、そのうえに有人宇宙飛行もされているのだから、ここまでくると漫画である。

アメリカは、国際宇宙ステーション（ISS）を 2010 年までに完成させると言っていたが、その予定は現在大幅に遅れている。日本はこれが完成すると、その実験棟に実験ブースの「きぼう」を打ち上げてドッキングさせることになっているが、そんな計画はいますぐ中止すべきだろう。これら宇宙事業 space venture に投入した国民の税金があれば、いったい何人の自殺者が救えただろうか？ あるいは、もう財源のあてがなくなった各種福祉予算を削減せずにすんだだろうに。

日本の林の 40%を占める杉林を売却せよ

林野庁を売却せよというのは、日本の植林事業 tree-planting business の税金のムダを即座にカットすべきということだ。日本の山にある杉の木を民間に売却して、林野庁は解散 dismiss すべきなのである。

日本の山を見ると、色が濃い針葉樹 acicular tree の林と、色が薄めでいろいろな木が入り混じっている照葉樹林 laurel forest とか落葉樹 deciduous tree などの雑木林 brush の２種類があることがわかる。

この色が濃いほうの針葉樹林は、戦後に植林されたもので、当時は補助金 subsidy が出たので、なんと、日本の森林面積の 40%が杉になってしまった。その結果、日本では毎年、スギ花粉が飛んで、花粉症 hay fever が発生するのだ。

だから、この杉林を伐採して、ほかの種を植えれば、材木も供給できて一石二鳥ではと、私は長いこと思っていた。しかし、あるとき山梨県に行き、たまたま製材所があったので、そこの人に話を聞いて驚いたのである。

なぜなら、その製材所では目の前にある杉林を伐採して製材しているのではなく、アメリカやカナダからの輸入材を製材していたからだ。製材所の人間が言うには、「40 年ものの杉の値段は 1 本 100 円もしません。これじゃ商売にならないんです」とのことなのだ。その最大の原因は、伐採作業をする人手がなくなったことだという。

しかも、増えすぎた杉林は環境破壊 destruction of environment まで引き起こしていた。それは、針葉樹を植林しすぎた結果、森林の土砂が流され、山の保水力が極端に落ちてしまったことだ。この結果、日本の河川には、雨が降ると一気に増水し、降らないととたんに干上がってしまうという現象が起きるようになったのだという。さらに、人工植林の杉林は、生物の多様性に乏しいので、ますます生態系 ecosystem が貧弱になり、草木が根を張らないために、土がどんどん流出するのだという。

私はこの話を聞いていてバカバカしくなったが、さらに驚いたことがある。それは、林野庁が、花粉がまったく出ない無花粉スギの普及 spread に乗り出すことを発表したことだ。杉の世代交代は 20 ～ 30 年かかるというので、これは「花粉症対策」に名を借りた組織の温存と、税金の分捕りである。しかも、この無花粉スギは、1992年に発見されたというから、10年以上も無策で放置してきたことになる。

このように、日本には税金のムダ遣いはまだ山ほどあり、売るべき政府資産は数多い。

しかし、財務省は、日本政府の総資産は一般会計・特別会計合わせ695兆円（2003年度末現在、GDPの約1.4倍）あると発表しているものの、売るものはないと抵抗している。その理由は、695兆円のうち、金融資産は約400兆円で、ほとんどが外貨準備 foreign reserve の現金・預金や有価証券、公的年金がらみの運用寄託金などだからという。しかし、残りの200兆円を売ればいいではないか？ そして、外貨準備というカテゴリーに入っているアメリカの財務省証券 US Treasury（アメリカ国債）を、売る決断をすることだ。

アメリカはいま、赤字の補填 deficit-covering をほとんど日本と中国にしてもらっている。しかし、高度成長を続ける中国は別として、いまの状態の日本がいつまでもアメリカ国債を塩漬けにしておく理由などありえない。もし、日本が現在の年間対外黒字16兆円と約70兆円あるというアメリカ国債をアメリカから引き上げ、それを発展途上国援助に振り向ければ、毎日2万5000人以上の餓死 starve to death しそうな子供たちを救えるだろう。

「1票の格差」でコケにされる大都市の有権者

歳出削減の徹底で、財政的な道筋がついたら、次の主戦場は、政治改革 political reform である。真実追究委員会で日本が資本主義国としてのあるべき姿になったならば、政治体制もきちんとした民主主義《デモクラシー》にしなければならない。

現在の日本がクレプトクラシーであり、民主主義国ではないことを、象徴しているのは、「1票の格差」unequal voter rights、「党議拘束」political constraints、「議員世襲制」hereditary Diet member system という3つの問題である。日本では、この3つの問題があるため、有権者 voters の本当の声が政治に反映されていない。

「1票の格差」というのは、人口 population に比例して議員 lawmakers が選ばれないということであり、「党議拘束」というのは、議員が政党の単なる数合わせのロボットで、個人の主義・主張で議員活動ができないということである。さらに、「議員世襲制」というのは、日本には諸外国と比べて2世、3世議員が異常に多いということである。この3つのほとんどバカげた問題 stupid system によって、日本ではいくら選挙 election をやろうと、いくら議会が開かれようと、民主主義が消失してしまうのだ。1票の格差の弊害は、端的に言えば、この国では、大都市の有権者は地方の有権者に比べて大幅にコケにされているということである。

四国に巨大ブリッジが3つも架けられ、人口が少ない山陰地方にいまでもムダな高速道路が建設されている理由も、これでわかる。

しかも、この格差 gap を、裁判所が違憲 illegal としないのだから、日本の政治は権力側の意のままである。

全国の有権者数は、2004年6月の参議院選挙のデータによれば、1億295万1229人（男性4987万7917人、女性5307万3312人）である。議員1人当たりの有権者数がもっとも多いのは、東京選挙区（議員数4人）で、もっとも少ないのは鳥取選挙区（議員数1人）だった。そして、この鳥取選挙区との「1票の格差」が2倍以上ある選挙区 electoral district が、全国でなんと28選挙区もあるのだ。

じつは、2001年の参議院選挙で、「1票の格差」が5.06倍もあったことから、首都圏の弁護士らが選挙無効の確認の提訴 file a lawsuit を最高裁に起こした。しかし、最高裁は、裁判に約3年をかけたにもかかわらず、「現在の定数配分は合憲」という判断を下している。これでは、日本では司法 judicial administration も泥棒たちの味方ということになる。しかし、参議院は諸外国では上院にあたるので、「そこまで人口比を守る必要はない」という意見もある。そこで、他国では下院にあたる衆議院はどうかというと、こちらは2倍でも異常なのに、日本では2倍以上の選挙区はざらなのだ。

衆議院には、「衆議院議員選挙区画定審議会設置法」という法律があり、これによると、衆議院の小選挙区300議席のなかから、まず各都道府県に均等に1議席を割り当てることが定められている。そして、残る300－47＝253議席を人口比例でそれぞれの選挙区に割り当てることになっているから、当然、多くの有権者を抱える選挙区は、その人口に比べて議員数が少なくなる。

最近のデータでは、議員1人当たりの人口がもっとも多い東京6区を、もっとも少ない徳島1区で割ると、その格差は2.15倍。つまり、東京6区の有権者の投票価値 vote value は、徳島1区の有権者の半分以下という状態になっているのだ。

一説によると、日本の裁判所の判断は、「衆院は3倍以内、参院は6倍以内なら合憲」というが、このどこにも合理的な根拠 rational basis はない。つまり、日本の裁判官は、小学生の算数もできないのだ。

カナダと比べてみれば、議員の数まで多い

私の祖国カナダでも、また、ほかの世界の先進国でも下院 lower house の選挙においては、人口比がもっとも重視されている。各国とも基準人口を基にして、その偏差 difference が許容範囲を超えると、選挙区の区割りが変わるシステムを導入している。日本では知られていないが、カナダの議会制度はアメリカより日本のシステムに近い。それは、カナダが立憲君主制の国（英国女王エリザベス 2 世が君主で、女王はカナダ総督にその権限を委任している。ただし、女王は君臨すれども統治せず）だからだ。

この立憲君主制 constitutional《コンステイテユーシヨナル》 monarchy《モナーキイ》 の下に、連邦制 federal system と議会制民主主義 parliamentary democracy がある。連邦制があるだけ日本とは違うが、議会制度は基本的にイギリスと変わらない。上院、下院の 2 院制で、行政および立法措置は、普通選挙 general election で選ばれた議員が行う議院内閣制だから、日本と変わらない。

上院議員数は 105 名で、その任期は 75 歳まで。オンタリオ州、ケベック州、西部諸州、大西洋諸州からそれぞれ 24 名ずつ、ニューファンドランド・ラブラドール州から 6 名、3 つの準州から各 1 名と、地域ごとにほぼ均等に議員が選出される。下院は、小選挙区から選出される 301 名の議員でなっていて、議席 seat は人口の比率によって全国に配分されている。ただし、いくつかの州や準州には最低議席数が確保されている。下院の任期は最高 5 年。上院と

下院はほぼ同等の権限を持っているが、例外は、政府は上院ではなく下院に対して責任 responsibility を負い、予算案 the budget は下院にのみ提出される。

つまり、カナダの下院においては、「1票の格差」はほとんどなく、有権者の声は正確に議会に反映 reflect されると言っていい。

ところが、日本では、1票の格差もさることながら、議員数も諸外国と比べると、圧倒的に多い。

現在、日本の議員数は、衆議院480人、参議院247人だが、一時期、衆議院の定数は、増員をくり返して512人までに膨らんでいた。この国の政治家たちは、口では「1票の格差はゆゆしき問題」と言いながら、党利党略を優先し、自分たちの議席 seat まで増やしてきたのだ。

それはともかく、小学生でも計算 calculate できると思うが、日本の国会議員数は、衆参合わせて合計727人である。カナダは406人、アメリカは535人である。日本経済の規模はアメリカの約半分だから、この数はどう考えても多すぎる。1人に1年間かかる国の経費は、約1億円というから、せめてアメリカ並みの議員数にして200人を削減したとすれば、それだけで財政赤字 financial deficit を200億円も減らすことができる。

党議拘束で自由意志がなくなり2、3世ばかり

もう旧聞に属するが、2004年6月、年金問題が大きな争点だったとき、年金改革法の審議で、野党側は「牛歩戦術」"ox-walk" tactic という間抜けな、そして日本独特の方法で法案成立を遅らせ

ようとした。日本では、この「牛歩戦術」に限らず、「審議拒否」「途中退席」「うたた寝」「乱闘」など、およそ議会であってはならないことが、しばしば起こる。そして、なにが起ころうと、はじめから法案成立は決まっているのだ。それは、まず「数の論理」があり、次に「党議拘束」という封建制度 feudalism のような掟 rule が存在するからだ。この2つによって、議員は議員でなくなり、民主主義は骨抜きにされている。確かに民主主義は多数決 decide by majority で決まるから、「数の論理」はあってもいい。しかし、「党議拘束」は、個人の意見を封殺 suppress してしまうから、反民主主義的行為と言わなければならない。

日本では議員には良心的拒否などという権限は与えられていない。つまり、すべては党の決定 decision に従うことになっていて、党の決定には絶対服従 absolute obedience である。これは、2005年8月の郵政国会でも同じで、自民党の法案反対者はまるで裏切り者 betrayer のような扱いを受けて党を追われた。

このように「党議拘束」の弊害は大きい。国家に重大な争点があるときは、この弊害はさらに大きくなる。なぜなら、自由な意見は封殺され、最後はすべて各政党の議員の数だけで自動的に決まってしまうからである。したがって、議会は議論の場ではなく、ただ単に「儀式」ceremony の場と化し、議員は自分のアタマで議案を考える必要もなくなる。こうなると、議員というのは、単なる数合わせのロボットであり、ヤクザ組織の組員と変わらないことになる。

そのせいか、日本では議員のアタマや質が問われることなく、大量の2世、3世議員が誕生する。有権者も議員にそれを期待しないから、結局は、親をよく知っているということで、有名政治家の子供ならたいてい当選する。

日本の小選挙区制 first past the post の導入は、イギリスのような2大政党制 two-party system を目指すためのはずだった。しかし、その結果は、イギリスとはまったく対極的なものになっている。なぜなら、日本よりはるかに階級、世襲社会であるにもかかわらず、イギリスではほとんど2世議員がいないからだ。

その最大の理由は、候補者になるにはまず、党内の激烈な競争に勝ち抜く必要があるからだろう。そして、次に選挙戦で実績 performance を積まなければならない。このハードルは想像以上に高い。与党・労働党 Labor Party、最大野党・保守党 Conservative とも、候補者の選考は、基本的に各小選挙区の党支部が決定権を持つ。労働党の場合は、労働組合の推薦を得た人間が有利になる傾向があるが、各選挙区の党支部が厳格な候補者コンテストを行い、ふるいにかけた最後の1人を公認候補 adopted candidate として決定する。このようにシステム自体は日本と同じだが、当選するまでのプロセスが全然違うのである。ホリエモンが立候補でき、タイゾー君が当選するようなことは、イギリスでは絶対に起こらない。

たとえば、トニー・ブレア首相 Tony Blair は、スコットランドのエディンバラ Edinburgh, Scotland 出身だが、1982年、最初に選挙に出たのはロンドン近郊の選挙区だった。もちろん、落選したが、保守党の絶対的な地盤で善戦したので、翌年の総選挙では、中部のセッジフィールド選挙区の支部選考で最終選考リスト（ファイナル・ショートリスト）に残り、初当選している。つまり、まずは勝つ見込みのない選挙区から出て実績を積むことが大事なのである。イギリスでは、親の七光りなどでは、候補にもなれないのだ。

日本が再生するためには、政治家の質 quality と能力 ability を上げることも重要であろう。そして、選挙と党のシステムを大幅に変えることである。

よく言われることだが、この世でカネを手にする方法は３つしかない。

①犯罪。元手なしでカネを儲けられる。
②ギャンブル。多少の元手はいるが､運があればリターンは大きい。
③事業。まとまった元手と、知識とノウハウと運がいる。

いまの日本の政治家は、この３つともやる人種である。

メディアよ、お願いだから目を覚ましてほしい

日本の民主主義を救う道は、日本の大手メディアが一刻もはやく本当のことを書くことにもある。彼らは、自分たちがなんのために存在しているか忘れてしまっている。この基本に立ち返りさえすれば、本来、日本人のリテラシーの高さからいって、日本が真の民主主義国家に生まれ変わることは可能だと思う。

しかし、いまの日本の大手メディアは、小泉政権の権力の大きさに怯《おび》え、彼らの前にひれ伏してしまっている。この政権の内幕 inside を知りながら、それを伝えないことで、生き延びようとしている。おそらく、小泉政権に関して本当のことが書かれるのは、彼が退陣した後、政局 political situation が大きく変わってからだろう。しかし、そのときではもう遅いのだ。ジャーナリストは歴史を書く

ために存在しているのではない。いままさに進行している現実を伝えるために存在しているのだ。

日本には「長いものには巻かれろ」という諺があるが、大手メディアの記者は、いままさにこの諺どおりに行動している。それは、そうしないと生きていけないからである。現在ある日本という秩序を少しでも乱すような記事を書けば、たとえそれが真実だろうと、彼らはたちまち干される運命にあるからだ。もちろん、会社は彼らを守ってくれない。

しかし、それではいったいなんのためにジャーナリストなどという職業を選んだのだろうか？

私は、長い間、日本の各種メディアの記者と親交を持ってきたが、その経験から言えるのは、日本のメディアは世間で言われている順番とは逆に信用 trust できないということだ。

「日本でいちばん信頼できるメディアは、NHK です。その次に、大手新聞社や彼らの持っているテレビ局があります。そして、夕刊紙や週刊誌があり、ときどきスクープが載りますが、多くは嘘や噂や誤報の固まりです。さらにひどいのが、ブラックジャーナリストや総会屋です」

日本で取材活動をはじめた当初は、こう説明されて、私もそれを鵜呑《うの》みにしていた。しかし 20 年間たったいま思うのは、真実はその逆だということだ。

私がいまいちばん信頼できる情報元は、右翼の街宣車である。それからヤクザである。週刊誌や夕刊紙もかなり健闘しているが、大手の広告主を抱えているため、大企業にはやはり腰が低くなる。しかし、基本的に権力と戦う気概は持っている。が、大新聞やテレビとなると、その報道は50%以上が発表ものであって、ある意味で政府の広報機関に成り下がってしまっている。

大手新聞の論説委員までもが、「昔のソ連時代のプラウダにそっくりだ」と、私に嘆いたが、まさにいまそのとおりの状態にある。しかし、これも間もなく解消されるだろう。なぜなら、すでにインターネットの普及が新聞の報道機関としての価値を大幅に低下させてしまったからだ。アメリカでは、2005年に『ニューヨーク・タイムズ』紙も『ロサンゼルス・タイムズ』紙も、編集者の大幅なリストラに踏み切っている。

インターネットは極めて個人的なメディアだが、この個人がいまのブログのような匿名性を廃して、実名で情報発信するようになれば、メディアの世界は大きく変わる可能性がある。もちろん、真実追究委員会の委員会の状況はリアルタイムで動画配信され、議事録は公開されて誰でもアクセスできるようにする。

人口減、少子化の解決策は、「移民受け入れ」しかない

2005年の日本にとってもっとも衝撃的 shocking なニュースはなにかといえば、それは予想よりはやく人口減がはじまったということだろう。人口減少は、経済規模の縮小を意味する。それは、富 wealth を生み出すために働く人間がだんだん少なくなるからだ。つまり、改革、景気回復のいかんにかかわらず、日本は衰退 decline の危機に直面してしまったということになる。しかし、これはほかのあらゆる問題より簡単に解決できることである。なぜなら、次の3つの選択肢のうち、③を取ればいいだけだからだ。

図表6■日本の人口と合計特殊出生率の推移

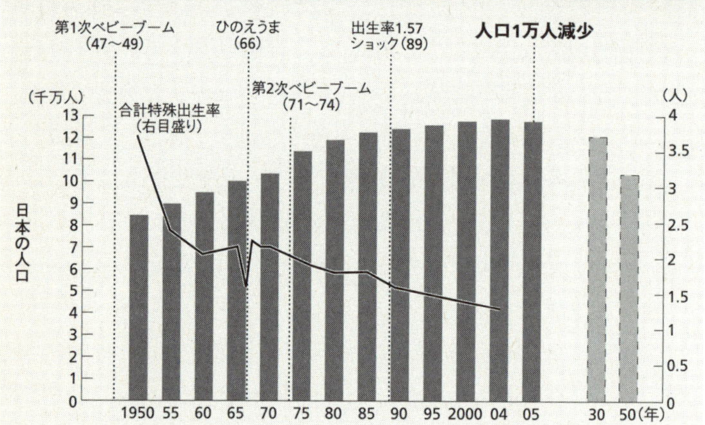

総務省「国勢調査」、厚生労働省「人口動態調査」、国立社会保障・人口問題研究所の推計人口（外国人含む）などをもとに作製。合計特殊出生率とは、1人の女性が生涯に産む子供の数

①このまま漫然と少子高齢化を受け入れ、衰退に甘んじる
②社会、経済のあり方を抜本的に変革し、なんとか女性が子供を産みやすい環境をつくる
③海外から移民を受け入れる

ところがいま、日本政府が行っているのは①で、これは無策ということだ。もちろん②についても、児童手当の支給拡大とか、保育支援事業に予算を割くなどの措置を取りはじめたが、その予算は前記した宇宙開発予算に比べたら、あまりにも小さい。

欧州各国ではこれまで、②の政策でさまざまな試みがなされてきた。産休中の有給休暇 child-care leave を認めたり、保育施設の充実にも力を入れてきた。ところが、これがほとんど効果 effect をあげていない。となると、日本が取るべき道は、③の「移民受け入れ」を決断することだ。外国人に対し、永住権 the right of permanent residence 取得の条件を緩和し、定住ビザ、労働ビザをどんどん発行することだ。

日本人は日本人が産んだ子供だけが将来の日本人と考えているが、それはとんでもない思い違いである。なぜなら、移民もその子供も、将来は立派な日本人になるからだ。アメリカにあれだけ貢献したキッシンジャー Henry A. Kissinger もオルブライト Madeleine K. Albright も移民である。カリフォルニア州の知事になったシュワルツェネッガー Arnold Schwarzenegger も移民である。

日本では移民 immigrant という言葉が一般化していないが、このアメリカの例を日本で言えば、たとえば、現在の日本社会で活躍しているソフトバンクの孫正義、歌手の和田アキ子、野球の金本知憲なども移民の子孫ではなかろうか？　あの太平洋戦争当時の日本の外務大臣、東郷茂徳もエッセイのなかで、先祖は豊臣秀吉の朝鮮侵略のときに日本に連れてこられたということを書いている。

私の母国カナダでは、現在、国民の 2 割が外国生まれである。しかも、カナダでは、新総督にハイチ出身の黒人女性が選ばれている。そして、その白人の夫もカナダ生まれではないというように、グローバリゼーションの現在では、世界中が多文化共生時代に入っているのだ。したがって、経済では世界中にネットワークを築いた日本が、人間だけ鎖国政策 closed-door policy を続けるのは無理があるし、まったく得策ではない。なぜなら、それでは日本人の数が減る一方だからだ。

日本はもっと前向きに、日本人の数を増やしていく政策を取るべきだろう。

自分たちのルーツを知れば日本は自由の新天地になる

前記したように、日本人が生む子供だけが日本人になる become Japanese のではない。日本語を話し、日本文化を理解し、日本社会に貢献すれば、それは人種 race がなんであろうと立派な日本人だ。しかも、いまこの時点で、万が一日本の少子化がストップしても、それで生まれた子供たちが大人になるには、20 年もかかるのだ。

もちろん、移民拒否国が移民を受け入れると、最初は人種間の摩擦 conflict が起こる。しかし、これは時間が解決する。1990 年代から欧州各国も積極的に移民を受け入れ、ドイツはいまだにトルコ系移民との間に問題を抱えているが、多くの国では移民受け入れ策は失敗していない。それは、なんといっても国に活気 vitality が出るからだ。多様な文化背景 cultural background がある人々が集まれば、そこには摩擦も生じるが、新しい文化、知恵も生まれる。

私は、フィリピンの副大統領にインタビューしたことがあるが、そのとき彼は、「日本がわが国の看護婦を受け入れてくれるなら、即座に数万人の日本語を話せ、資格を持った女性を移民させる。そうすれば、日本の老人介護問題はすぐに解決するでしょう」と語った。これは画期的な提案 proposal である。なぜなら、生身の人間のほうが介護ロボットより人間の気持ちが理解できるし、温かいケアができるのは当たり前だからだ。

介護ロボットには異変を知らせるセンサーが付いている。そして、これが作動すると、係員が飛んでくるという。しかし、それはロボットによって介護される人が24時間監視 being watched されているということである。つまり、介護ロボットはお役所のスパイとも言えるのだ。しかし、いまのところ、日本政府はこの提案を拒んでいる。

もし、日本人が他民族 other ethnic group の移民に対するアレルギーが強いなら、まず、同じ漢字文化圏である韓国 Korea、中国 China の移民からじょじょに受け入れていけばいいだろう。

というのも、彼らは日本人の祖先 ancestors だからだ。日本人は自分たちのルーツについて、非常にうとい。遺伝学的にも日本人は韓国人や中国人とほとんど同じだし、そのルーツも大陸 Asian continent にあるのに、それを認めようとしない人々までいる。しかし、私のような4万年以上前に、黄色人種と枝分かれした白人から見れば、アジアの人々はみな同じである。

中国に大帝国があったころ、シルクロードの東端 east edge は日本であった。だから、日本には大陸からあらゆる民族 ethnic group がやってきて、その結果日本ができたのである。つまり、当時の日本は、新大陸 New World が発見された後のアメリカと同じで、自由の新天地だった。

2001年12月23日、天皇陛下 Emperor Akihito は、誕生日を前にした記者会見の席上で、有名な「ゆかり発言」をした。これは、自らのルーツが朝鮮半島にあると半ば認めたものだったが、日本では全国紙のヘッドラインにもならなかった。

その発言は以下のとおりだが、これを読めば、なぜ日本人がこれまで韓国人を差別してきたのか、あるいは中国人を見下してきたのか理解できない。

「日本と韓国との人々の間には、古くから深い交流があったことは、日本書紀などに詳しく記されています。韓国から移住した人々や招へいされた人々によって様々な文化や技術が伝えられました。宮内庁楽部の楽師の中には、当時の移住者の子孫で、代々楽師を務め、いまも折々に雅楽を演奏している人があります。

こうした文化や技術が日本の人々の熱意と韓国の人々の友好的態度によって日本にもたらされたことは幸いなことだったと思います。日本のその後の発展に大きく寄与したことと思っています。

私自身としては、桓武天皇の生母が百済の武寧王の子孫であると続日本紀に記されていることに韓国とのゆかりを感じています。武寧王は日本との関係が深く、このとき日本に五経博士が代々日本に招へいされるようになりました。また、武寧王の子、聖明王は、日本に仏教を伝えたことで知られております。

しかし、残念なことに、韓国との交流は、このような交流ばかりではありませんでした。このことを、私どもは忘れてはならないと思います。

ワールドカップを控え、両国民の交流が盛んになってきていますが、それが良い方向に向かうためには、両国の人々がそれぞれの国が歩んできた道を個々の出来事において、正確に知ることに努め、個人個人として互いの立場を理解していくことが大切と考えます。

ワールドカップが両国民の協力により、滞りなく行われ、このことを通して両国民の間に理解と信頼感が深まることを願っております」

（『朝日新聞』2001年12月24日付紙面より。朝日だけが全文掲載）

日本は歴史の大元に回帰しプライドを取り戻せ

この天皇の「ゆかり発言」を、外国メディアは大きく取り上げた。それは、翌年に日韓ワールドカップが控えていたせいもあるが、日本の外交政策 diplomatic policy の転換のように読めたからだ。しかし、いまは小泉首相がこの天皇の真意を踏みにじり、靖国参拝で、韓国・中国との関係を最悪の状態にしてしまった。

ちなみに、「韓国とゆかりがあった」は、英語で「feel a certain kinship with Korea」と訳され、「kinship」は親族の意味である。したがって、『ニューズウィーク』誌（Newsweek）は、W 杯前に「天皇家と朝鮮」という記事を掲載し、「日本の天皇が『封印』を解いたにもかかわらず、日本と韓国は相変わらず歴史問題で対立している」という皮肉たっぷりの記事を掲載した。

靖国神社ができたのも、皇国史観ができたのも、明治の大日本帝国建国時である。このとき、日本は長らくないがしろにしてきた天皇家を西洋列強 Western Powers の帝国主義 imperialism に対抗する存在として、再び日本の歴史の表舞台 front stage に登場させたのだ。それまでは「サムライの国」land of Samurai だった日本は、これで「ミカドの国」land of Mikado となり、ついに「大日本帝国」the Great Imperial Japanese Empire となったのである。こうして、日本は、古代から天皇のもとに１つの偉大な国家であるという神話がつくられた。日本人が誤解している「単一民族」homogeneous 説も、この神話の産物だ。

しかし、現代の日本に、こんな神話が必要だろうか？ これではまるで、キリスト教原理主義者が、自分たちは神の子だと信じているのと同じではなかろうか？

じつは、本当の日本は、もともとは他民族共生国家 multi-ethnic nation だったのである。日本初の統一国王朝「大和朝廷」Yamato court は、大陸から来た中国人や韓国人と旧移民の集合体で、だから、聖徳太子は「十七条憲法」で「和をもって尊しとなす」と言ったのである。しかも、この憲法は漢文で書かれている。つまり、当時の日本人は国際人 cosmopolitans であり、日本は国際国家だったのだから、日本がこれから移民を受け入れることは、この元の姿に回帰することである。

そうすれば、日本人にはプライドが蘇《よみがえ》り、どんな状況になろうと、それを克服 overcome する勇気が湧いてくるだろう。

改革とは決断、大志さえ持てば日本は必ず再生する

まだまだ、日本再生のためのプランは数多くあるが、あまりに多岐にわたっているので、もうこれ以上書ききれない。現在、論議されている皇室の問題、そして憲法改正問題、さらに自衛隊と米軍の統合・再編問題、小泉首相の靖国参拝で行き詰まっているアジア外交の問題……など、その１つ１つでまた別の本ができてしまうだろう。

しかし、よくよく考えてみれば、すべては日本人がルーツを知り、明治のときに抱いた大志 ambition さえ取り戻せば、解決に向かうはずである。なぜなら、この国には素晴らしいポテンシャル（底力）があるからだ。たまたま、そのポテンシャルが、支配層の腐敗によ

って、これまで空まわりしてきただけだ。

かつての大日本帝国は、1度は世界制覇 world hegemony を目指したはずである。世界制覇とはいかなくとも、少なくとも「アジアの覇者」は目指したはずである。

では、その半世紀以上昔と比べて、日本の現状はどうだろうか？財政赤字は莫大かもしれないが、やりようによってはいくらでも打つ手はあるはずである。ただ、その残り時間があまりにも少なくなっているだけだ。「アルゼンチンタンゴの警告」からじきに5年がたとうとしているいま、日本に残された時間が少ないのは確かだ。しかし、それで諦めてしまうという理由はどこにもない。

現在の改革はあまりにもインチキで、マヤカシだらけだが、それでも、残された時間で日本はテイクオフできるだろう。

改革とは決断1つだ。小泉・竹中コンビとその周辺の人々に、本当の愛国心 patriotism がないのは残念だが、この国のどこかには、まだ本当の改革者 real reformer がいる。彼さえ立ち上がれば、日本は救われるだろう。だからメディアは、政争ばかりに目をとらわれず、今後は日本の本当のリーダーを、国民のために、そして自分たちのためにも真剣に吟味すべきだ。

そして、いまの日本に必要と思われることを勇気 courage を持って報道してほしい。物事というのは、必要なときに必要とされること the right thing on the right time をやらないと、最悪の結果を招く。だから、本当の改革が遅れると、もっとも被害 damage を受けるのは、普通に真面目に働いてきた一般の人々であり、社会的弱者なのである。

これは、アルゼンチンを見ればよくわかることだ。アルゼンチンでは、歴代政権が腐敗 corrupt し、思い切った決断ができず、すべてを先送りした。そして、最後に増税 tax hike を持ってきて危機 crisis を回避しようとしたが、結局はデフォールトしてしまった。つまり、改革が遅れれば遅れるほど、最終的に改革が行われたときは、最初に改革が叫ばれたときより厳しい現実が国民に降りかかる。

これは、最初はボヤでも火がどんどん強くなったときのことを考えれば、想像がつくだろう。国が傾きはじめたら、まず富裕層 wealthy class から被害を避けて、海外逃避をはじめる。そして、大企業 big business も、国内経済を見捨てるようになり、どんどん海外に移転 transfer していってしまう。ついには、若者まで将来を悲観して、国を出て行ってしまうかもしれない。こうなると、国内経済はますます悪化して、国家は改革とは逆の統制 control を強めるようになる。日本はいま、この一歩手前まで来ている。

やがて金利 interest は上昇し、通貨 currency は暴落 fall down の恐れにさらされるようになるかもしれない。となれば、ここまで来れば誰もが火事だとわかるから、とうとう本当の改革をせざるをえなくなり、そのとき実施される改革は、最初に考えられたものよりはるかに厳しい痛みをともなうことになる。だから、本当に国民を助け、「負け組」losers《ルーザーズ》を大量につくらないためには、いまこそ、政治家や国のトップが勇気を持って決断しなければならないのだ。

そして、その決断を支える大志さえあれば、改革は必ず成功するだろう。私はこれまで、世界のいろいろな国々をまわったが、欧米以外の、とくにアジアでは、日本人は尊敬 respect されていた。中東や中南米でもそうだった。なぜなら、日本は20世紀の歴史で、有色人種の国家として最大の働きをした国だからだ。彼らはみな「日本についていけば未来が開ける」と口をそろえて言い、日本を希望の国 land of hope だと信じていた。

日本はそんな彼らの期待を裏切っていいのだろうか？ 2000 年も昔からある国が、欧米文明 Western civilization に翻弄《ほんろう》されるだけ翻弄されて、「今後おとなしく歴史の舞台から消えます」では、日本人自身も耐えられないことではないのか？

ともかく、日本はいまこそ「守り」defense から「攻め」offense に転換すべきだ。アメリカの支配から離れ、日本文明を世界に広めるために、その持っているポテンシャルを存分に発揮すべきだ。そうでないと、21 世紀の地球文明は救えない。

私は祖国カナダに帰らず、あえて欧米文明に背を向けて、この国に留まることをすでに決めてしまった。できれば日本に帰化して、日本再生のために全力を傾けようと思っている。どうか、日本人の１人１人が大志を持ってほしい。それが、この本の最後に書く、私から読者へのメッセージである。

Afterthoughts
おわりに

かつて日本の街のなかにはユートピアがあった

私のこれまでの本の読者なら、なぜ私が日本に来たのかをご存知だろう。それはひと言で言ってしまえば、未知の「東洋文明」Eastern civilization に対する憧れだった。

1970年代の後半、私の一家はアルゼンチンの首都・ブエノスアイレス Buenos Aires, Argentina で暮らしていた。私の父はカナダの外交官 diplomat で、当時はアルゼンチン大使をしていたが、私自身は当時はやっていたヒッピー的な自由思想にかぶれていて、「西欧文明」Western civilization が世界に害をもたらしているのではないかといつも考えていた。だから、その対極 the other end にある東洋文明に興味 interest をかきたてられ、いつか東洋をこの目で見たいと願っていた。

東洋といえば、中国 China と日本 Japan がすぐに頭に浮かぶが、ではなぜ中国ではなく日本だったかと言えば、当時は断然、日本が輝いて見えたからである。それで私は高校を卒業すると来日し、上智大学の学生となった。

日本に来る前、私が日本について知っていたのは、イギリスの『エコノミスト』誌（The Economist）が称賛したように、日本が戦後「奇跡の復興」miracle recovery をとげた国であること、すでに世界第2位の経済大国 economic giant であること、また、人々は勤勉 diligent で正直 honest であり、日本人はいい意味で集団精神 groupism に富んでいて、それを基本にして秩序ある社会 orderly society が形成されていること。さらに、そこには欧米人が知らない豊かな自然に根ざした文化 culture があるという机上の知識 book knowledge だった。

もちろん、ソニーもウルトラマンも私は知っていたし、評判になった元駐日大使エドウィン・ライシャワー Edwin Reishauer の著書『ザ・ジャパニーズ』(The Japanese) もざっと目を通していたが、それで十分、私の日本に対する憧れは募った。つまり、当時の私には、日本は地上に出現したユートピア utopia に思えたのである。

私は来日してすぐ、高円寺にアパートを借り、近所の居酒屋でアルバイトをしながら生活をはじめた。日本語はほとんどこのアルバイトで覚えた。そして、街の人々と知り合い、さらにヤクザとも知り合うようになって、私は日本が自分が勝手に想像 image していたユートピアではないことを知った。しかし、それは、日本に幻滅 disillusioned したということではなく、この国の本当のよさを知ったということだ。日本は、別の意味でユートピアだったのである。

それは、ジェームズ・ヒルトン James Hilton が『失われた地平線』(Lost Horizon) で描いた「シャングリラ」(香格里拉＝桃源郷) のように、いかにも東洋的なユートピアではなく、街の雑踏 urban clutter のなかにあるユートピアだった。シャングリラは、中国では人里離れたところ godforsaken に存在したが、日本のユートピアは街のなかに存在していた。

私は、時間があれば東京の街中をぶらついた。いまでも、私はあるときは歩いて、あるときはママチャリで東京の街中をぶらついている。そうして、人々の実際の暮らし real life を見て歩き、ここが自分が育った西洋文明の地でないことを確認している。

昔の東京には、まだ下町がいくつも存在し、そこには路地があり、その路地を入っていくと日本人のナマの日常生活 everyday life に直接触れることができた。そういう街には、商店街があり、小さなアパートがあり、また、町工場があった。そして、人々は気軽に言葉を交わし、みなほとんど同じ暮らしをしていた。つまり、そこには階級差 class difference というものがなく、私は、日本社会が欧米とはまったく違うということに驚いた。そして、これこそが日本の本当の社会であり、ここから「奇跡の復興」が生まれたのだと確信したのだった。

ヨーロッパでもアメリカでも、金持ちと庶民が暮らす街は、明らかに違っている。つまり、金持ちは金持ちの街に住み、庶民は庶民の街に住んでいる。当時の日本のように、金持ちと庶民との格差 difference が少なく、両者とも同じ街中に暮らしていることなど考えられなかった。しかし、現在の東京はそうではない。六本木ヒルズに象徴 symbolize されるように、庶民の街と富裕層の街は、まったく違う様相を見せはじめ、それにともない日本の活力 vitality は消え失せてしまった。

政府の高官までもが「あとは IMF におまかせ」

誰もが、1度はユートピアとまで信じた国が落ちぶれていくのを見たくないだろう。いまでも私は、日本に対して最初に抱いた思いを捨てきれずにいる。日本が世界の舞台で on the world stage 称賛 praise されれば自分のことのように嬉しくなり、他国から軽蔑 look down されたり無視 ignore されたりすれば腹が立つ。とくに、アメリカの言いなりになっている dancing to US's tune 状況には、耐えがたいものがある。

だからこそ、私はいまの日本の状況 status quo が受け入れがたい。日本がかつてのポジションを失いつつあり、国内では失政 misrule ばかりが続き、国民の経済的格差 socioeconomic disparity がますます開いていく状況を、ただ黙って見ていることができない。

「日本はあなたの言うように経済破綻 bankrupt するでしょう。もはやどうにもなりません。お手上げなんです（There is nothing I can do.）」ということを、国民ではなく私の前で平気で言う政治家 politicians が許せない。「ふざけるな！」と大声で叫びたくなる。「まだなんとかなるだろう。そのために命を懸ける risk one's life のが、政治家の使命 mission ではないのか」と、私は言い続けてきたが、彼らはなんのアクションも起こさない。

そればかりか、「そのときは IMF がやってくれる」という政府の高官たち government officials がいる。「IMF にまかせても、別に日本がなくなるわけではないでしょう」というのが彼らの言い草だから、私は情けなくて涙が出る。

このペーパーバックス・シリーズでは、エコノミストの森木亮氏が『2008年 IMF 占領』という本を書いているが、氏はこれを冗談 joke で書いたわけではないだろう。一般の人々のなかには、「危機を煽っているだけにすぎない」と受け取っている人もいるようだが、政府高官なら誰もが、これが冗談でないことは知っている。

IMFにまかせれば、もっとも被害 damage を受けるのは日本の国民である。IMFがやることは単なる緊縮政策 austerity policy であり、その国の文化も伝統も無視した冷血な金融政策 cold-blooded financial countermeasures である。日本の政府高官たちは、2001年のアルゼンチンのデフォールト default で、あるいは先のアジア通貨危機 currency crisis で、IMFがどんな政策を取ったかを知っているはずである。アルゼンチンも、インドネシアやフィリピンも、いまだに国民生活は元の状態に戻っていないではないか？

アメリカ一辺倒 exclusive devotion to America で日本がうまくいっていたのは、遠い過去の話である。その神話 myth の呪縛から一歩も踏み出せず、小泉政権になってからは、さらに「屈米」を続けるのは、いったいなぜなのか？ これが、知能が足りない1人の首相のせいならまだしも、日本人全体にプライド pride と大志 ambition がなくなってしまった結果だとしたら、本当に情けないことだ。

まるでローマに滅ぼされたカルタゴではないか？

いまの日本人を見ていると、まるで、すべてに怯えているようである。ひと言で言えば、臆病 coward である。国力が100分の1にも満たない北朝鮮 North Korea を怖がり、そのうえ、中国 PRC にアジアでの指導的地位 leading role を奪われることが怖くてたまらない。だから、小泉首相は靖国参拝 visit to Yasukuni を続け、それに右翼 right-wings が便乗して国粋主義 ultra-nationalism を煽っている。

しかし、もし本当に日中の逆転 reversal が起これば、もはや靖国問題など消えてなくなってしまうだろう。大国のリーダーにとって、小国となった日本のリーダーの行動など取るに足りないことだからだ。

2005年12月の東アジア・サミット East Asia Summit で、小泉が取った行動は、まさに大人から相手にされていない子供のようだった。彼は、中国や韓国から相手にされていない ignored by China and Korea のを知って、終始、幼稚園児 kindergartener のようにひねていた。それで、最後の署名のとき signing に、中国の温家宝《ウエンチイパオ》首相からペンを借りて署名するという姑息な方法を取って自分をアピールした。

これを見て驚いたのが、アジア各国の首脳たちだった。

「あれではまるで日本は中国の属国ではないか？ 中国人が先に使ったペンで署名することの意味を小泉はわかっているのか？ 日本人はアジアのリーダーとしてのプライドを失ってしまったのか？」

日本は、先の戦争でアメリカに完膚なきまでの敗戦 crushing defeat を喫したとはいえ、その後は「奇跡の復興」をとげた国である。「エイジアン・ミラクル」とまで言われた国である。

それなのにいまの日本は、まるでワールドシリーズ World Series にはもう2度と出場しないと決めているかのようである。先の戦争がワールドシリーズなら、その敗戦ですべてを諦めて、アメリカだけには2度と刃向かわない never stand against U.S.A. と決めてしまったのか？ さらに、いまではアジアリーグでも勝てないと思い込んでしまっているのか？

歴史を振り返れば taking a look back on history 、日本が世界史のメイン・プレーヤーとなったことは、2回ある。1回目は、明治維新をへて近代化 modernization し、日清 Sino-Japanese、日露 Russo-Japanese の2つの戦争に勝って欧米列強 Western Powers と同じポジションを得たときである。そして2回目は、第2次世界大戦 World War IIの敗戦から立ち直り、世界第2位の経済大国 economic giant になったときである。この2回とも日本はメイン・プレーヤーの1人として、ワールドシリーズの出場権 berth を得ていた。しかし、1990年のバブル崩壊以後 after the bubble の「失われた15年」Lost 15-year で、日本はメイン・プレーヤーでいることを自ら諦めてしまったのかようだ。

もちろん、日本抜き without Japan でも世界史というゲームは行われ、ワールドシリーズは開催される。しかし、そこに出場しようという気概のない国 country without ambition は、やがては滅びていく。バブル崩壊以後の日本は、「口先改革」all-talk no-action だけですべてを先送り postpone the problems してきた。

小泉がその最後のランナーだが、なまじ経済力 economic power があったがために、アメリカから無理難題 impossible demand を吹っかけられ、それに唯々諾々と従ったために、ついにギリギリまで追いつめられてしまった。

これでは、まるでローマ Roman Empire に滅ぼされたカルタゴ Carthage ではないか？

カルタゴも2回はローマと互角 neck and neck に渡り合った。しかし、次第にプライドと野心を失い、ローマの言いなりになって、第3次ポエニ戦争 Punic War IIIで完全に滅ぼされた。侵入したローマ軍に街は焼かれ、市民は虐殺されて、歴史の舞台から消えてしまった。

日本は、このバカげた歴史をくり返すのだろうか？ それとも、もう1度立ち上がり、第3回戦を戦うのであろうか？

閉塞状況から脱出できないと諦める理由は１つもない

国家が滅びるのは、戦争 war、天災 disaster などの理由より、もっと大きな理由がある。それは、無能なリーダーが国を率いたときと、それによって人心 people's mind が荒廃したときである。なにより、国家を構成する国民にプライドや大志がなくなってしまえば、国は滅びる the country will ruin。

ここ何年かで、確かに日本人にプライドと大志がなくなってきている。小泉はその象徴だ。彼のこれまでのすべての行動 behavior は臆病きわまりないもので、プライドも大志もない。政権維持 keeping the power のための大志はあっても、日本人としての健全な大志 healthy ambition に欠けている。そして、この「小泉臆病シンドローム」は、いまこの国の若い世代にまで及んでいるから、ことは深刻 serious だ。

私は、ときどき講演に呼ばれて、日本の大学生と話す機会がある。そうしたときとくに感じるのは、若い世代ほど日本の行く末に関心 concern about the future Japan がないということだ。もっとハッキリ言えば、彼らは小泉と同じでプライドも大志もない。最近流行の「下流社会」から這い上がろう climbing up the ladder とする気力 spirit もない。だから、日本は小国 small country でかまわないと、大半の学生が堂々と言う。

「なぜ、ワールドシリーズに出なければいけないんですか？ ヤンキースの松井にまかせておけばいいじゃないですか。日本はこれからアジアの１つの国として生きていければそれでいいと思います」

「どうせ中国に抜かれるんでしょう。でも、それがなぜいけないんですか？」
「確かにアメリカの言いなりですが、それで暮らしていければ十分ではないですか？」

本当にそうであろうか？（Is it true?）そんな夢みたいな話が可能だろうか？ いま現在1億2800万人がひしめくこの狭い島国には、自給自足 self-sufficient できる食料 food もなければ、資源 resources もない。それがなんの努力もなく、自然に海の彼方からやってくる。そうして、人々がいまと同じように暮らしていける。そんなことができるなら、世界中の国がそうしているだろう。

日本の学生たちが言う「小国・日本」像は、彼らの勝手な思い込み illusion にすぎないのである。

では、日本にはどんな選択肢 choices が残されているのか？

それを、本書の後半で、私はまとめたつもりだ。ともかく、もう日本に残された時間はわずかだ time is running out。だから、ここで私が書いたこと以外にも、できることがあればなんでも試してみたらどうだろうか？ 明治維新期、あるいは戦後の焼け跡に立ち返れば、日本は自らを刷新できるポテンシャルは十分に備えている。

日本が老い先短い no longer to live 老人のように、この先みるみる衰えていくとしたら、それは国家の国民に対する「不作為の罪」sin of omission である。いや、小泉・竹中を中心としたゾンビたちが確信してやったに違いない「国家犯罪」government's crime である。小泉は2006年9月に首相の座 seat を降り、それとともに竹中も内閣 cabinet を去るかもしれない。が、彼らゾンビたち zombies のその後の生き方を見れば、彼らの国民に対する罪 crime against the people ははっきりするだろう。だから、私の読者にお願いしたいのは、この先、彼らがどういう生き方をするか、しっかりと見届けてほしいということだ。

ともかく、私が信じたユートピアの国が、これ以上壊れていくのを私は見たくない。東洋文明が西洋文明の補完文明 complementary civilization ではなく、21 世紀の人類に必要な文明だということを、日本人はプライドと大志を持って、世界に知らしめてほしい。日本には現在の閉塞状況 stuck in a rut から脱出できないと諦める理由は 1 つもない。

だから、最後に、一刻も早くという願いを込めて、こう書くしかない。

Say good-bye to Koizumi and his zombies!

さらば小泉！　グッバイ・ゾンビーズ！

■

最後に、本書を書くにあたってさまざまな方にお世話になったので、あらためてそのことを記して、私の感謝の気持ちを表したい。

まず、光文社ペーパーバックス編集長の山田順氏と編集部のスタッフのみなさん。取材や編集作業に協力してくれた廣澤重穂氏と川端光明氏。さらに外国人記者クラブのメンバー、日本の各種メディアの記者、フリーランスの記者のみなさんの協力がなければ、本書はできなかった。

また、私のマネージメントを引き受けてくれた金成康宏氏にも深く感謝したい。

さらに、本書中にインタビューや取材で登場してくれた方々、あ

るいは私に多くの啓示を与えてくれて本書中に引用させていただい
本の著者の方々にも、深く感謝したい。

2006年2月
Benjamin Fulford
古歩道ベンジャミン